Tourenübersicht

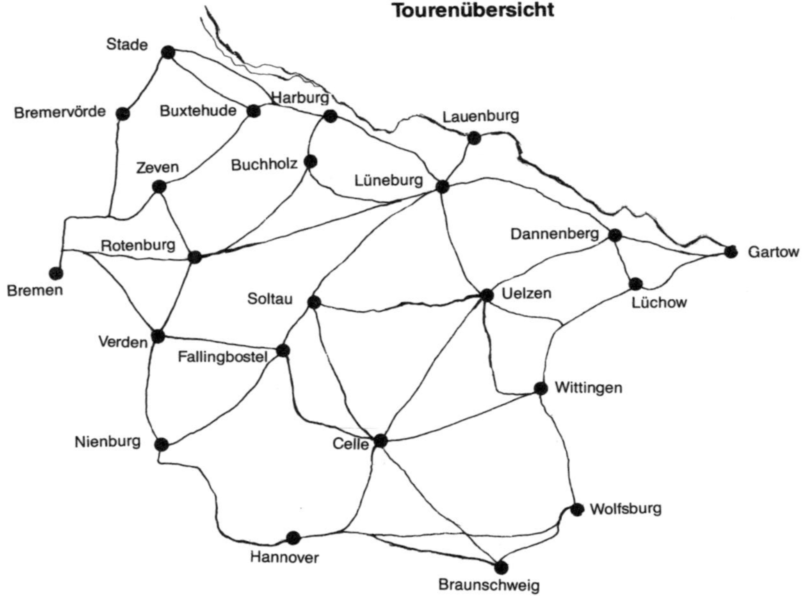

Radwandern in der Lüneburger Heide

von
Jürgen Vehlow

1990
Rutsker Edition
im Hayit Verlag

CIP-Titelaufnahme der Deutschen Bibliothek
Vehlow, Jürgen:
Radwandern in der Lüneburger Heide / von Jürgen Vehlow. -
Köln : Rutsker-Ed. im Hayit-Verl., 1990
ISBN 3-89210-217-1

1. Auflage 1990
ISBN 3-89210-217-1

Text: Gerhard Müller, Jan Scherping, Jürgen Vehlow
Fotos: Jürgen Vehlow, Fremdenverkehrsamt Lüneburger Heide
Satz: Hayit Verlag GmbH, Köln
Druck: PDC, Paderborn
Karten: Laurenz Thomsen

Inhalt

Vorwort

Der Romantiker Joseph von Eichendorff hat die Lüneburger Heide einmal eine langweilige, lungensüchtige Steppe genannt. Doch so schlimm kann es hier nicht sein, wird dieser Landstrich zwischen Elbe und Hannover doch alljährlich von vier Millionen Menschen besucht. Womit die Lüneburger Heide zu den beliebtesten Naherholungsgebieten der Bundesrepublik gehört. Doch warum ?

Ein Blick auf einige Zahlen steigert diese Verwunderung noch. Denn nur 19 000 Hektar der Lüneburger Heide sind Naturschutzgebiet, aber immerhin 65 000 Hektar Übungsgelände des Militärs. Und vom Naturschutzgebiet umfassen die Heideflächen nur 4 500 Hektar, von denen wiederum 1 700 Hektar durch britische Panzer beübt werden. Wo also liegt der Reiz dieser Region ?

Es ist vermutlich das Spannungsfeld zwischen Natur und modernen Freizeitparks, dörflicher Idylle und städtebaulichen Perlen wie Celle und Lüneburg, das lockt. Die Betätigungsmöglichkeiten sind außerordentlich vielschichtig. Man kann im Wald spazieren, sich von einer Kutsche ziehen lassen, eindrucksvolle Museen betreten oder — Radfahren. Vielfalt ist das Schlüsselwort für einen Urlaub in der Lüneburger Heide, diese Region bietet von allem etwas. Dieses Buch hat aus praktischen Gründen die Lüneburger Heide erweitert und das Alte Land sowie das Braunschweiger Land hinzugenommen. So wird einerseits dem Auswärtigen auch der Weg in sehenswerte Städte wie Bremen, Hannover, Wolfsburg oder Braunschweig erklärt. Andererseits den Radfahrern dieser Orte die direkte Anfahrt in die Lüneburger Heide aufgezeigt. Desweiteren versuchen wir, Ihnen die Kontraste dieser Landschaft nahezubringen. Die Lüneburger Heide dieses Buches besteht natürlich aus Celle und Stade, Rotenburg und Hitzacker. Aber auch aus dem ehemaligen KZ Bergen-Belsen und den Truppenübungsplätzen in Bergen und Fallingbostel. So ist ein Buch entstanden, das ein vollständiges Radwegenetz über das Gebiet zwischen Elbe, Bremen, Hannover und DDR-Grenze wirft und Ihnen den Weg zu zahllosen Sehens- und Denkwürdigkeiten jenseits der Strecken weist. Abgerundet wird es durch praktische Hinweise zu Unterkünften, Radgeschäften, Kartenmaterial und vielem mehr.

Gute Fahrt durch Buch und Heide wünschen Ihnen

Verlag und Redaktion

ZUR STRECKENWAHL

Das Buch will Sie quer durch das Land führen, Sie über Radwege und Dorfstraßen von Ort zu Ort leiten. Die meisten Bundesstraßen werden auch in der Lüneburger Heide von Radwegen begleitet. Dennoch haben wir auf deren Benutzung weitgehend verzichtet, da auf diesen Straßen der überwiegende Autoverkehr verläuft. Die Lärmbelästigung ist entsprechend.
Stattdessen führen viele Touren über Dörfer und Seitenstraßen. Auf Waldwege haben wir zumeist verzichtet, da man sie zum einen oft mit Spaziergängern teilen muß, sie zum anderen auch nach Regen meist unpassierbar sind.
Jeweils Städte als Start- und Zielpunkte zu nehmen, hat rein praktische Gründe, soll die Einteilung erleichtern. Manche werden die Touren anders aufteilen, weil sie zum Beispiel auf einem Campingplatz übernachten wollen, der innerhalb der Tour liegt.
Die Städte gleichen sich in der Struktur ihrer Einkaufsstraßen immermehr einander an, sie können von daher nicht das eigentliche Ziel des Radwanderers sein. Interessanter sind Landschaften und Dörfer mit ihren Bewohnern, reizvolle Wälder mit ihren zahllosen Rastmöglichkeiten.
Die Touren sind so gelegt, daß ein jeder sich seine individuelle Route zusammenstellen kann, immer abhängig von der körperlichen Verfassung, dem Material, der Zeit, Wind, Wetter und den persönlichen Interessen. Im Schnitt hat eine Tour eine Länge von 50 Kilometern. Auch Wochenendradler werden zu ihrem Recht kommen. So läßt sich beispielsweise gut eine Tour durch den Naturpark Südheide, das Alte Land oder das Wendland zusammenstellen.
Die Kombination mit einer Zugfahrt bietet sich oft an. Mit dem Zug morgens von Lüneburg nach Celle zu fahren, um dann per Rad den Rückweg anzutreten, erscheint sinnvoller, als ewig nur um Lüneburg herumzufahren. Zum Beispiel.
Jeder Endpunkt, und somit jede größere Stadt, wird einmal ausführlich beschrieben, es werden die Adressen des Fremdenverkehrsamtes, Radläden und Unterkunftsmöglichkeiten genannt. Wenn diese Stadt erneut vorkommt, wird nur auf jene Tour mit der ausführlicheren Beschreibung hingewiesen.
Wer es nur eilig hat, wird entlang der Bundesstraßen schneller, lauter und verschmutzter vorankommen. Wer aber das Gebiet zwischen Braunschweig, Hannover, Bremen, Stade, Lüneburg und DDR-Grenze in Ruhe kennenlernen möchte, wird in diesem Buch genug Anregungen finden.

Aus Gründen der besseren Lesbarkeit folgt der Text nicht der orthographisch vorgeschriebenen Interpunktion, sondern nimmt sich die Freiheit, an bestimmten Stellen auf Kommata und Punkte zu verzichten.

PLANUNG UND VORBEREITUNG

Für die Planung sollten zunächst folgende Fragen beantwortet werden:
- Wie gut ist der eigene körperliche und konditionelle Zustand?
- Wie lange soll die Reise dauern?
- Wo liegt der Schwerpunkt des eigenen Interesses?
- Wie gut ist das zur Verfügung stehende Material?
- Wie wird das Übernachtungsproblem gelöst?
- Reise ich in einer Gruppe oder alleine?

Dazu seien folgende Anmerkungen erlaubt:
Für den nicht-trainierten Anfänger scheint eine Distanz von bis zu 30 Tageskilometern angemessen, wer fit ist, zwischendurch aber einige Pausen einlegen will, kann 60 Kilometer veranschlagen, wer gut austrainiert ist und möglichst viel Distanz bewältigen will, kommt auf 100 bis 120 Kilometer, wer in Höchstform ist und das gesamte Tageslicht ausnutzt, wird 180 Kilometer fahren können.
Aus der realistischen Einschätzung der eigenen Verfassung ergibt sich dann die zu bewältigende Tagesleistung. Wer zum Beispiel täglich 60 Kilometer schaffen kann und 14 Tage Zeit hat, kann sich so mit Hilfe dieses Buches und einer Landkarte eine Rundstrecke von circa 840 Kilometern Länge zusammenstellen. Wer viele Museen besuchen will, oft im Wald Rast machen und zwischendurch botanische Studien betreiben möchte, sollte dies ebenfalls in die Planung einbeziehen.
Aus diesem Interesse diktiert sich auch der Verlauf der Strecke. Wer die Radwanderung mit einem Bildungsurlaub verbinden möchte, muß sich eher in Richtung der Museen und Denkmäler in den Städten orientieren. Botaniker werden eher die Naturparks und Wälder suchen. Wer ersteinmal einen groben Eindruck von der Lüneburger Heide haben möchte, ist vielleicht mit einer Tour von Verden im Westen über Walsrode, Fallingbostel, Soltau, Uelzen und Dannenberg im Osten am besten bedient.
Ein weit verbreiteter Irrtum ist das grenzenlose Vertrauen in das für so eine Reise notwendige Material. Natürlich erleichtert ein technisch gutes und stabiles Rad so eine Wanderung, es ersetzt jedoch nicht die eventuell fehlende

Kondition. Zur Rad- und Zubehörwahl sollten Sie einen Blick in das entsprechende Kapitel im Anhang werfen.
Das Übernachtungsproblem richtet sich auch nach der Jahreszeit und dem Geldbeutel. Für Hotels spricht der Komfort, für Jugendherbergen der Preis und der mögliche schnelle Kontakt zu anderen, für das Zelten der Preis und die Flexibilität, für Fremdenzimmer der Kontakt zur Bevölkerung. Nur wer ein wirklich sehr gutes Zelt hat, sollte diese Möglichkeit außerhalb der Sommermonate in Betracht ziehen (siehe auch Kapitel ,,Übernachten'' im Anhang).
Wer nur in Jugendherbergen schlafen möchte, muß sich nach ihren Standorten richten. Man rechnet für Radwanderer die campen wollen, mit einem Gewicht von 17 Kilo, alle anderen sollten sich auf 12 Kilo beschränken. Übrigens: Mit der Länge der Reise muß keinesfalls die Zahl der mitzunehmenden Kleidung steigen, Waschpulver ist angeratener, Waschcenter sind weitverbreitet.
Bei der Planung sollte auch berücksichtigt werden, ob Sie alleine reisen und so den Tagesrhythmus bestimmen können, oder ob Sie in einer Gruppe fahren, was vermutlich geselliger ist, aber auch unterschiedlich trainierte Menschen zusammenbringt.
Sind alle diese Fragen gelöst, sollten Sie Unterkunftsverzeichnisse für die von Ihnen gewählte Unterkunftsart bei den jeweiligen Touristenbüros besorgen. Und eventuell noch weiteres Material (z.B. über Museen oder Gastronomie) anforden.
Nimmt Ihre Tour dann konkrete Formen an, sollten Sie Ihre Strecke in einer Landkarte eintragen. Zur besseren Orientierung ist jeder Tour eine Kartenskizze beigegeben, die den Verlauf der beschriebenen Strecke umreißt und die Orientierung auf der Landkarte erleichtert. Ausgerüstet mit den notwendigen Vorabinformationen, einer Landkarte und diesem Buch können Sie dann auf Tour fahren. Lesen Sie vorher aber noch in aller Ruhe den Anhang.
Zur Reiseplanung finden Sie weitere Hinweise in
Nicholas Crane — Radwandern in Europa (Rutsker Edition im Hayit Verlag).

Tour 1 25 km

LAUENBURG — LÜNEBURG

ADFC-Haupka 1:100 000 Blatt 6
NLV Radwanderkarte 1:75 000 Blatt RC 2726

Es mag zwar etwas kurios erscheinen, wenn die erste Tour durch die Lüneburger Heide in Schleswig-Holstein beginnt. Wir meinen allerdings, daß Lau-

enburg einen Besuch unbedingt lohnt und zudem einen idealen Einstieg für eine Weiterfahrt durch das nördlichste Bundesland bildet. Hierfür bietet sich dann die Lektüre des Buches „Radwandern in Schleswig-Holstein" von Jan Scherping (Rutsker Edition im Hayit Verlg) an.
Außerdem liegt zwischen den beiden Städten mit dem Schiffshebewerk in Scharnebeck eine der größten Sehenswürdigkeiten Norddeutschlands.

Lauenburg Die Stadt liegt am Schnittpunkt von Elbe, Elbe-Seitenkanal, Elbe-Lübeck-Kanal und DDR-Grenze. Sie wird in die Ober- und die Unterstadt unterteilt. Dabei stellt die *Oberstadt* das moderne Geschäftszentrum an der Durchgangsstraße dar, während sich in der *Unterstadt* die historische Altstadt befindet. Dort verläuft direkt am Ufer die *Elbstraße*, an der sich die schönsten Cafès und wichtigsten Sehenswürdigkeiten aufreihen.
Symbol der Stadt ist der *Rufer*, eine Bronzefigur, der alle vorbeifahrenden Schiffer grüßt. Neben ihm erkennen Sie den *Museumsdampfer Kaiser Wilhelm*, der letzte Binnenpersonendampfer mit Schaufelradantrieb überhaupt. Er befuhr deseinst die Weser, wurde dann restauriert und nach Lauenburg gebracht. Dort dient er heute für Ausflugsfahrten, einen Fahrplan erhalten Sie beim Fremdenverkehrsamt. Außerdem legen hier auch die Schiffe der *Weißen Elbflotte* ab, die u.a. den Elbeseitenkanal Richtung Schiffshebewerk (s.u.) befahren (Reederei Freddy Eschke, Tel. 0 41 53/25 36).

Tour 1

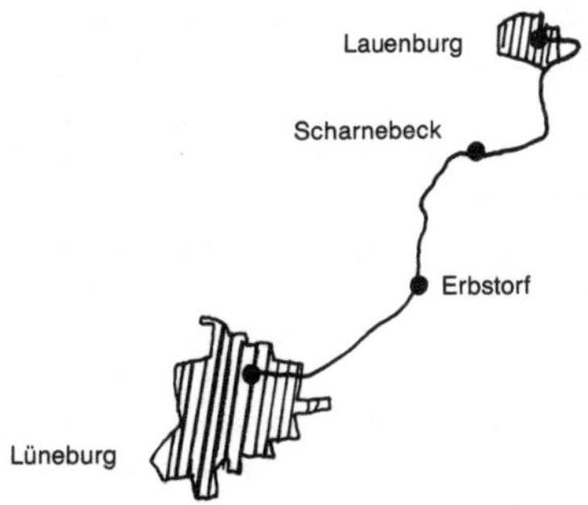

Das zweite Symbol der Stadt ist der Schloßturm. Im etwas westlicher gelegenen Artlenburg war 1180 die Ertheneburg zerstört worden, zwei Jahre später entstand auf Veranlassung von Herzog Bernhard I. von Askanien im heutigen Lauenburg eine neue Burg. Und da die Slawen die Elbe „Lava" nannten, hieß die Burg folglich „Lavaburg". Sie war in den folgenden Jahren ein begehrtes Streitobjekt, blieb aber letztlich im Besitz der Askanier. Der Turm wurde allerdings erst 1477 fertiggestellt, in ihm wurden Gefangene, aber auch Vorräte untergebracht. Man nimmt an, daß 1725 zwei Stockwerke abgetragen wurden. Leider brannte das Schloß 1616 ab, neben dem Turm blieb nur der Ostflügel erhalten. Versuche, das Schloß wiederaufzubauen, gediehen nur kurzfristig. 1627 saßen hier Tilly und Wallenstein zusammen, 1865 Wilhelm I. und Bismarck, heute ist hier das Touristenbüro untergebracht. Unbedingt lohnend ist ein Spaziergang durch den Schloßgarten, von dem aus Sie einen wunderschönen Blick über die Elbe genießen können.
Lauenburg entwickelte sich nur zögerlich, da die Elbe hauptsächlich im schon erwähnten Artlenburg überquert wurde. Erst mit dem Aufkommen Hamburgs als Verschiffungshafen gewann auch Lauenburg als Verbindungsstück zwischen Binnenland und Hamburg an Bedeutung. Zudem führte ja der Salzhandel von Lüneburg über den Stecknitz-Kanal (heute Elbe-Lübeck-Kanal) nach Lübeck, und somit durch Lauenburg hindurch.
Nach dem Schloßbrand wurde die herzogliche Residenz ins nördlichere Ratzeburg verlegt. Der 30jährige Krieg tat ein übriges zum vorläufigen Niedergang Lauenburgs. Allein die Elbschiffahrt ließ die Stadt nicht vollends versinken. Anfang des 19. Jahrhunderts herrschten hier dann die Franzosen, 1816 wurde das Herzogtum an Dänemark gegeben. Zwar interessierte sich im fernen Kopenhagen niemand so recht für Lauenburg, was wirtschaftlich ungünstig war, glücklicherweise führte aber der Postweg von Hamburg nach Berlin über die Stadt, was eine Stagnation verhinderte. Zudem kam 1851 durch die Bahnverbindung nach Büchen noch der Anschluß an die Schienenstrecke von Berlin nach Hamburg hinzu. 1865 fiel Lauenburg an Preußen.
Günstig war für die Schiffahrt und die Stadt die Eröffnung des Elbe-Lübeck-Kanals 1900. Industrien siedelten sich in bescheidenem Maße an, so z.B. auch Werften. Einschneidend war dann das Ende des Zweiten Weltkrieges, verlor Lauenburg doch durch die neue Grenzziehung einen Großteil seines Einzugsgebietes. Gleichzeitig flohen viele Menschen aus den Ostgebieten, so auch nach Lauenburg. Da sich innerhalb von nur zehn Jahren die Einwohnerzahl der Stadt verdoppelte, mußte man neuen Wohnraum oberhalb der Unterstadt schaffen. So entwickelte sich die Oberstadt, die natürlich keine historische Bebauung vorweisen kann.

In der Unterstadt stehen in der schon erwähnten Elbstraße die historisch wertvollsten Häuser. Die zumeist zweigeschossigen Fachwerkbauten entstanden zwischem dem 16. und 18. Jahrhundert. Ältestes Haus ist die Elbstraße 49, das sogenannte *Mensingsche Haus*, das 1573 errichtet wurde. Außerdem seien hier der gesamte Hohler Weg, der Pastorenplatz (Kirchplatz 1) und Neustadt 3, das Maacksche Witwenhaus, genannt.
Unübersehbar ist auch die *Maria-Magdalenen-Kirche*. Sie wurde bereits 1227 errichtet, jedoch mehrmals sehr tiefgreifend umgestaltet. So etwa um 1600, als Herzog Franz II. seinen askanischen Vorfahren huldigen wollte und eine neue Apsis errichten ließ, in der sandsteinerne Plastiken seiner Ahnen aufgestellt wurden. Leider sind von diesem Kunstwerk nur noch Reste erhalten, die teils hier in der Kirche, teils aber auch im Schloßturm (s.o.) zu sehen sind. Besonders eingreifend war der Turmumbau 1902. Damals wurde der hölzerne Turm durch einen mächtigeren Ziegelturm ersetzt. Nach 1945 mußten dann Kriegsschäden repariert werden, so daß der Turm ein drittes Mal verändert wurde.

In der Elbstraße befindet sich das *Elbschiffahrtsmuseum*, das einen Einblick in die Geschichte der Stadt gewährt. Das Gebäude war früher das Rathaus der Stadt. Heute zeigt es die Bedeutung der Wasserwege für die Stadt, die Entwicklung Lauenburgs, die Historie der Askanier und natürlich auch viele archäologische Funde aus der Umgebung (Elbstraße 59, Tel. 0 41 53/59 09 83, geöffnet montags bis freitags 10-13 und 14-17 Uhr, sonnabends und sonntags 10-17 Uhr, Eintritt DM 2).
Das zweite Museum der Stadt ist die *Lauenburger Mühle*. Sie wurde 1873 gebaut und verlor 1926 durch einen Sturm ihre Flügel. Sie mahlte dann bis 1983 mittels Elektroantrieb. Seit 1985 besitzt sie wieder Flügel sowie eine Galerie. Heute kann man dem Mahlvorgang zusehen und in einem Steinofen gebackenes Brot kaufen (Bergstraße 17, Tel. 0 41 53/ 25 21, geöffnet täglich 10-12 und 14-18 Uhr, Eintritt DM 2).

Als letzte Attraktion Lauenburgs sei schließlich noch die *Palmschleuse* genannt. Der schon erwähnte Stecknitz-Kanal (Lübeck-Lauenburg) wurde bereits 1390-98 gebaut. Dabei mußte ein zehn Kilometer langes Teilstück wegen erheblicher Höhenunterschiede mit 17 Schleusen überbrückt werden. Das war natürlich zu damaliger Zeit sehr viel aufwendiger als heute, so daß die 93 Kilometer lange Fahrt bis zu vier Wochen dauerte. Die Holzschleusen verfielen allerdings mit der Zeit, einzig die um 1600 geschaffene Palmschleuse konnte erhalten werden. Sie ist somit heute die älteste erhaltene Kammerschleuse Nordeuropas.

Heute ist Lauenburgs wirtschaftliches Wachstum im wahrsten Sinne des Wortes begrenzt. Im Osten befindet sich die Grenze zur DDR, im Norden liegen als Konkurrenz die Städte Mölln und Ratzeburg, im Süden Lüneburg. Und im Westen natürlich Hamburg. Das Einzugsgebiet ist also nicht sehr groß. So besitzt dann der Tourismus eine überragende Bedeutung für die Stadt, viele Hamburger nutzen den Lauenburger Raum als Naherholungsgebiet. Zu den großen Festen der Stadt gehören das *Schloßgartenfest* am ersten Juniwochenende, das Schützenfest am ersten Juliwochenende, sowie der Elbschiffahrtstag (nur alle zwei Jahre).

Wenn Sie schon in Lauenburg eine Rast einlegen wollen, sollten Sie das unbedingt direkt an der Elbe tun und den Ausblick dort genießen. Auch wenn sich ihn die Gastronomen über den Kaffeepreis bezahlen lassen. So thronen Sie hoch über der Elbe auf der Terrasse des ,,Hotel Bellevue'' (Blumenstraße 29), direkt unten am Wasser sind Sie im Restaurant ,,Zum Alten Schifferhaus'' und dem ,,Hotel Möller'' (beide in der Elbstraße).

Fremdenverkehrsamt, Schloß, Postfach 1360, 2058 Lauenburg, Tel. 0 41 53/ 59 09 81.
Radverleih:
Sabine Hahn, Elbkamp 22, 2058 Lauenburg, Tel. 0 41 53/41 33.
Jugendherberge, Am Sportplatz 7, 2058 Lauenburg, Tel. 0 41 53/25 98
Campern empfehlen sich die Campingplätze auf der gegenüberliegenden Elbseite.
Lauenburg besitzt nur fünf Hotels innerhalb der Stadt, ein Einzelzimmer mit Frühstück kostet um DM 40. Umfangreicher ist die Liste der Privatunterkünfte, ein Zimmer mit Frühstück kostet um DM 25.

Sie verlassen die Stadt auf der Bundesstraße 209 Richtung Lüneburg und überqueren zunächst die *Elbe*. Unmittelbar dahinter verlassen Sie die Bundesstraße und zweigen links nach
Bullendorf ab. Der Verkehr zwischen Lüneburg und Lauenburg ist recht stark, und auch wenn der Großteil durch die Bundesstraße abgefangen wird, müssen Sie doch mit starkem Autoverkehr auf dieser Strecke rechnen.
In Bullendorf (Campingplatz) biegen Sie rechts nach
Scharnebeck ab. Während Sie den weiter östlich gelegenen Ort nur streifen, kommen Sie unmittelbar auf das *Schiffshebewerk* zu.
Seit 1976 gibt es den Elbeseitenkanal, der die Elbe mit dem Mittellandkanal bei Fallersleben/Wolfsburg verbindet. Dabei ist ein Höhenunterschied von

61 Metern zu überwinden. Dies geschieht einmal in der Nähe von Uelzen, wo 23 Meter überbrückt werden (s. Tour 8), zum anderen hier in Scharnebeck, wo die restlichen 38 Meter überwunden werden. Zwei Tröge, die zusammen 11 400 Tonnen wiegen, transportieren die Schiffe innerhalb von 15 Minuten nach oben oder unten. 224 Betonscheiben an 54 mm dicken Stahlseilen und vier Elektromotoren sorgen für einen reibungslosen Ablauf. Damit befindet sich in Scharnebeck das größte Gegengewicht-Hebewerk der Welt. Gekostet hat es übrigens 152 Millionen DM.
Es wird Sie nicht verwundern, daß es im Umfeld dieser großen Touristenattraktion viele Gasthäuser gibt. Das *Informationszentrum* ist täglich von Mitte März bis Anfang November 10-12 und 14-17.30 Uhr geöffnet, Eintritt DM 1.
Weiter geht es von hier aus nach
Erbstorf und auf der Bundesstraße 209 hinein nach
Lüneburg Unübersehbarer Mittelpunkt der Stadt an der *Ilmenau* ist der *Marktplatz*, an dem auch das *Rathaus* steht. Im ihm befindet sich der Verkehrsverein. Mit dem Bau des Rathauses wurde bereits 1230 begonnen. Es ist großartig erhalten und kann mit imponierenden Räumlichkeiten aufwarten. So etwa mit dem Großen Ratssaal von 1330, der lange Zeit als Gerichtssaal genutzt wurde. Nicht minder eindrucksvoll ist die Große Ratsstube von 1564-82. Mit Sicherheit eines der schönsten Rathäuser überhaupt, und dazu noch zur Besichtigung freigegeben (dienstags bis freitags 10, 11, 12, 14 und 15 Uhr, samstags und sonntags 10, 11, 14 und 15 Uhr, Eintritt DM 4, Tel. 0 41 31/30 92 30).
Der gesamte Marktbereich wurde zu Beginn des 18. Jahrhunderts gestaltet. Grundlage für den gerade hier spürbaren Reichtum der Stadt war das Salz. Über 1000 Jahre wurde von Lüneburg das Salz in die ganze Welt gebracht. Leider mußte die letzte Saline 1980 schließen. Sie bildete jedoch erfreulicherweise den Grundstock für das *Deutsche Salzmuseum*. Es zeigt den Weg der Salzgewinnung einst und jetzt, die Bedeutung dieses Gewürzes für die Stadt und ihr Einwohner damals, aber auch heute, erklärt geologische wie ökonomische Aspekte der Salzgewinnung. Das Schöne ist, daß der Besucher hier nicht nur zum Staunen und Lernen herkommen kann, sondern auch zum Mitmachen. In kleinen Pfannen kann man nämlich aus Starksole seine „eigenen" Salzkristalle gewinnen (Sülfmeisterstraße 1, Tel. 0 41 31/4 79 00, geöffnet montags bis freitags 10-18 Uhr, samstags und sonntags 10-17 Uhr, Salzsieden um 15 Uhr, Eintritt DM 3).
Gegründet wurde der Ort im übrigen 951 von Hermann Billung, der hier eine Burg errichten ließ, die 956 als *Luniburc* genannt wird. 1247 erhielt Lüneburg die Stadtrechte. Der durch das Salz ermöglichte Aufschwung fand im 16. Jahrhundert seinen Höhepunkt.

Diese Epoche ist auch der Schwerpunkt im *Museum für das Fürstentum Lüneburg*. Darüberhinaus wird die Kunst- und Kulturgeschichte der Region dokumentiert, ein breiter Raum ist auch der kirchlichen Kunst gewidmet (Wandrahmstraße 10, Tel. 0 41 31/4 38 91, geöffnet dienstags bis freitags 10-16 Uhr, samstags und sonntags 11-17 Uhr, Eintritt DM 2).
Vom Rathaus erstreckt sich auch die weitläufige, schön gestaltete Fußgängerzone mit u.a. der Bäckerstraße. Dort steht die *Rathsapotheke* von 1598, ein innen wie außen beeindruckendes, gut erhaltenes Gebäude. Von hier ist es nicht weit bis zum Platz *Sande*. Am Rande des einstigen Marktplatzes steht mit der *Johanniskirche* die älteste Kirche der Stadt. Das 108 Meter hohe Gebäude wurde im wesentlichen bereits im 13. Jahrhundert errichtet, aus dem Inventar ragen der Altar, das Bronzetaufbecken und die Orgel (16. Jahrhundert) heraus. Beachtung verdient auch das Haus Am Sande 1, einst ein Brauhaus, heute von der Industrie- und Handelskammer bewohnt.
Das Brauen besitzt in Lüneburg im übrigen eine große Tradition. Historische Trinkgefäße und Bierkutschen, altes Handwerksgerät und die ehrwürdige Kronendiele geben einen Eindruck von der Lüneburger Braukunst seit 1485 (Heiligengeiststraße 39, Tel. 0 41 31/4 10 21, geöffnet täglich 10-12 und 15-17 Uhr, Eintritt frei, das Bier aber nicht).
In der Heiligengeiststraße ist zudem das *Hospital zum Großen Heiligen Geist* zu nennen, das im 13. Jahrhundert für Kranke und Pilger eingerichtet wurde. Heute wird es als Altersheim genutzt.
In der Nähe befindet sich das *Ostpreußische Landesmuseum* (Ritterstraße 10, Tel. 0 41 31/4 18 55, geöffnet dienstags bis sonntags 10-17 Uhr, Eintritt DM 2). Hier werden Kultur und Natur Ostpreußens dargestellt, natürlich ist auch die Flucht nach 1945 ein Thema. Und außerdem kann man sich an Bernstein satt sehen.

Von den Sehenswürdigkeiten der Innenstadt seien noch der *Alte Kran* von 1332 und das *Kaufhaus* erwähnt. Von letzterem ist nach einem Brand 1959 leider nur noch die Südfront bewahrt. Etwas außerhalb des unmittelbaren Stadtkerns liegt der *Kalkberg*, auf dem bis 1371 die oben erwähnte Burg samt eines Klosters stand. In den darauffolgenden Jahrhunderten wurde dort Gips gebrochen, heute steht das Gelände unter Naturschutz. Vom Kalkberg, der vom Rathaus über die Straßen Auf dem Meere und Auf der Altstadt erreicht werden kann, erhält man einen schönen Blick über die Altstadt.
In entgegengesetzter Richtung erreicht man von der Innenstadt aus das *Kloster Lüne* (über die B 209 Richtung Hamburg, Am Domänenhof, Tel. 0 41 31/5 23 18, geöffnet 1.April bis 15. Oktober montags bis samstags 9-11.30 und

14.30-17 Uhr, sonntags 11.30-12.30 und 14-17 Uhr, Eintritt DM 3,50). Das Kloster wurde 1172 begründet, die meisten Gebäude wurden um 1400 errichtet. Das Kloster besitzt wertvolle Teppiche (um 1500) und Stickereien (13. Jahrhundert), die alljährlich nur in der vorletzten Augustwoche gezeigt werden.

Aus dem Festkalender der Stadt seien das Schützenfest Mitte Juli, das Stadtteilfest Ende August und das Altstadtfest am ersten Wochenende im September genannt.

Zum Essen bieten sich z.B. das „Glockenstübchen" in der Glockenstraße (Fußgängerzone) oder das Cafè auf dem Schröderhof (Schröderstraße 16) an. Historisch speist man in den Räumlichkeiten „Zum alten Brauhaus" in der Grapengießerstraße 11. Zahlreiche gute Kneipen findet man an der Ilmenau um die Straßen Stintmarkt und Auf dem Kauf.

Verkehrsverein, Rathaus/Am Markt, 2120 Lüneburg, Tel. 0 41 31/30 95 93
Jugendherberge, Soltauer Straße 133, Tel. 0 41 31/4 18 64
Einen Campingplatz finden Sie fünf Kilometer südlich der Stadt an der Bundesstraße 4 beim Forsthaus Rote Schleuse, Tel. 0 41 31/79 15 00
Die Preise für ein Einzelzimmer im Hotel beginnen bei DM 20 und enden bei DM 154, in der Mehrzahl liegen sie allerdings um DM 35.
Radverleih: Laden 25, Am Werder 25, Tel. 0 41 31/3 79 60
Radläden:
Laudien, Bleckeder Landstraße 28, 0 41 31/5 12 13
Prätorius, Am Berge 33, Tel. 0 41 31/3 17 87

Tour 2 66 km

SCHNACKENBURG — HITZACKER — LÜNEBURG

ADFC-Haupka 1:100 000 Blatt 6, 9
NLV Radkarte 1:75 000 Blatt RC 3130, RC 2726

Schnackenburg wird bereits 1373 urkundlich erwähnt. Wohl eine der kleinsten und ärmsten Städte der Bundesrepublik, seit am jenseitigen Elbufer die DDR-Grenze verläuft. Auf dem Fluß patroullieren die Schnellboote des ost- und westdeutschen Zolls. Alle Schiffe und Boote, die den Kontrollpunkt Schnackenburg passieren, müssen hier stoppen.

Grenzprobleme sind hier allerdings nicht neu. Im Mittelalter trafen hier die Grenzen von Brandenburg, Sachsen, Mecklenburg und Braunschweig-Lüneburg aufeinander. Seit alters her saßen hier die Zöllner. Auch heute ist der Beruf des Zöllners der am häufigsten vertretene Beruf in der Stadt.
Der erhobene Elbzoll war eine einträgliche Geldquelle. Kaiser Karl IV hat hier 1377 höchstpersönlich die Zolleinnahmen abgeholt. Auch die frühere Burg an der Elbe, an deren Stelle das einstige Amtshaus und heutige Zollhaus steht, verdankt dem Zoll ihre Existenz. Bekamen die Schnackenburger von den Zolleinnahmen auch nichts ab, so profitierten sie dennoch indirekt davon. Die auf ihre Abfertigung wartenden Schiffer vertrieben sich in den Gasthöfen die Zeit und erledigten in den Läden ihre Einkäufe. So ging es bis 1854. Da wurde der Zoll aufgehoben. Seither glitt der Schiffsverkehr achtlos an dem Städtchen vorüber, bis 1945. Die Blütezeit Schnackenburgs fiel im übrigen ins 19. Jahrhundert. Reger Handel mit über 25 Orten machten aus dem Ort einen zentralen Handelsort.
Nach dem totalen Brand im Jahre 1728 entstand die Anlageform, der Schnackenburg sein heutiges Aussehen verdankt. Lediglich die 800 Jahre zählende *St. Nikolai-Kirche* überstand alle Stürme und Brände.
Besondere Sehenswürdigkeiten bietet Schnackenburg nicht, wenn man von dem barocken Taufengel der Kirche einmal absieht. Das altväterliche, urgemütliche Stadtbild erinnert jedoch an längst vergangene Zeiten, und schon dieser Umstand wie auch einige Storchenpaare machen dieses vermeintliche Manko mehr als wett.

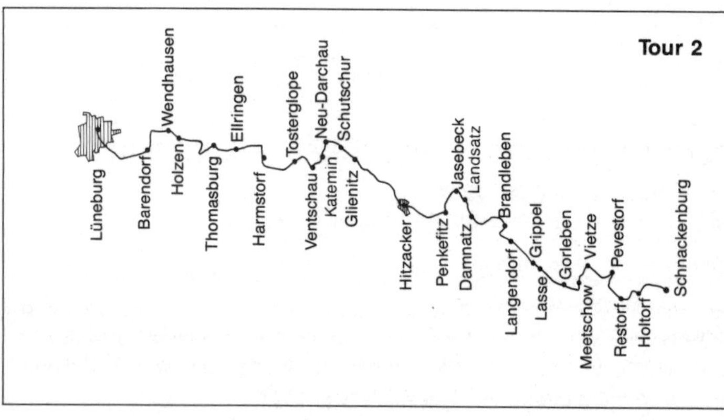

Der Tourismus, wie auch der neu angelegte Hafen, bereiten dem wirtschaftlichen Niedergang ein Ende. Wohltuende Einsamkeit und gut geführte Gasthäuser sorgen für einen angenehmen Aufenthalt.

Informationen bei: Stadtverwaltung, Elbstraße 9, 3131 Schnackenburg, Tel. 0 58 40/2 25.
Grenzinformationszentrum ,,Fischerhaus'', geöffnet täglich 8-18 Uhr.
Unterkünfte: EZ mit Frühstück kosten im Hotel ab DM 20. Eine sehr günstige Möglichkeit ist das Gemeinschaftshaus Schnackenburg (Elbstr. 9, Tel. 0 58 40/2 25). Hier werden Sie in Mehrbettzimmern untergebracht, die Übernachtung kostet DM 11,-, Essen ab DM 7,50 und Dusche (DM 2) gehen extra.
Grenzfahrten auf der Elbe sind möglich mit dem Schiff ,,Fürst Bismarck'' ab Schnackenburg-Hafen. Abgelegt wird montags-sonnabends um 15 Uhr (Fahrtdauer 120 Minuten, Preis DM 9,50), sonntags um 10.30 , 14 und 16 Uhr (Fahrtdauer 90 Minuten, Preis DM 7). Informationen unter Tel. 0 58 40/2 27.

Vom Markt aus durchfahren Sie die Elbstraße. An der Einmündung Gartenstraße/Bürgemeister-Schamp-Straße entdecken Sie ein noch bewohntes Storchennest. Biegen Sie links ab, weiter auf der Straße Alter Postweg. Der Elbdeich bleibt zur Rechten liegen. Nach ca. drei Kilometern links ab nach
Holtdorf Hier dem Wegweiser Gartow folgen. An der B 493 weiter in Richtung Gartow bis
Quarnstedt Dem Wegweiser Pevestorf/Restorf folgen. Zur Linken liegt der Gartower See. Die Straße auf der Deichkrone entlang bis
Restorf Am Trafohäuschen dem Wegweiser nach
Pevestorf folgen. An der Kreuzung in nördlicher Richtung bis zum Gasthof ,,Lindenkrug'' (Mittwoch Ruhetag).
Wanderlustigen empfehlen wir, sich nach einer Rast im ,,Lindenkrug'' für weitere 1,3 Kilometer des Rades zu bedienen. Sie gelangen nach kurzer Fahrt auf einen Rastplatz. Von hier aus werden mehrere unterschiedlich lange Rundwanderwege angeboten, deren Längen und Verlauf Sie bitte der Wanderkarte (auf dem Rastplatz vorhanden) entnehmen.
Unsere Radtour jedoch führt Sie vom ,,Lindenkrug'' aus weiter südlich, bis zur ca. 50 Meter entfernten Kreuzung. Hier erklimmen Sie nun den ,,Höhbeck'' (Steigung 8 %). Oben angekommen, rechts halten und an den Sendetürmen der Post vorbei.

Geschichtliches zum Höhbeck
Der Höhbeck, ein Höhenzug, der seinen Namen zu Recht trägt. Ganze 75 Meter ist er hoch und ragt weithin sichtbar aus dem Urstromtal der Elbe auf. Bei Hochwasser in der Elbe und dem Flüßchen Seege, die den Berg fast ganz

umfließen, wird er sogar zu einer richtigen Insel. Aber auch historisch hat der Höhbeck einiges zu bieten. Hier am höchsten Punkt, bei den Sendemasten der Post, wird schnell deutlich, daß von diesem markanten Punkt aus die Elbe kontrolliert werden konnte. So erzählt denn auch die Sage von dem Römer Drusus, der als Feldherr mit seinen Legionen auf den Höhbeck zumarschierte. Leider fand er ihn aber schon besetzt. Eine germanische Seherin prophezeite ihm, daß sein Sieges- und Lebenslauf hier enden werde. Der Römer wurde in den Tagen darauf so nervös, daß er tatsächlich vom Pferd fiel und verstarb.
Geschichtliche Tatsache aber ist, und Ausgrabungen belegen das, daß Karl der Große hier ein Kastell gegen die slawischen Wilzen errichtete. ,,Huboukï" hieß es in den Aufzeichnungen aus dem 8. Jahrhundert. Dieses Kastell lag direkt am Steilhang zur Elbe, nahe des Dorfes Vietze.

Nachdem Sie die Sendetürme hinter sich gelassen haben, überqueren Sie die Straße und folgen der E-Freileitung auf einem Feldweg nach

Vietze Hier finden Sie eine sehr schöne, spätgotische *Feldsteinkirche* mit einem bekannten Altar, sowie ein *Heimatmuseum* mit prähistorischen Funden (geöffnet mittwochs, samstags und sonntags 17-18 Uhr).
Durchfahren Sie den Ort auf der Hauptstraße. Weiter auf der von rechts einmündenden Kapellenstraße nach

Meetschow An der Kreuzung zum Spielplatz biegen Sie rechts ab. Bei nächster Gelegenheit links. Nach weiteren ca. 300 Metern bringt Sie rechts ein als Radweg gekennzeichneter Wirtschaftsweg nach

Gorleben Dieser kleine beschauliche Ort ist gerade in den letzten Jahren wegen des gebauten *Atommüll-Zwischenlagers* ins Gerede gekommen. Einen wahren Touristenboom hat der Ort seither zu verzeichnen. Auch wir wollen nun einen Blick auf das Zwischenlager sowie auf das Salzbergwerk in unmittelbarer Nähe werfen.
Fahren Sie also zunächst weiter auf der Straße Zum Wiesengrund. An der Kirche biegen Sie rechts ab. Durstige finden hier den Gasthof ,,Zur alten Burg". Auf der Burgstraße geht es nun bis zur B 493. Hier biegen Sie rechts ab. Nach ca. 50 Metern folgen Sie dem Wegweiser nach links in Richtung Lüchow. Nach ungefähr 100 Metern gelangen Sie an das *Informationshaus der DWK* (Deutsche Gesellschaft zur Wiederaufbereitung von Kernbrennstoffen), Lüchower Straße, Tel. 0 58 82/1 00, Voranmeldung zwecks Führung durch das Zwischenlager erfoderlich (Ausweis mitbringen). Klar, daß man Ihnen hier von der Ungefährlichkeit der Atomenergie erzählen wird.

Weiter auf dem Radweg in der Lüchower Straße. Nach zwei Kilometern gelangen Sie zum Zwischenlager. Nach weiteren ca. 50 Metern folgen Sie dem Wegweiser Bergwerk nach links.
Die Sicherungsanlagen beider Gelände dienen nicht nur dem Schutz dieser Anlagen, sie sind zugleich auch stille Zeugen des nicht immer friedlichen Widerstandes weiter Kreise der Bevölkerung. Das Zwischenlager kann zu bestimmten Zeiten nach Voranmeldung besichtigt werden. Fahren Sie nun wieder zurück zur B 493 in Gorleben. Folgen Sie der Bundesstraße in Richtung Dannenberg auf dem Radweg bis zum Kilometerstein 9,9. Hier kreuzen Sie die Straßen und setzen die Fahrt auf dem elbseitig ausgewiesenen Radweg fort. Er bringt Sie auf dem Elbdeich bis

Laase Verlassen Sie den Deich und radeln Sie auf der B 493 bis nach

Grippel Hier verlassen Sie nun die B 493, und folgen dem Wegweiser Quickborn nach Langendorf. Etwa auf halbem Weg dorthin entdecken Sie einen hölzernen *Aussichtsturm*. Er gestattet einen weiten Blick auf die Elbe und die dahinter liegende DDR.

Langendorf Durchfahren Sie den Ort auf der Elbuferstraße. Sie werden feststellen, daß der Ort seinem Namen alle Ehre macht. Am „Gasthaus Ley" fahren Sie rechts in die Straße Alter Postweg. Ca. 100 Meter hinter dem Ortsausgang fahren Sie wieder rechts herum. Am Ende der Straße links nach

Brandleben An der Hauptstraße rechts, bis zum Elbdeich, und hier wieder links. Durch den Ort, dann an der Hauptstraße rechts Richtung Kaltenhof. Nach weiteren ca. 750 Metern biegen Sie hinter dem alten Bahndamm (Brücke über die Straße fehlt) rechts ein. Vor sich sehen Sie eine der beiden Brücken über die Elbe. Vor der Sprengung im Zweiten Weltkrieg wurde über diese Brücke der Bahnverkehr nach Dömitz abgewickelt. Folgen Sie dem Radweg auf dem Deich stromab. In ca. ein Kilometer Entfernung stehen die Reste der zweiten Brücke. Auch sie wurde gesprengt, seither ist die Bundesstraße B 191 hier unterbrochen.
Weiter auf dem Weg am Deich nach

Damnatz Durch den Ort, bis zur *Kirche* (1617). Ein Grabstein und eine Gedenktafel auf der Kirchenrückseite erinnern an kriegerische Auseinandersetzungen im Jahre 1813. Die Tafel ist den tapferen Frauen gewidmet, die ihren Männern sogar noch auf dem Schlachtfeld das Essen brachten. Gasthaus „Zum Fischerkrug". Bleiben sie auf der Elbuferstraße. Weiter nach

Landsatz Fahren Sie auf der Elbuferstraße dem Wegweiser Penkefitz nach. Sie kommen nach

Jasebeck und weiter auf der Elbuferstraße nach

Penkefitz Am Ortsschild folgen Sie dem Wegweiser nach Hitzacker. Nach ca. 250 Metern rechts auf den Elbdeich. Hier weiter auf dem Deich, Elbe abwärts nach Wussegel. ''Cafè Elbterrassen''. Verlassen Sie nun den Deich und fahren weiter auf der Elbuferstraße, auf der Sie nun nach ca. drei Kilometern **Hitzacker** erreichen. Am Jachthafen vorbei biegen Sie am Ende der Straße links ab. Nach wenigen Metern stehen Sie auf dem Marktplatz.
Wer auch immer Hitzacker gründete (vielleicht war es ja wirklich der sagenumwobene Friese Hiddo), er muß neben einem Gespür fürs Praktische auch einen Blick für landschaftliche Schönheiten gehabt haben. Malerisch schmiegt sich die Stadt an die *Jeetzelmündung* in die Elbe. Gleich dahinter baut sich der imposante Steilhang des Heide-Geestrückens auf, von dem man einen guten Überblick über die Stadt gewinnt. Beginnen Sie dort oben — auf dem *Weinberg* — mit der Stadtbesichtigung. Hier oben war früher eine Burg. Sie und die Stadt zu ihren Füßen wechselten so oft den Besitzer, daß man darüber ein ganzes Buch schreiben könnte. Grund dafür war der heißbegehrte Elbzoll; wer Hitzacker sein Eigentum nennen konnte, besaß damit einen wahren Dukatenesel. So war es kein Wunder, daß mit diesem Ort ein schwunghafter Handel in Form von Beleihungen und Verpfändungen getrieben wurde. Gelegentlich klirrten auch die Waffen. Die kleine Fischer- und Schifferstadt auf der Insel zwischen den Jeetzelarmen durfte sich aber auch von 1604 bis 1636 im Glanze einer Fürstenresidenz sonnen. Während einer der zahlreichen welfischen Erbteilungen fiel Hitzacker an Herzog August von Braunschweig und Lüneburg, der sich mitten in der Stadt ein Schloß bauen ließ. Von diesem ist allerdings ebensowenig übriggeblieben wie von der alten Burg auf dem Weinberg.
An Sehenswürdigkeiten gibt es außer dem alten Stadtbild den Fachwerkbau des alten *Zollhauses* von 1589 und eine *Riesenkastanie* auf dem Weinberg, eine botanische Merkwürdigkeit ersten Ranges.
Die Sage berichtet, eine Fährmannstochter, die als Hexe verbrannt werden sollte, habe auf dem Weg zum Scheiterhaufen einen Kastaniensteckling mit den Wurzeln nach oben in die Erde gepflanzt und dabei ausgerufen: ,,Ich bin unschuldig, sowahr dies Reis anwachsen wird ...''
Schließlich seien noch zwei weitere Geschichten erwähnt, von denen zumindest eine den Vorteil hat, wahr zu sein.
Die eine berichtet von Zwergen im Weinberg. Diese liehen den Bewohnern Hitzackers immer ihre Braupfanne. Diese wiederum stellten zum Dank dafür stets eine gefüllte Kanne darauf, wenn sie die Pfanne zurückgaben. Einmal jedoch vergriff sich ein Landstreicher an der Gabe. Darauf zogen die Zwerge verärgert fort.

Die wahre Geschichte erzählt: 1966 heiratete ein Sohn der Stadt, Claus von Amsberg, die niederländische Kronprinzessin Beatrix. Die ganze Stadt freute sich, nicht zuletzt, weil das glanzvolle Ereignis das Städtchen weltberühmt gemacht hat, was selbst die staatliche Anerkennung als Luftkurort 1971 und die dortigen, beliebten „Sommerlichen Musiktage" bis dahin nicht fertig gebracht hatten.
Ein Erlebnis, daß einen wieder mit der Realität konfrontiert, ist hingegen eine *Dampferfahrt* auf der Elbe (täglich 14.30 und 16 Uhr, Fahrtdauer eine Stunde. Tel. 0 58 62/73 28).
Hitzacker verfügt über einen kleinen Hafen, genau genommen sind es sogar zwei. Der Jachthafen liegt etwas weiter Elbaufwärts. Etliche Hotels und Pensionen bieten Übernachtungsmöglichkeiten. Launige Cafès rund um den Hafen sorgen für das leibliche Wohl an sonnigen Nachmittagen. Zu empfehlen sind das Cafè Knigge sowie das Cafè direkt am Hafen, dem auch ein Kino angeschlossen ist.
Für den Wanderer und Radtouristen empfiehlt sich die
Jugendherberge Hitzacker, Elbuferstraße, Tel. 0 58 62/2 44.
Sie liegt etwas außerhalb der Stadt. Zu ihr gelangen Sie, wenn Sie beim „Cafè Knigge" den Berg hinauffahren. Halten Sie sich rechts. Sie kommen dann am Hotel „Waldfrieden" vorbei und sehen zur Linken die Kuranlagen liegen. Folgen Sie der Straße. Durstige finden an der Telefonzelle einen kleinen Kiosk vor. Am Ende dieser Straße ist links ein kleineres Wildgatter mit Damwild. An der Kreuzung biegen Sie rechts ab und folgen der Elbuferstraße. Sie kommen am „Rübezahl" vorbei, das Gebäude zur Linken ist schon die Jugendherberge.

Touristeninformtionen: Kurverwaltung, Weinbergsweg, Tel. 0 58 62/80 22, Elbrundfahrten per Schiff bei Ch. Paulin, Hitzacker, Bahnhofstraße 6, Tel. 0 58 62/77 91.
Campingplatz W. Lange, Hitzacker-Tießau, Tel. 0 58 62/78 38 (etwas weiter elbaufwärts).
Im Hotel kostet ein EZ mit Frühstück ab DM 18,00, im Durchschnitt um DM 35,00. Ein ausführliches Unterkunftsverzeichnis gibt es bei: Tourist Information Naturpark Elbufer-Drawehn, Postfach, 3130 Lüchow.
Radverleih: W. Schulz, Lüneburger Straße 2.

Weiter auf der Elbuferstraße. Benutzen Sie den Fahrradweg, der teilweise schon vorhanden ist. Durchfahren Sie
Tießau Fahren Sie an Tiesmesland vorbei nach

Drethem Legen Sie zwischendurch auch mal eine Pause ein und nutzen Sie die weite Aussicht. In Drethem fahren Sie in den Ort hinein, bis zum Abzweiger, an dem es rechts auf der Elbuferstraße weitergeht. Hier gibt es um die Ecke, wo es etwas ruhig ist, ein kleines Gasthaus, ,,Stadt Hamburg''. Wenn Sie zum Kirchplatz hinüberschauen, können Sie des öfteren die alten Fischernetze des Elbfischers trocknen sehen, oder wenn Sie Glück haben, ihm dabei zuzusehen, wenn er sie repariert. Sein Sohn hat die Kraftfahrzeugwerkstatt nebenan, in der Sie im Notfall mal eine Schraube anziehen lassen können. Die nächste Fahrradwerkstatt finden Sie dann erst nach sieben Kilometern. Fahren Sie dann weiter nach
Glinitz und
Schutschur über
Klein Kühnen nach
Neu Darchau In Neu Darchau bis zur Kreuzung. Wenn Sie einen Abstecher direkt an das Wasser machen wollen und sich den kleinen Hafen ansehen wollen, fahren Sie rechts ab. Links führt die Tour weiter durch den Ort bis zur nächsten Kreuzung. Zu einem Fahrradgeschäft geht es hier rechts weiter nach
Katemin Achten Sie auf das rotgelbe Schild ,,Boie'', Fahrradbedarf Sadowski. Ihr Weg geht aber links weiter nach
Quarstadt Durchfahren Sie Quarstadt, und in
Danzau-Mühle rechts dem Hinweisschild Ventschau folgen. In
Ventschau fahren Sie auf der Hauptstraße durch den Ort in Richtung Tosterglope. Überfahren Sie die große Straße in Richtung
Köhlingen In Köhlingen fahren Sie dem Hauptweg nach, erst scharf links und noch einmal links am Dorfteich vorbei, weiter nach
Tosterglope In Tosterglope schräg rechts ,,Im Alten Dorfe'', auf der Dorfringstraße bis zum Gasthaus. Jetzt links auf der Barskamper Straße weiter bis zur Kreuzung. Fahren Sie in Richtung
Dahlenburg weiter. Im 13. Jahrhundert war dies eine Residenzstadt mit Stadt- und Münzrecht. Aus der 1903-05 errichteten *Kirche* ragt der Altar heraus, der allerdings bereits in der vorherigen, mehr als 600 Jahre alten Kirche vorhanden war.
Durch Dahlenburg bis zum Anfang des Waldes, wo Sie rechts einbiegen.
Harmstorf durchfahren Sie geradewegs am Trafohaus über die Hauptstraße in Richtung Ellringen. Vor dem Wald fahren Sie auf dem mittleren Weg, hinter dem Bauernhof rechts weiter nach
Ellringen In Ellringen rechts in den Ort, über ein kleine Brücke, an der Mühle vorbei und bis zur Hauptstraße. Fahren Sie rechts bis zum ,,Alten Gast-

haus", dann links ab, in Richtung Thomasburg. Fahren Sie nicht zu schnell, damit Sie links die kleine Einfahrt „Anlieger Frei Wiecheln" nicht übersehen. Sie fahren an einer *Mühle* vorbei und dann bis zum Ende der Straße. Anschließend rechts ab und nochmal rechts bis zur großen Kreuzung in

Thomasburg Thomasburg hat zwar keine Burg mehr, aber man hat diese irgendwann als Kirchturm umfunktioniert und wurde somit erstmals 1050 als Kirche erwähnt. Hermann Billung war es, der die Wasserburg auf diesen strategisch günstigen Punkt im Schutze der Neetze errichten ließ. Die *Kirche* ist im Sommerhalbjahr zwischen 9 und 18 Uhr geöffnet. Ruhen Sie sich im Schatten der Linde auf dem ehemaligen Burghof ein wenig aus. Wenn Sie durchs Dorf fahren, sollten Sie sich unbedingt das kleine alte *Spritzenhaus* ansehen. Ihr Weg geht weiter nach

Radebeck In Radebeck angekommen, fahren Sie nach Norden, bis zur Kreuzung in

Wennekath Von dort aus links ab, in Richtung Holzen. Am kleinen Bach zeugt nur noch die abgefaulte Mühlenachse davon, daß hier früher eine Mühle unermüdlich Getreide gemahlen hat. Auch im *Mühlenteich* werden jetzt Forellen gemästet. Der Lauf der Zeit. Wenn Sie an den letzten Bauernhäusern vorbei sind, biegen Sie rechts ab, nach

Holzen In Holzen fahren Sie zunächst einmal bis zur Weggabelung, jetzt links auf die Steckelbergstraße, die nächste Straße rechts, in Richtung

Wendhausen In Wendhausen zunächst links durch den Ort bis zur Weggabelung. Hier rechts bis an das Ende der Straße, anschließend nach

Barendorf In Barendorf bis an die Bundesstraße 216, dann rechts ab, in Richtung *Lüneburg*. Nach 300 Metern links hinter der Volkshochschule einbiegen und nach weiteren 250 Metern rechts in Richtung

Deutsch — Evern Wenn Sie den Elbe-Seiten-Kanal überquert haben, kommen Sie nach zwei Kilometern auf eine Kreuzung, auf der Sie rechts abbiegen. Seit längerer Zeit erkennen Sie sicherlich schon die Silhouette von Lüneburg. Wenn Sie jetzt noch das Glück haben, einen schönen Sonnenuntergang zu erleben, werden Sie sich gut vorstellen können, wie hier an einem schönen Sommertag im Mittelalter ein Künstler gesessen hat und einen Kupferstich angefertigt hat. Orientieren Sie sich jetzt in Richtung Stadtmitte. Sie kommen an den Hochhäusern von

Kaltenmoor vorbei. Dieser Name hat wohl seine Berechtigung. Über die Eisenbahnlinie hinweg und geradeaus über die Kreuzung. Wenn Sie sich nun rechts halten, kommen Sie direkt in die Innenstadt von

Lüneburg siehe Tour 1.

Tour 3 25 km

DANNENBERG — LÜCHOW

ADFC-Haupka 1:100 000 Blatt 9
NLV Radwanderkarte 1:75000 Blatt RC 3130

Dannenberg siehe Tour 4. Vom Marktplatz aus fahren Sie über den Busbahnhof den Lindenweg entlang und biegen beim Schulzentrum in die Riemann-Straße. Überqueren Sie nach ca. 300 Metern die Ortsumgehung. Nach ca. zwei Kilometern folgen Sie an der Kreuzung dem Schild Soven. Nach weiteren gut zwei Kilometern sind Sie in
Liepehöfen Folgen Sie an der Abzweigung dem Wegweiser nach Bresse im Bruch. Den Ort erreichen Sie nach ca. 2,5 Kilometern.
Breese im Bruch Biegen Sie an der Kreuzung nach rechts ab. Sie stehen auf dem Dorfplatz und bekommen hier einen ersten Eindruck von den sogenannten *Rundlingsdörfern*.
Der eigentliche Sinn dieser Dorfform ist bis heute nicht bekannt. Sollte sie mehr Schutz bieten? Das konnte sie wohl kaum, da die Häuser durch ihre reetgedeckten Dächer sehr leicht angreifbar waren. Oder sollte das Gemeinschaftsgefühl gestärkt werden? Wie gesagt, man weiß es nicht, sicher ist nur,

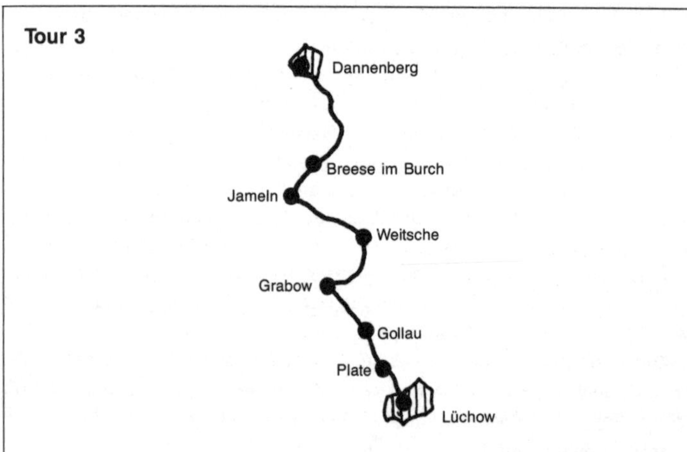

daß diese geschlossene Form einen entscheidenden Nachteil hatte — das Dorf konnte nicht wachsen. Erst als um 1000 deutsche Siedler die Form des Reihendorfes in diese bis dato von Slawen (Wenden) bewohnte Region mitbrachten, konnten sich die Dörfer entwickeln.
Breese im Bruch ist allerdings kein Rundlingsdorf im herkömmlichen Sinne mehr. Die Ursprungsform hatte nur einen Dorfzugang. Am östlichen Rande des Dorfplatzes kommen Sie zu einer kleinen Kirche, der *Schloßkirche* (1592). Dieses Gotteshaus mit Natursteinfundament ist vom 14.04. bis 30.09. geöffnet. In dieser Zeit finden jeweils Freitags von 14.30 bis 15.30 Uhr Führungen statt.
Nach Anmeldung für Gruppen aber auch an anderen Tagen.
Anmeldung bei der Gästeinformation, Tel. 0 58 61/3 01. Auf dem Kirchhof sind vier Gräber von 1864-1880.
Kehren Sie zurück an die Kreuzung, die Sie vor dem Dorfplatz passierten, und folgen Sie dem Wegweiser nach
Jameln Überqueren sie den Bahndamm, der Sie nun weiter begleiten wird, und biegen Sie in die Bergstraße ein. An deren Ende finden Sie den alten Ortskern Jamelns. Wieder ein *Rundling* mit hübschen alten Fachwerkhäusern (z. T. Reetdach) aus dem 18. Jahrhundert. Die Fachwerkbalken sind mit Inschriften verziert.
Einkehrmöglichkeiten: Direkt im Rundling das Gasthaus „Das alte Haus" und an der B 248 die Gaststätte „Kablitz".
Folgen Sie der Bahnhofstraße nach Osten. Drei Kilometer weiter gelangen Sie nach
Langenhorst Durchfahren Sie den Ort. An der Kreuzung etwas außerhalb des Dorfes folgen Sie der Beschilderung nach
Weitsche Verlassen Sie den Ort vom Dorfplatz aus in südlicher Richtung. Nach ca. 2,5 Kilometern kommen Sie nach Grabow. (Der Wegweiser Grabow steht in Weitsche z. Z. in der falschen Richtung).
Grabow Hinter dem Bahndamm biegen Sie nach links ab. Folgen Sie der Straße Am alten Hof. Bei der Kreuzung am Ende der Straße geht es erneut über den Bahndamm. Sie kommen zum „Jugenddorf". Von hier aus weiter auf dem Sandweg. Abermals die Gleise kreuzen. An der nächsten Kreuzung biegen Sie dann links ab. Würden Sie geradeaus fahren, kämen Sie zur B 248, die in ca. 500 Metern sichtbar vorüberführt.
Nach 500 Metern gelangen Sie nach
Lüsen Gaststätte „Walters Eck". Lüsens Ortskern ist ebenfalls ein *Rundling*. Fahren Sie dazu die Seitenstraße neben dem Gasthaus hinunter. Weiterfahrt nach Überquerung der Bahnlinie links nach

Gollau Weiter nach
Müggenburg Hier dem Wegweiser nach Plate folgen. Nach ca. 1 Kilometer sind Sie in
Plate Halten Sie auf die *Kirche* zu. Sie können sie ganz umfahren. Die Kirche, ein gotischer Bau von 1372, war lange Zeit Wallfahrtskirche. Kostbarster Schatz des Gotteshauses ist ein großes Triumphkreuz aus der Mitte des 15. Jahrhunderts. In der Nähe gab es eine weit und breit bekannte Heilquelle. Umrunden Sie die Kirche zur Hälfte und fahren Sie weiter auf dieser Straße. Nach einem Kilometer sind Sie in
Lüchow Links von Ihnen ist ein Tennisplatz. Rechts direkt an der Straße das Freibad der Stadt, und gleich daneben das Hallenbad.
An der Kreuzung Berliner Straße/Plater Weg links ab. Überqueren Sie die Tannenbergstraße und biegen Sie an der nächsten Kreuzung nach rechts in die Schützenstraße ein. Diese mündet in der Lange Straße, der Sie in östlicher Richtung bis zum Marktplatz folgen.

Die schönen *Fachwerkhäuser*, welche die Hauptstraßen Lüchows zieren, stammen alle samt und sonders aus der Zeit nach dem großen Brand von 1811. Ihm fiel zwei Drittel der Stadtbebauung zum Opfer. Auch das stattliche Rathaus stammt aus den Jahren nach dem Brand. Der *Amtsturm* aber überstand den Feuersturm. Dieser Turm und auch einige Mauerreste im Schloßpark repräsentieren die Geschichte dieser 4 000-Seelen-Stadt.
Der Turm, Rest eines ehemals viertürmigen Prachtbaus, beherbergt heute das *Heimatmuseum*, dessen Exponate in seinen vier Etagen ausgestellt sind. Man kann und sollte ihn besteigen. Von der Plattform aus haben Sie einen herrlichen Blick über die Stadt und das weite Land ringsum. Weit gleitet der Blick zum Höhbeck mit seinen Sendetürmen (s. Tour 2) und weiter in die DDR. Bei klarem Wetter sind sogar die Türme des 14 Kilometer entfernten Salzwedels zu sehen (täglich 10-18 Uhr geöffnet).
Die alte Burg war von Mitte des 12. Jahrhunderts bis 1318 Residenz der Grafen von Lüchow. Sie wechselte mehrfach den Besitzer und war vorübergehend ein Raubritternest. Um 1500 wurde die Burg durch ein Schloß ersetzt, das sich die Gattin Herzog Ottos des Siegreichen als Witwensitz umbauen ließ.
Unweit des Amtsturmes, in der Johannis-Straße, steht die gotische *Johanniskirche* aus dem 14. Jahrhundert mit ihren charakteristischen Backstein-Treppengiebeln. Einen Turm hat sie seltsamerweise nie gehabt. Als die einstige Stadtbefestigung ausgedient hatte, übernahm bis zum heutigen Tage ein alter Stadtturm die Aufgaben eines Glockenturms. Als besonderes Kleinod besitzt die Kirche ein Bronzetaufbecken von 1417.

Der ,,Ratskeller'' am Marktplatz ist wohl der einzige Keller, zu dem man eine Treppe hinaufsteigen muß.
Hier im Städtchen Lüchow scheint die Zeit stehengeblieben zu sein. Die Polizeikaserne unweit des südlichen Stadtendes dagegen ist erst in neuester Zeit entstanden und beherbergt die Bereitschaftspolizei, die aufgrund der Wahl Gorlebens als Atomares Zwischenlager stationiert wurde. So bildet die mittelalterliche Vergangenheit einerseits und die sehr umstrittene Zukunft des Kreises als Zwischen- bzw. Endlager radioaktiven Sondermülls im Zentrum des Naturparks ,,Elbufer Drawehn'' einen kontrastreichen Gegensatz, wie er größer wohl nicht sein kann. Auf dem Lüchower Bahnhof wird nur noch Güterverkehr abgewickelt. Der Personenverkehr findet mit Bussen statt. In den 50er Jahren gab es allerdings noch eine kleine Bimmelbahn von hier ins zehn Kilometer entfernte Schweskau.
Der gesamte Landkreis lebt überwiegend von der Landwirtschaft. Durch die Zonenrandlage gibt es nur wenig Industrie, so eine Kartoffelstärkefabrik und ein Zweigwerk der SKF (Schwedische-Kugellager-Fabriken).

Touristeninformation Lüchow bei der Gemeindeverwaltung Lüchow, Theodor-Körner-Straße 14, Tel. 0 58 41/47 91.
Ein EZ mit Frühstück kostet im Hotel ab DM 18, im Durchschnitt DM 30, ein Unterkunftsverzeichnis gibt es bei Tourist Information Naturpark Elbufer-Drawehn, Postfach, 3130 Lüchow.
Fahrradläden:
Erwin Triebe, Tarmitzer Straße 51, Lüchow, Tel. 0 58 41/43 84
G. Bruns, Lange Straße 38, Lüchow, Tel. 0 58 41/25 31.
Fahrradverleih: Hallenbad Lüchow, Plater Weg 9.

Tour 4 55 km

UELZEN — DANNENBERG

ADFC-Haupka 1:100 000 Blatt 9
NLV Radwanderkarte 1:75 000 Blatt RC 3126, RC 3130

Uelzen Stadt des Uhlenköpers (Eulenkäufers). Gleich neben der Kirche St. Marien wird Ihnen ein Bronzedenkmal auffallen. Die Uelzener schenkten es 1967 Ihrer Stadt. Es erklärt, wie die Uelzer zu ihrem Spitzenamen *Uhlenköpers* kamen. Ein Bauernbursche verkaufte der Sage nach einem Uelzener

mehrere Birkhähne für den Sonntagsbraten. Als dieser später den Sack öffnete, schwirrten ihm lauter junge Eulen entgegen.
Das frühere Ullishusen lag dort, wo heute auf der Karte Oldenstadt eingetragen ist. Es war eine Stadt mit Kaufleuten, Ratsherren und einem Kloster. Mit letzterem gab es oft Ärger. Schließlich siedelten etliche Bürger unter Führung des Bürgermeisters Bernhard Nigebur auf die andere Seite der Ilmenau über. Urkunden belegen, daß dabei sogar ganze Häuser mitgenommen wurden. Zwanzig Jahre nach der Gründung des neuen Uelzen hatte der Ort die Stadtrechte verliehen bekommen, und der Bau der dreischiffigen Hallenkirche *St. Marien* begann. 1292 wurde sie geweiht. Im Inneren dieses sehenswerten Beispieles norddeutscher Backsteingotik wird neben einigen bemerkenswerten Kunstwerken (Kronleuchter 15. Jahrhundert, St. Annen-Schrein 1506, Orgelprospekt 1756) das eigentliche Wahrzeichen der Stadt bewahrt, das „Goldene Schiff". Dieser kupfervergoldete Tafelaufsatz wurde von einem Uelzer Tuchkaufmann 1598 aus London mitgebracht.
Die frühere Ausdehnung der Stadt ist auch heute noch recht genau nachweisbar. Die drei alten Marktstraßen sind bis heute erhalten geblieben. Jede wurde durch ein wehrhaftes Stadttor geschützt.
Reste der *Stadtmauer* und ein Stück des alten *Stadtgrabens* sind erhalten geblieben. Straßenamen wie Rosenmauer, Turmstraße und Gudestorbrücke weisen darauf hin. Neueste Ausgrabungen 1988 haben alte Aufzeichnungen bestätigt, daß außer der Mauer auch noch ein Palisadenzaun bestanden hat. Auch die sogenannten *Zwerchgiebel* seien hier genannt. Dabei handelt es sich um eine Sonderform des Giebelbaues. Sie ermöglichte den Gewinn zu-

Tour 4

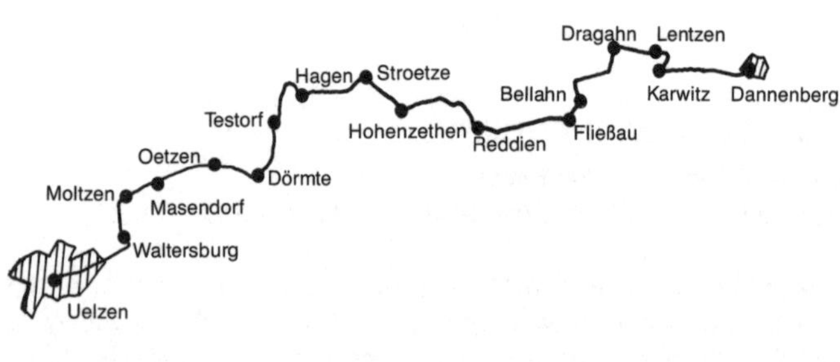

sätzlichen Wohn- und Lagerraumes, ohne eine weitere Etage in die Höhe bauen zu müssen. Am Schnellen Markt, einer Nebenstraße der Gudesstraße, ist diese Bauform noch zu sehen. Der *Schnellen Markt* ist der frühere Topfmarkt, auf dem die sogenannten „Schnellen" gehandelt wurden.
Überall treffen Sie auf die Bausubstanz längst vergangener Tage. Schauen Sie sich den malerischen Staffelgiebel des alten *Gildehauses* an, die *Probstei* in der Pastorenstraße, und Sie mögen sich vielleicht vorstellen, daß Uelzen früher einmal wie Lüneburg eine Stadt der Backsteingotik gewesen sein mag. Bei dem großen Brand 1646 jedoch wurde die Stadt beinahe gänzlich ein Raub der Flammen. Die durch Pest und Kriegswirren dezimierte, verarmte Bevölkerung baute nach dieser Katastrophe wesentlich bescheidener. Davon zeugen die Fachwerkhäuser in der Lüneburger Straße, soweit sie von den Bomben des letzten Krieges verschont geblieben sind.
Heute lebt diese Stadt von der Landwirtschaft, der verarbeitenden Industrie und nicht zuletzt vom Fremdenverkehr.
Seit dem Bau des Elbe-Seitenkanals verfügt Uelzen über einen Industriehafen, und etwas weiter südlich wurde auch dem Wassersport mit dem Bau eines kleinen Jachthafens Rechnung getragen.
Eine Vielzahl Vereine und ein Theater sorgen für ein reges kulturelles Leben. So gibt es seit 3 Jahren einen im ADFC (Allgemeiner Deutsches Fahrradclub) organisierten Fahrradclub Uelzen, der jedes Jahr von etwa Anfang Mai bis Ende Oktober eine Vielzahl Radtouren in die nähere und weitere Umgebung Uelzens anbietet (Tel. 05 81/65 05, W. Mocek)
Ein Modell des *alten Uelzens* ist im Schloß Holdenstedt, südlich Uelzens an der B 4 gelegen, zu sehen (geöffnet dienstags bis sonnabends 14.30-17, sonntags 11-17 Uhr).

Touristeninformation: Verkehrsbüro, Veerßer Straße 43, 3130 Uelzen, Tel. 05 81/80 01 32
Jugendherberge, Fischerhofstraße, Tel. 05 81/53 12
Fahrradläden:
Uwe Gorsiniack, Niendorfer Straße 7, Tel. 05 81/7 04 95
Alfred Villbrand, Lüneburger Straße 20, Tel. 05 81/28 66
Campingplatz U. Ricklefs, Uelzen-Westerweyhe, Tel. 05 81/ 7 30 44

Von der Jugendherberge am Nordende der Stadt gelangen Sie in östlicher Richtung durch den Wald an die Ebstorfer Straße. Nach weiteren 200 Metern sind Sie am Arbeitsamt in der Lüneburger Straße. Sofern Sie in die Altstadt möchten, halten Sie sich rechts und folgen dem Straßenverlauf auf dem

Radweg bis zur zweiten Ampelkreuzung (Bedarfsampel an der Kaufhalle nicht gerechnet). Möchten sie jedoch direkt nach Dannenberg, so überqueren Sie die Straße am Arbeitsamt und fahren weiter auf dem Weg rechts neben der Behörde. Nach Überschreiten der Holzbrücke über die Ilmenau geht es rechts an dem Flüßchen entlang durch die Grünanlagen. Nachdem Sie die Straße erreicht haben, folgen Sie ihr nach rechts. Sie sind nun in der Gudesstraße. Dieser folgen Sie, durchfahren den Kreisverkehr und biegen der Beschilderung folgend auf den Radweg entlang der B 191 bzw. 71 ein. An heißen Tagen allerdings empfiehlt sich ein Zwischenstopp an der Eisbude am Kreisverkehr. Dort gibt es sehr gutes Eis eigener Rezeptur. Weiter geht es in Richtung Dannenberg, dem Radweg an der Bundesstraße folgend über den Elbe-Seitenkanal hinein nach

Oldenstadt Wir befinden uns nun auf der Klosterstraße in der Keimzelle des heutigen Uelzen, der „olden stat", wie dieser Ort früher genannt wurde. An seinem Rand steht linkerhand noch ein Zeuge jener folgenschweren Zeit: die alte *Klosterkirche*. Ursprünglich um 970 von Bischof Bruno von Verden als Nonnenkloster gegründet, wurde es 1135 in ein Mönchskloster umgewandelt. Die Benediktinermönche bauten aus unbehauenen Findlingen eine romanische Basilika. Diese steht noch. Allerdings läßt der Bau, seiner Seitenschiffe beraubt und seit der Aufhebung des Klosters im 16. Jahrhundert mehrfach als Kornscheune und Zinsspeicher zweckentfremdet, seine einstige Schönheit nur noch ahnen.

An Stelle der alten Klostergebäude wurde ein *Amtshaus* errichtet. Dieser Fachwerkbau war zeitweilig Jagdschloß des Fürsten. 1884-1954 war es Sitz der Kreisverwaltung. Zwischenzeitlich als Altenheim genutzt, beherbergt es heute die Volkshochschule. Im Zuge der Restaurierung wurde der gesamte Gebäudekomplex als „Historisches Zentrum" zusammengefaßt. Die Straßenzüge gegenüber der Klosterstraße gehörten mit zur alten Siedlung. Leider sind bei der Wiederbebauung jenes Teils um 1950 Aufschluß gebende Grabungen versäumt worden.

Der Schlüssel ist im Pfarrhaus zwei Häuser in Richtung Ortsausgang erhältlich, Pfarrer Dageförde.

Auf der Klosterstraße durch den Ort. Sie folgen den zwei Gabelungen nach rechts und fahren dann immer geradeaus. Am Woltersburger Mühlenweg vorbei, kommen Sie an den Oldenstädter See. Er ist durch die Sandentnahme zum Bau des Elbe-Seitenkanals entstanden, der hier als Heidesuez und auch Elbe-Pleitekanal betitelt wird, wegen des Dammbruchs bei Lüneburg kurz nach seiner Fertigstellung.

Der See dient der Naherholung und ist bei Anglern, Surfern und Badegästen gleichermaßen beliebt. An seinem Ufer sind Picknickmöglichkeiten vorhanden, auf der gegenüberliegenden Seite ist weithin sichtbar ein überdachter Grill (Brennmaterial ist mitzubringen).

Wir fahren nun auf der gleichen Straße zurück, auf der wir gekommen sind. Jene, die nach Uelzen zurück möchten, biegen in den Meyerholz Weg ein, der in den Dorfplatz bei der Poststelle mündet, unterqueren hinter der Grundschule den Kanal und gelangen so quasi durch die Hintertür wieder nach Uelzen hinein. Fahren Sie hinter der kleinen Holzbrücke über die Wipperau immer geradeaus. Sie queren die Birkenallee, die Ortsumgehung, und biegen am Ende der Lindenstraße in die Ripdorfer Straße ein. Dieser folgen Sie nach links. Nach ca. 50 Metern mündet sie in eine Straße, der Sie folgen. Wenn Sie die Brücke überqueren, gelangen Sie auf den Schnellen Markt mit seinen Zwerchgiebeln und dem modernen Springbrunnen. Biegen Sie vor der Brücke allerdings nach rechts und durchfahren die Grünanlage, so kommen Sie wieder zu der Holzbrücke, die Sie zum Arbeitsamt bringt. Sie haben nun die Möglichkeit, den schon bekannten Weg durch den Wald zur Jugendherberge zu nehmen, oder aber sich nach Querung der Lüneburger Straße rechts zu halten und dann halblinks zur Stadthalle am Schützenplatz zu radeln. Dort führt Sie der Weg weiter unter der Bahn hindurch zur Nordallee. Dieser folgen Sie ca. 500 Meter und biegen dann nach links ein, der Beschilderung Jugendherberge nach.

Diejenigen, die nach Dannenberg wollen, biegen nach Verlassen des Sees in den Woltersburger Mühlenweg ein und fahren durch die Siedlung geradeaus in den Wald hinein. Der nun folgende Waldweg, ca. 800 Meter lang, ist ein Teil eines Waldlehrpfades. Am Ende dieses Weges biegen Sie nach rechts ab und gelangen über die Brücke am verfallenen Mühlwehr zu einem Haus mit Schloßcharakter. Hier biegen Sie links, dem ausgeschilderten Radweg folgend, ein. Nach ca. 100 Metern sehen Sie zur Rechten einige unscheinbare Hügel.

Hier hat vor langer Zeit einmal eine Burg, geschützt durch einen Wassergraben, gestanden.

Der Burgfried ist vermessen worden. Ausgrabungen fanden bisher nicht statt. Aus anderen, ähnlichen Funden aber weiß man, daß die Burg etwa 100 x 60 Meter gemessen haben muß. Sie ist ein Teil einer Reihe von Burgen zum Schutz der Bauern gegen die Wenden. Wahrscheinlich zur Zeit Heinrichs I. errichtet, dienten sie als Fluchtburgen. Sicher weiß man, daß dieser Bau auf einem Gelände von ca. 15 000 qm gestanden hatte.

Nähere Auskünfte dazu erhalten Sie vom Stadtarchäologen Dr. Edgar Ring, Tel. 05 81/80 00.

Weiter geht es immer geradeaus nach

Woltersburg Sie durchfahren den Ort, und kommen nach

Molzen In Molzen (*Saalkirche* aus dem 16. Jahrhundert) fahren Sie in nördlicher Richtung, bis Sie auf die Hauptstraße kommen, dort in Richtung Oetzen (Radweg vorhanden.) Nächste Station ist

Masendorf Weiter nach

Oetzen In Oetzen gibt es eine schöne *Kapelle* mit einem Altar aus dem 16. Jahrhundert. Weiter geradeaus nach

Dörmte In Dörmte links ab, und dann geradeaus. An der nächsten Rechtskurve folgen Sie dem Wirtschaftsweg, der nach

Testorf führt. In Testorf rechts herum, etwa bis zur Mitte des Dorfes. Hier biegen Sie am Schild „7 Tonnen Höchstgewicht" rechts in Richtung Weste ein. Nach ca. 100 Metern dann aber weiter geradeaus nach

Hagen Schlagte Durchfahren Sie den Ort geradeaus, folgen Sie der Stromleitung bis zum Ende des Weges. Hier links ab nach

Törwe Hier gleich rechts ab, an Groß Malchau vorbei nach

Stötze Folgen Sie der Beschilderung nach

Hohenzethen Weiter auf der Bundesstraße B 191 Richtung Dannenberg. Nach ca. 2,5 Kilometern folgen Sie an der Weggabelung rechts dem Wegweiser nach

Redien Im Ort halten Sie sich nach rechts und gelangen nach

Gülden Fahren Sie ins Dorf und dann rechts auf die Hauptstraße, Richtung Zernien. Kurz vor Zernien biegen Sie in einen kleinen Weg zur Rechten Richtung

Keddien ein. Durchfahren Sie den Ort. Weiter bis

Fließau Auf der Hauptstraße entlang bis zum Wegweiser Bellahn. Dann links ab.

Bellahn Hier weiter in Richtung Pudripp. An der B 191 jedoch weiter nach Osten, Richtung Dannenberg. Nach drei Kilometern biegen Sie von der B 191 ab und folgen dem Schild Dragahn nach links in den Wald.

Dragahn Der Ort, unscheinbar im Wald gelegen, war im letzten Krieg Standort einer Munitionsfabrik. Die Hallen dienen heute der Beseitigung von Kampfmitteln. Sie sehen die Einfahrt zum Werksgelände, wenn Sie an der Kreuzung nach links blicken.

Für den Bau einer atomaren Wiederaufbereitungsanlage ist dieses Gelände seit einiger Zeit im Gespräch. Wie überhaupt erst der Landkreis durch Gorleben mit seinem atomaren Zwischenlager zu einer fragwürdigen Berühmtheit gelangte.

Folgen Sie an dieser Kreuzung der Straße nach rechts.

Nausen Biegen sie im Ort links in die Lange Straße ein. Sehr bald schon erblicken Sie eine Sitzbank unter Eichen. Hier nun auf dem ausgeschilderten Fuß- und Radweg weiter nach

Lenzen Fahren Sie auf die alte *Kirche* am Dorfplatz zu. Ihr moderner Glockenturm will nicht so recht zu ihrem Baustil passen. Überqueren Sie den Platz an der Kirche, und fahren Sie weiter auf dem als Radweg ausgeschilderten Kirchweg durch die Wiesen nach

Karwitz Im Ort dann rechts zur B 191. Auf dem Radweg an der B 191 legen Sie nun den Rest der Strecke bis

Dannenberg zurück. Von der Bundesstraße 191 kommend, fahren Sie der Straße folgend nach Dannenberg hinein. An der Ampelkreuzung halten Sie sich links. Gegenüber dem Postamt liegt etwas versteckt der *St. Annenfriedhof.* Auf ihm wurde *Eleonore Prochaska* bestattet, die im Kampf gegen Napoleon als ,,Lützowscher Jäger'' August Renz in der Göhrde Schlacht 1813 fiel. Nach ihr wurde der Platz vor der Post benannt. Weiter geht es am Schulzentrum vorbei auf den alten Marktplatz. Hier liegt der Ursprung der Stadt. Direkt vor uns steht das wohl schönste *Fachwerkhaus* Dannenbergs. Dort war einst die alte Poststelle.

Gegenüber am Rathaus, dort wo sonst fromme Inschriften ins Gebälk geschnitzt wurden, hat sich schon frühzeitig der Unmut der Steuerzahler niedergeschlagen. ,,Wi Borgers hebbn de Last darvon un mutt dat all betahlen''. Heute sind dort unter anderem die Polizei und die Touristeninformation untergebracht. Der Ursprung Dannenbergs ist nie ganz erforscht worden. Sage und Forschung sind sich aber darin einig, daß es hier eine Burg gegeben haben muß.

Tatsächlich sehen Sie unweit des Marktes einen alten *Turm* auf einer kleinen Anhöhe. Dieser Turm, um 1200 unter Graf Heinrich I. zu Dannenberg als Wehrturm errichtet, gehörte zu einer Burg, die wahrscheinlich zum Schutz der Elblinie gegen die Slawen diente. 1223-1224 saß hier der Dänenkönig Waldemar der Sieger ein, nachdem der Turm seinen Namen hat.

Der letzte der Grafen zu Dannenberg verkaufte die Anlage 1303 an Herzog Otto von Lüneburg. Dessen Nachfolger Magnus verpfändete sie 1373 an die Brüder Siegfried und Konrad von Salder. Diese entpuppten sich sehr bald schon als Raubritter. Auf Bitte hanseatischer Kaufleute bereitete der Kaiser dem Treiben ein Ende.

Heute ist dieser Turm als *Heimatmuseum* den Touristen zugänglich (geöffnet April bis Oktober mittwochs und samstags 15-17, sonn- und feiertags 14-16 Uhr).

Vom Busbahnhof am Marktplatz führt ein kleiner Fuß- und Radweg unterhalb der Burg über die Jeetzel in das erst neu angelegte Erholungsgebiet Thielenburger See. Der Ort wie auch der See laden geradezu zu einer kleinen Exkursion ein, auf der Sie noch einige Spuren der Geschichte entdecken werden, die zu beschreiben hier kein Platz ist.

Touristeninformation, Am Markt, 3138 Dannenberg/Elbe, Tel. 0 58 61/3 01
Radverleih: Schmidtke, Marschtorstraße 47, Tel. 0 58 61/85 19
Schröder, Marschtorstr. 26, Tel. 0 58 61/84 39
Camping direkt am Stadtbad, Tel. 0 58 61/3 01.
Im Hotel kostet ein EZ mit Frühstück ab DM 15, im Durchschnitt ab DM 22.

Tour 5 74 km

LÜCHOW — MÜSSINGEN — UELZEN

ADFC-Haupka 1:100 000 Blatt 9
NLV Radwanderkarte 1:75 000 Blatt RC 3126, RC 3130

Lüchow siehe Tour 3. Den ersten Teil der Strecke absolvieren Sie gemäß **Tour 7 (Lüchow-Wittingen)** . An der dort angegeben Kreuzung außerhalb **Müssingens** radeln Sie dann aber weiter Richtung Suhlendorf/Kakau. Nach ca. zwei Kilometern rechts ab, dem Wegweiser Varbitz nach. Auf dem Wege nach Varbitz überqueren Sie eine Bahnlinie.

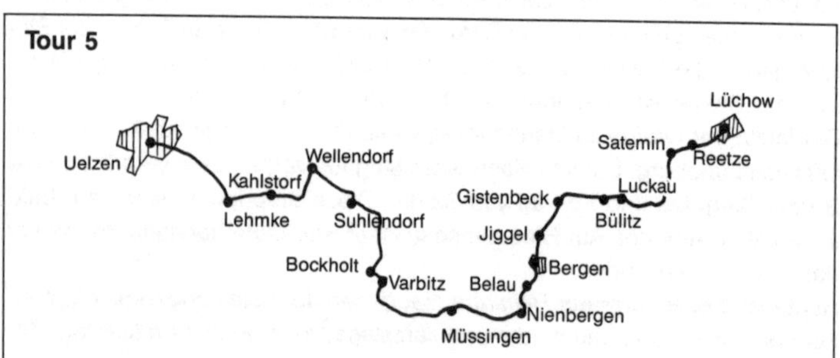

Varbitz An der Kreuzung im Ort der Beschilderung Bockholt nach links folgen. Auf der Straße Am Eichenhain weiter nach

Bockholt Auf der Dorfstraße durch den Ort bis zur Kreuzung, an der ein Trafohäuschen steht. Hier nun dem Schild Güstau nach. Auf dem Güstauer Weg weiter nach

Güstau Auf der Hauptstraße durch den Ort. Sie schwenkt nach links. An der Kreuzung mit dem Ortsverbindungsweg Kölau/Növenthien links ab. Nach wenigen Metern wieder rechts. Dem Wegweiser nach

Suhlendorf folgen. Auf der Güstauer Straße ereichen Sie den Ort. An der Kreuzung im Ort der Beschilderung Bodenteich folgen. Sie sind nun auf der Straße Am alten Wehrturm. An der Kreuzung der Straßen Am alten Wehrturm/Bevensener Straße dem Schild *Mühlenmuseum* (Mühlenweg, Tel. 0 58 20/3 70, geöffnet täglich 10-18 Uhr, montags geschlossen) nach. An der nächsten Kreuzung in die Uelzener Straße einbiegen. Von hier begleiten Sie entsprechende Schilder zum Museum. Im Museum selbst erwarten Sie Mühlen aus aller Herren Länder. Manche nur als Modell, einige jedoch auch in ,,Lebensgröße", die natürlich auch besichtigt werden können. Im dem Museum angeschlossenen ,,Hotel Waldmühle" haben Sie auch gleich vor Ort Gelegenheit zu einer Rast. Nachdem Sie das Mühlenmuseum besucht haben, fahren Sie auf dem Mühlenweg bis zum Trafohäuschen an der Telefonzelle zurück.

Verkehrsverein Suhlendorf , Mühlenweg, Tel. 0 58 20/3 70.

Hier geht es nun zweimal links in Mühlenbergstraße, die nach einigen Metern zur Ilkenberg Straße wird. Auf dieser nun geradeaus nach

Klein Ellenberg Hier halten Sie sich rechts. Nach ca. 150 Metern biegen Sie links ab. Sie kommen nach

Gavendorf An der Kreuzung links ab und auf der Hauptstraße nach

Groß Prezier An der Kreuzung rechts Richtung

Kahlstorf An der Kreuzung hinter dem Ortsschild links ab. (Wegweiser nach Lehmke vorhanden.)

Lehmke Sie kommen auf der Kahlstorfer Straße nach Lehmke hinein. Die dortige *Kirche* ist recht neu, nämlich aus dem Ende des vorigen Jahrhunderts, während der großartige Altar bereits um 1450 gefertigt wurde. An der Kreuzung dem Wegweiser Groß Liedern nach. Auf der Groß Liederner Straße erreichen Sie

Groß Liedern Die dortige, gotische Kirche ist für ihren wunderschönen Altar (16. Jahrhundert) bekannt.

An der Einmündung der Straße Windfeld in die von

Uelzen (siehe Tour 4) kommende B 71 links ab. Auf dem Radweg an der B 71 nun durch den Ort. Sie sind hier auf der Salzwedeler Straße. Überqueren Sie den Elbe-Seitenkanal. Sie kommen an eine Kreuzung. Hier finden sich die B 71 und B 191 zusammen. Zur Rechten sehen Sie das Verlagshaus des örtlichen Tageblattes, der AZ (Allgemeine Zeitung). Hier, immer noch auf dem Radweg, links ab. Überqueren Sie die Heinrich-Meyerholz-Straße. Weiter auf dem Radweg in Richtung Innenstadt. Sie kommen zum Hammersteinplatz, dem Kreisverkehr, von dem aus Sie in die Gudesstraße einbiegen. Wer den Weg bis zur Jugendherberge am Fischerhof, am nördlichen Stadtrand gelegen, wissen möchte, findet diesen in der Tour 4 (Uelzen-Dannenberg) beschrieben. Dort allerdings in umgekehrter Richtung.

Tour 6 60 km

LÜNEBURG — UELZEN

ADFC-Haupka 1:100 000 Blatt 6, 9
NLV Radwanderkarte 1:75 000 Blatt RC 2726, RC 3126

Lüneburg (siehe Tour 1). Vom Marktplatz aus durchqueren Sie die Fußgängerzone Große Bäckerstraße und Kleine Bäckerstraße (Rad schieben.) Sie gelangen zur Industrie- und Handelskammer in der Straße am Sande. Weiter durch die Rote Straße. In Höhe des Hauptzollamtes biegen Sie, der Beschilderung Landeskrankenhaus folgend, in die Lindenstraße ein. Auf dem Radweg gelangen Sie in südwestlicher Richtung in die Soltauer Straße. Dieser folgen Sie und biegen nach rechts in den Oedemer Weg ein. Fahren Sie bis zum Schulzentrum. Von dort weiter auf dem Radweg nach
Oedeme Durchfahren Sie den Ort auf dem Radweg der Straße Im Dorfe in Richtung Heiligenthal. An der Kreuzung Heiligenthaler Straße/Im Dorfe halten Sie sich rechts und folgen dem Radweg. Nach ca. 1,5 Kilometern sehen Sie links einen neuen Fachwerkbau mit Reetdach (Pferdestall). Hinter dem Gebäude führt nach ca. 200 Metern ein gepflasterter Weg in ein Waldstück. Befahren Sie den gepflasterten Weg bis an sein Ende, und danach weiter auf der sich anschließenden Asphaltdecke. Nach ca. 2,6 Kilometern gelangen Sie an die B 209. Fahren Sie auf ihr weiter Richtung Soltau. Schon nach ca. 200 Metern biegen Sie nach links, dem Wegweiser Embsen folgend, ab. Weiter auf dem Radweg nach Embsen. Den Ort erreichen Sie nach ca. zwei

Kilometern. Sicher haben Sie schon die Fabrik zu linkerhand entdeckt, aus deren Schlot dicke, gelbe Rauchschwaden steigen. Hierbei handelt es sich um eine Fabrik zur Herstellung von Kunstdünger. In

Embsen begegnen Sie, wie so oft in der Lüneburger Heide, einer Kirche mit einem freistehenden Glockenturm (18.Jahrhundert). Überqueren Sie die Hauptstraße und fahren Sie in den Ort. Weiter auf der Heinser Straße nach

Heinsen Durchfahren Sie Heinsen und folgen Sie dem Wegweiser ins drei Kilometer entfernte

Barnstedt Durchfahren Sie den Ort auf der Hauptstraße. Zu Ihrer Rechten liegt der *Dorfteich*. Einige Meter weiter erblicken Sie links eine alte *Kapelle*, die Sie sich ansehen sollten. Diese alte, einfache Kapelle, ein Fachwerkbau mit einer sehr schönen bemalten Holztür, ist die Gutskapelle des früheren Ritterguts **von Estorff.**

Ein wenig Geschichte:

Seit dem 12. Jahrhundert sind die von Estorff dort ansässig.

1576 beschließen die Brüder Heinrich, Carl und Ludolph von Estorff den Bau einer Kapelle in Barnstorf.

1593 erbaut Ludolph von Estorff die Kapelle.

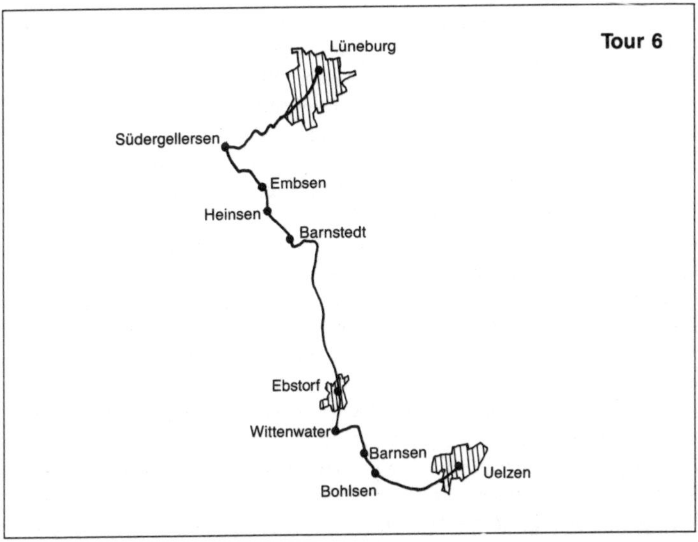

1731 Eleonore de St. Laurent, Ehefrau Ludolph Otto von Estorffs, läßt die Kapelle an ihren heutigen Standort versetzen.
1893 Renovierung des Gebäudes durch Albrecht von Estorff. Gleichzeitig erfolgt die Verlegung des Einganges von Nord nach West. Besonders zu erwähnen sind die Glocke und der Kanzelaltar, beide aus dem Jahre 1368.
Weiter geht es durch Barnstedt hindurch. Dort, wo die Hauptstraße nach Eitzen abbiegt, fahren Sie über den Butterberg, den befestigten Wirtschaftsweg. Am Ende der Asphaltdecke folgen Sie dem Feldweg, an der Weggabelung geradeaus bis zur Hauptstraße, die Ebstorf und Melbeck verbindet. Biegen Sie rechts ab und fahren Sie nach
Velgen Weiter auf der Hauptstraße bis
Oetzfeld Weiter auf der Hauptstraße nach
Ebstorf Sie kommen auf der Lüneburger Straße in den Ort. Fahren Sie auf der Lüneburger Straße bis zum Domänenplatz. Hier folgen Sie dem Wegweiser zum Kloster.
Ebstorf ist ein anerkannter Luftkurort, er besitzt ein schöngelegenes Schwimmbad und ein altes *Stift*. Die backsteinroten Klostermauern, die nichts besonderes versprechen, verleiten schon so manchen, einfach achtlos daran vorbeizugehen. Doch Sie sollten sich die Zeit nehmen, es zu besichtigen. Es birgt ungeahnte Schätze, die Ihnen von liebenswürdigen Stiftsdamen gern und sachkundig gezeigt werden. Entgegen der Sage, die Bischof Ebo von Reims als Stiftsgründer benennt, ist der wirkliche Gründer vielmehr ein Gefolgsmann Heinrichs des Löwen gewesen, Volrad von Bodwede. 1150 als Augustiner-Chorherrenstift gegründet, wandelte es sein Sohn später in ein Benediktinerinnen-Kloster um. Im Mittelalter war Ebstorf ein berühmter Wallfahrtsort. Aus dieser Zeit, dem 14. und 15. Jahrhundert, stammen die noch heute vorhandenen Klostergebäude, darunter die hohe gotische Kirche und der Kreuzgang mit seinen schönen Gewölben.
Um Ihnen eine Vorahnung zu geben, seien hier nur einige wenige der Kostbarkeiten genannt: Gotische Glasmalerei um 1380, gemalt nach einer Farbrezeptur, die auch heute noch nicht in allen Einzelheiten bekannt ist. Die bronzene Taufe 1310, ein dreiarmiger Leuchter um 1400, Truhen, Schränke und Stickereien aus dem 14. bis 16. Jahrhundert. Das Hauptinteresse der Besucher aber gilt der berühmten „Ebstorfer Weltkarte". Sie ist ein kunsthistorischer Wegweiser für die „Touristen" des Mittelalters gewesen. Mit einer Fläche von 12,75 qm ist sie die größte bebilderte Weltdarstellung aus so früher Zeit. Sie wurde vermutlich um 1230 von den Mönchen des Lüneburger Michaelis-Klosters auf 30 zusammengesetzte Pergamentstücke aus Ziegenhaut gemalt. Als „geistiger Vater" dieses einzigartigen Kulturdokuments wird

Gervasius von Tilburg angenommen. Er war der weitgereiste Ratgeber Kaiser Ottos IV. und spätere Probst von Ebstorf. Leider verbrannte das Original 1943 im Staatsarchiv in Hannover. Die Karte ist daher nur eine orginalgetreue Nachbildung.

Ebstorf lebt heute in erster Linie vom Tourismus und nicht zuletzt von der Landwirtschaft. Auf den Feldern ringsum werden hauptsächlich Zuckerrüben angebaut, die im sandigen Heideboden ideale Wachstumsbedingungen vorfinden.

Im Rahmen der Dorferneuerung hat sich in den letzten Jahren einiges getan. Vielerorts wurden ganze Straßenzüge überholt. Überall begegnen Sie der neuen roten Pflasterung der Gehwege, und auch die Radwegeführung ist nach neuesten Erkenntnissen geschaltet worden. Sehen Sie sich den Ort an. Manch lauschiges Plätzchen lädt zu längerem Verweilen ein.

Touristeninformation, Hauptstraße 30, Tel. 0 58 22/10 66 (Samtgemeinde).

Nach der Klosterbesichtigung kehren Sie an den Domänenplatz zurück. Fahren Sie auf der Lüneburger Straße weiter und biegen Sie nach Überquerung der Hauptstraße in die Celler Straße ein. Nach ca. 1,2 Kilometern in die Alte Salzstraße hinein. Überqueren Sie die Hauptstraße und den Bahndamm. Nach weiteren zwei Kilometern sind Sie in

Wittenwater Verlassen Sie den Ort in südlicher Richtung. Nach zwei Kilometern sind Sie in Stadorf. An der Kreuzung im Ort mit dem Wegweiser Linden links in die Straße an der Telefonzelle. Weiter nach

Barnsen Folgen Sie dem Wegweiser nach

Bolsen Immer dem Wegweiser zum Flugplatz nach, dann in den Stadtweg hinein. Nach gut zwei Kilometern sehen Sie links einen kleinen *Feldflugplatz*. An warmen Sommertagen und an den Wochenenden starten hier die Segel- und Motorflugzeuge des Vereins „Cumulus". Zuschauen lohnt sich, Sitzgelegenheiten für eine Rast sind vorhanden. Sollten Sie „Über den Wolken....." nicht nur singen, sondern hautnah erleben wollen, besteht hier die Möglichkeit dazu. Gegen eine Beteiligung an den Unkosten zeigt man Ihnen dort gern die nähere Umgebung aus der Vogelperspektive.

Fahren Sie zurück auf den Hauptweg, der nach links weiter in den Wald führt. Folgen Sie ihm. Bleiben Sie auf diesem Hauptweg. Nach gut vier Kilometern gelangen Sie an eine Weggabelung. Hier verlassen Sie den Hauptweg, der nach links schwenkt. Sie aber radeln geradeaus auf dem schmalen Pfad entlang. Dieser endet unmittelbar vor dem Parkplatz des Kreiskrankenhauses der Stadt Uelzen. Biegen Sie rechts in den breiten Fahrweg ein. Nach wenigen Metern gelangen Sie an das Tiergehege der Stadt Uelzen. Wildschweine, Fasane, Uhus und Damwild können Sie hier erleben. Nach einem even-

tuellen Rundgang fahren Sie auf dem Weg, auf dem Sie kamen, in östlicher Richtung. Überqueren Sie die Ebstorfer Straße. Weiter auf dem Radweg am Waldesrand Richtung Innenstadt von
Uelzen (siehe Tour 4).
Der Weg zur Jugendherberge: Am Ehrenmal links herum, am Ende des Weges wartet dann die Jugendherberge auf Sie.

Tour 7 68 km

LÜCHOW — WITTINGEN

ADFC-Haupka 1:100 000 Blatt 9
NLV Radwanderkarte 1:75 000 Blatt RC 3130, RC 3526

Lüchow siehe Tour 3. Vom Marktplatz aus durch die Burgstraße Richtung Amtsturm. Am „Hotel Jahn" rechts, bis zur Feuerwehr und dann links durch die Straße Blechwiese. An deren Ende rechts über den Wiesengrund bis zur Jeetzeler Straße. Weiter auf dem Radweg der Jeetzeler Straße bis zur Kreuzung kurz hinter dem Ortsausgang. Hier dem Wegweiser Satemin nach rechts folgen. Auf der Straße weiter nach
Reetze Weiter geradeaus nach
Satemin Satemin ist eines der wohl typischten *Rundlingsdörfer* des Kreises, mit einer sehr hübschen *Kirche*, die ganz und gar aus Feldsteinen errichtet worden ist. Nur die Tatsache, daß der Ort zwei Zufahrten hat, stört den Gesamteindruck, denn ein wirklicher Rundling hat nur einen Zugang. Bemerkenswert ist hingegen, daß das Dorf 1850 niederbrannte und sofort wiederaufgebaut wurde. Einen Rundlingen finden Sie auch in Tour 3 (Dannenberg-Lüchow) bei Bresse im Bruch.
Vom Dorfplatz aus links an der Kirche vorbei Richtung Güstritz. Nach einem Kilometer rechts dem Wegweiser Jabel folgen. Nach ca. 600 Metern in der Rechtskurve geradeaus, auf dem anfangs gepflasterten, später unbefestigten Wirtschaftsweg entlang. Dort, wo eine Elektro-Überlandleitung Ihren Weg kreuzt, links nach
Ganse Vom Dorfplatz aus auf dem Lensianer Weg weiter. Nach ca. 300 Metern, dort wo die Straße für Wagen von über 5,5 t gesperrt und als Sackgasse beschildert ist, rechts ab. Kreuzen Sie die Straße Lüchow/Clenze und folgen Sie dem Wegweiser nach Schreyahn. Auf dem Wege dorthin kommen

Sie an einer Gaststätte vorbei. Hinter der Gaststätte weist ein Schild „Rundling" auf den Dorfplatz Schreyahns hin. Diesen Dorfplatz aufsuchen.

Schreyahn Der Ort hat 1980 in dem Bundeswettbewerb *Unser Dorf soll schöner werden* gesiegt. Der Dorfplatz kann sich gut sehen lassen. Auf einem der Häuser ist noch ein *bewohntes Storchennest*. Eine Schautafel verdeutlicht die Ortsveränderung anhand von Fotos seit dem Jahre 1866. Daneben wird auf einem Schild die Anzahl der Bewohner und die der noch bewirtschafteten Höfe ausgewiesen. Rückkehr zum eingangs erwähnten Gasthaus. Weiter rechts nach

Nauden An der Kreuzung, die in den Ort führt, rechts ab. Nach ca. 1,5 Kilometern erreichen Sie

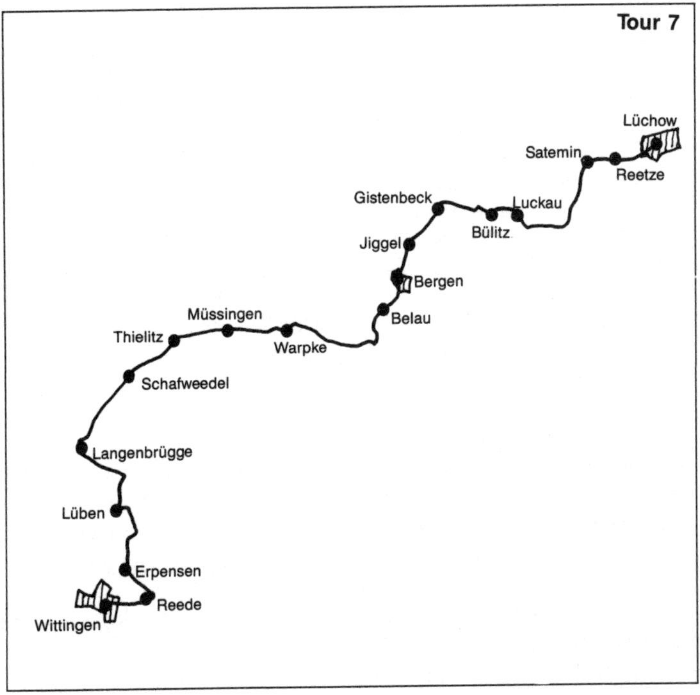

Luckau Am Ortsschild rechts in den Ort hinein. Durchfahren Sie den Ort auf der Hauptstraße. Sie kommen an einer weiteren *Feldsteinkirche* vorbei. Am Ortsausgang dem Schild

Bülitz folgen. Hier erleben Sie die oftmals beschriebene Dorfidylle, welche von Heimatfilmen her bekannt sein dürfte. Ein Ort mit noch einem kleinen Entenweier. An der Schule vorbei dem Wegweiser nach Clenze folgen, so gelangen Sie an Beesem und Kussebode vorbei zu einer Gaspumpstation der BEB. Am Stopschild der Ihnen begegnenden Vorfahrtsstraße links nach

Gistenbeck Am Ortseingang liegt gleich links, etwas versteckt, die kleine *Fachwerkkirche* des Ortes. Sie ist rund 250 Jahre alt und hat, neben einem wertvollen dreiteiligen Schnitzaltar, auf dem Dach, statt der sonst üblichen Ziegel, Reet. Durchfahren Sie den Ort. Am Wegweiser nach Dalitz am Ortsende links ab. Hier weiter nach

Jiggel Geradeaus und der Beschilderung nach

Bergen folgen. Sie fahren auf der Neue Straße in den Ort. In dieser Straße finden Sie auch einen Radladen, der Ihnen im Pannenfalle weiterhelfen kann. Bergen liegt direkt vor der Grenze zur DDR und ist seit einigen Jahren Grenzübergangsstelle für Tagesausflüge in ,,Grenznahe Gebiete''. Für den kleinen Ort brachte die Grenze viele Schwierigkeiten. Bergen war früher der Mittelpunkt für mehr als 40 Dörfer. Allein 30 davon befinden sich heute ,,drüben''. Der Fremdenverkehr ist heute wohl die wichtigste Einnahmequelle.
Biegen Sie am Ende der Neue Straße in die Breite Straße links ein. Durchfahren Sie auf ihr den Ort, so kommen Sie unweigerlich alsbald zum *Grenzübergang*. Zuvor jedoch finden Sie am Ortsausgang einen Hinweis auf Bergens ,,Tannenbad'', sowie auf das Schützenhaus. Beide laden den Gast zu einer Erfrischung ein. Nach der Umkehr am Grenzübergang bis zur Kreuzung Breite Straße/Neue Straße zurück. Hier nun weiter dem Wegweiser Thune nach. Auf der Dr.-Koch-Straße gelangen Sie nach

Belau Durch den Ort weiter auf der Hauptstraße nach Nienbergen. Der Ortskern Belaus bleibt zu Ihrer Linken liegen.

Nienbergen Im Ort weiter dem Wegweiser Thune nach. Sie fahren einen Berg hinauf und folgen oben der Eisenbahnlinie zu Ihrer Rechten nach

Thune Im Ort dem Wegweiser Soltendieck/Warpke nach. Zuerst links, dann wieder rechts herum, der abknickenden Vorfahrtstraße nach. Kreuzen Sie die Vorfahrtstraße zum Grenzübersichtspunkt

Warpke Im Ort weiter der Beschilderung Soltendieck nach links folgen. Sie gelangen nach

Gielau Durch den Ort, weiter nach

Müssingen Im Ort können Interessierte hier dem Wegweiser zum Grenzübersichtspunkt folgen. Am Ende der Straße werden Sie erneut mit der DDR-Grenzsicherung konfrontiert. Vom Baum- und Strauchwerk nur mäßig verdeckt, taucht vor Ihnen einer der Wachtürme der DDR auf. Dessen Personal hat durch dieses Bauwerk einen guten Überblick auf die Straße, die Sie soeben befuhren. Wieder zurück nach Müssingen. Hier nun an der Kreuzung links, dem Wegweiser Thielitz nach. An der nächsten Kreuzung außerhalb Müssingens links dem Wegweiser nach

Thielitz folgen. Geradeaus durch den Ort, nach Schafwedel. Auf dem Eichenring ca. 200 Meter außerhalb Thielitz links. Hier weist ein Wegweiser nach

Schafwedel Den Ort erreichen Sie auf der Straße Am Heuberg.
Sie fahren über eine Brücke, dann folgt die Hauptstraße, in die Sie rechts einbiegen. Sie fahren weiter, bis Sie auf der linken Seite das Schild „Langenbrügge 4 km" sehen und folgen diesem Schild. Wenn Sie

Langenbrügge bereits sehen können, kommen Sie auf eine Weggabelung. Folgen Sie nicht dem Schild Langenbrügge, sondern fahren Sie hier geradeaus ins Dorf. In Langenbrügge kommen Sie über eine Brücke und fahren geradeaus nach Lüben.
Sie sehen das Hinweisschild „Umweltbundesamt Meßstelle Walthof". Dieses ist eine der über das ganze Bundesgebiet verteilten Meßstellen. Hier werden Windrichtung, Windstärke, Temperatur, Niederschlag, Staubmenge, Schadstoffe in der Luft und die Dicke der Ozonschicht gemessen und zur Zentrale weitergegeben, wo monatlich Meßberichte erstellt werden. Sie fahren aber weiter nach

Lüben In Lüben fahren Sie bis zum Stein „Unser Dorf soll schöner werden" und sehen sich ruhig einmal um, ob der Ort wirklich schöner ist, als der, aus dem Sie kommen. Im Ort gibt es ein kleines *Museum*. Vom Stein aus links sehen Sie das Schild „Übersichtspunkt Rade". Um nach

Erpensen zu gelangen, folgen Sie diesem weißen Hinweisschild. In Erpensen folgen Sie dann dem Hinweisschild „Rade 2 km". Im Dorf

Rade sehen Sie sich einmal die alte Dorfstraße mit ihren prachtvollen Bauernhäusern an. Von Rade fahren Sie rechts ab nach

Wittingen Das Schild müssen Sie allerdings hinter einer Birke suchen. Nach 350 Metern kommen Sie an eine Kreuzung, auf der Sie rechts abbiegen und nach Wittingen kommen.

Die Geschichte der Stadt reicht bis ins 9. Jahrhundert zurück. Ursprünglich von hoher Bedeutung im „Witten Go", dem weißen Gau der Sachsen, verlor der Ort später seine Wichtigkeit, an dem die damaligen Besitzer die Schuld

haben. Sie bewohnten die Burg, die möglicherweise von 1100 Jahren schon gestanden hat. Als Ritter von den Knesebeck verlegten sie sich auf das Raubrittertum. Die Herzöge zu Braunschweig und Lüneburg zerstörten die Feste 1350. Es gilt als wahrscheinlich, daß die Burg ebenfalls zum Schutz gegen die Wenden diente.
Nach der Zerstörung wurde der Amtssitz der herzoglichen Vögte nach Knesebeck verlegt. Dem dadurch bedingten wirtschaftlichen Niedergang begegneten die Handwerksburschen, in dem sie ihre Waren von Markt zu Markt wandernd verkauften. Hier waren es besonders die Schuster. Auf diese Weise erlangte Wittingen als ,,Schusterrepublik'' einen gewissen Ruf.
Seit alters her aber ist Wittingen für seine *Bierbraukunst* bekannt. Der edlen Bierbraukunst verdankt der Ort eine Goldmedaille. Sie wurde dem Gerstensaft auf der Weltausstellung in Brüssel zuerkannt. So ist es nicht weiter verwunderlich, daß die Bevölkerung mit Recht stolz auf ihr Bier ist. Schließlich hat es das schon gegeben, als Christoph Columbus 1492 Amerika entdeckte.
Dort, wo die *Kirche* steht, hat vor langer Zeit eine Kapelle aus Feldsteinen gestanden. Ihr folgte eine Backsteinkirche romanischen Stils. Später wurde sie während der Gotik umgebaut und erweitert. Neben einem Sandsteinepitaph eines 1620 verstorbenen Ritters von dem Knesebeck besitzt die Kirche ein wunderschöne Orgel.
Diese wurde 1806 von den Wittingern den Göttingern abgekauft, zerlegt und auf 30 Fuhrwerken in die Heide geschafft. Zuvor stand das Instrument in Göttingens Paulanerkirche.

Verkehrsverein/Stadtverwaltung, Bahnhofstraße 35, 3120 Wittingen, Tel. 0 58 31/260
Eine Jugendherberge finden Sie im acht Kilometer westlich gelegenen Hankensbüttel (s. Tour 8), einen Campingplatz im sechs Kilometer südlich gelegenen Knesebeck (s. Tour 11).

Tour 8 55 km

UELZEN — HANKENSBÜTTEL — WITTINGEN

ADFC-Haupka 1:100 000 Blatt 9
NLV Radwanderkarte 1:75 000 Blatt RC 3126, RC 3526

Uelzen siehe Tour 4. Von der Jugendherberge bis zur St. Marienkirche in der Innenstadt den gleichen Weg wie in der Strecke Uelzen — Dannenberg (Tour 4) beschrieben. Durch die Altstadt weiterfahren.

An der St. Marienkirche weiter durch die Veerßer Straße bis zur „Uelzer Tierversicherung". Hier benutzen Sie den Radweg auf der linken Straßenseite und radeln auf ihm bis zur Esso-Tankstelle Richtung Holdenstedt. Biegen Sie hier nach links in den Niendorfer Weg ein. Weiter auf dem sich anschließenden Waldweg. Nach wenigen 100 Metern überqueren Sie eine Holzbrücke über die Ilmenau. Folgen Sie dem gepflasterten Hauptweg nach rechts. An der Weggabelung beim Forsthaus geradeaus, dann links. Fahren Sie nun auf dem Weg der Bahnlinie nach, die zu Ihrer Rechten ins zwei Kilometer entfernte **Niendorf** verläuft. Fahren Sie über die Brücke in den Ort hinein, halten Sie sich links. Über den Holdenstedter Weg und die Alte Dorfstraße gelangen Sie an die Wrestedter Straße. Überqueren Sie die Straße. Weiter auf dem Stederdorfer Weg und am Ortsende nach rechts. Ca. 200 Meter außerhalb des Ortes sehen Sie zur Linken das *Wasserwerk*. Von hier bekommt die Stadt Uelzen unter anderem ihr Trinkwasser. Es wird aus einer Tiefe von 80 Metern gefördert und ist so sauber, daß es nicht gechlort zu werden braucht.

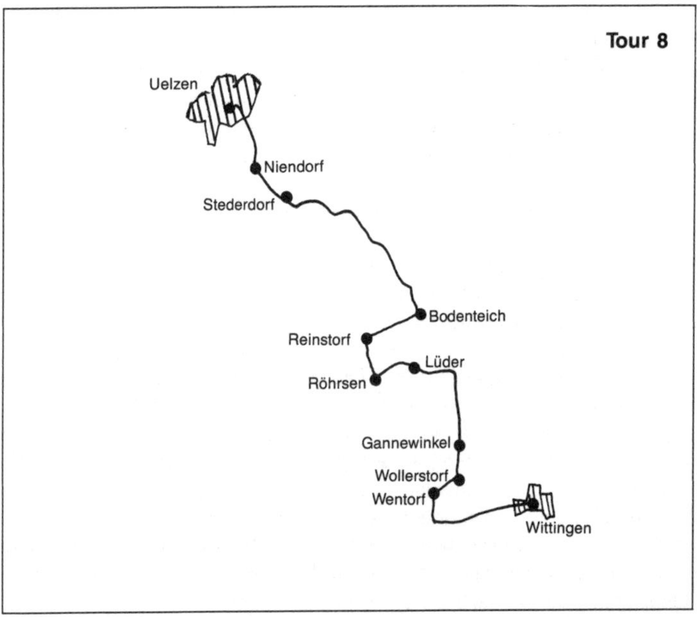

Lediglich Sauerstoff wird zusätzlich beigemischt. Im Rahmen der geplanten Versorgung Hamburgs mit Wasser aus der Heide fürchtet man in Uelzen ein weiteres Absinken des Grundwassers.
Weiter auf dem Stederdorfer Weg nach
Stederdorf mit der hübschen, romanischen *Feldsteinkirche*. An der Kreuzung Stederaustraße/Halligdorfer Weg dem Wegweiser Esterholz nach links folgen. Kurz vor dem Ortsende, am Wegweiser Schleuse, rechts ab. Fahren Sie in die nächste Querstraße links und dann auf dem Schleusenweg, an der Tennisanlage vorbei, zur *Schleuse Esterholz*. Gleich hinter dem Tennisplatz erwartet Sie das Gasthaus „Esterholzer Schleuse" (montags Ruhetag).
Fahren Sie unterhalb des Tennisplatzes auf das Betriebsgelände der Schleuse.

Anmerkungen zum Elbeseitenkanal

Der Elbe- Seitenkanal, landläufig auch „Heidesuez" oder „Elbe- Pleitekanal" genannt (wegen des Dammbruchs bei Lüneburg kurz nach seiner Fertigstellung 1976), ist 115 Kilometer lang. Er führt von der Elbe bei Artlenburg bis zum Mittellandkanal bei Fallersleben. Die Wasserstraße ist für 1 350 t — Europaschiffe konzipiert.
Es sind mehrere Schleusen eingebaut. Die Schleuse bei Esterholz überbrückt einen Höhenunterschied von 23 Metern. Das wohl interessanteste Bauwerk des Kanals aber ist wohl das Schiffshebewerk bei Scharnebeck. Dort werden die Schiffe in zwei separaten Trögen auf das jeweilige Kanalniveau gehoben.
Von Bevensen aus werden Schiffsrundfahrten angeboten. Drei Routen stehen dabei zur Auswahl.
Kartenverkauf und weitere Informationen bei:
Schiffahrt Niemeyer, Bad Bevensen, Tel. 0 58 21/4 18 60
Kurverwaltung Bad Bevensen Tel. 0 58 21/30 77

Auf dem Betriebsgelände der Schleuse der Beschilderung „Besucher" folgen. Der Weg führt rechts an der Schleuse vorbei. Nach ca. 25 Metern führt eine Treppe links auf den Deich. Sie aber fahren daran vorbei und gelangen kurz darauf über eine lange Steigung ebenfalls oben auf die Deichkrone. Fahren Sie nun auf der Deichkrone bis zum Deichkilometer 57,3. Hier verlassen Sie den Deich durch die Schranke zu Ihrer Rechten. Weiter auf dem befestigten Wirtschaftsweg in westlicher Richtung. Nach ca. 400 Metern biegen Sie an der Kreuzung nach rechts ab. Über eine Brücke über den Elbeseitenkanal gelangen Sie nach ca. 2,5 Kilometern nach

Wieren Am Ortseingang befahren Sie den Radweg bis zur Kreuzung mit den Wegweisern Uelzen/Wittingen. Hier biegen Sie links ab. Kurz vor dem Bahnübergang finden Sie links einen Fahrradladen („Fahrradtechnik", Hauptstr. 9, Tel. 0 58 25/12 28). Folgen Sie der Bahnhofstraße bis zum Ortsende. An einem Lagerschuppen finden Sie zwei Kartoffeln abgebildet. Der nebenstehende Text: „Helle Niedersachsen" wirbt nicht nur für eine begehrte Kartoffelsorte, er spiegelt zugleich das humorige Selbstverständnis der Wierener wieder, die stolze Niedersachsen sind.
Kehren Sie um und biegen Sie in die Raiffeisenstraße ein. Hinter dem Friedhof rechts in die Wallstraße. Diese bringt Sie zurück zur Hauptstraße, die durch den Ort führt. Hier lädt Sie das „Gasthaus Hellberg" zur Rast ein. Weiter in nördlicher Richtung auf der Hauptstraße. Biegen Sie links in den Mühlenweg ein und folgen Sie dem Wegweiser „Zur alten Kirche". Diese kleine Kirche ist das wohl älteste Gebäude Wierens. Ihr aus Feldsteinen erbautes Langhaus stammt aus dem 12. Jahrhundert, der gotische Backsteinchor aus dem 14. Jahrhundert. Der hölzerne Glockenturm vervollständigt das Bild. Die Bauweise dieser Kirche ist so typisch für die alten Heidekirchen, daß ein Modell davon im Maßstab 1:20 im Historischen Museum Hannover ausgestellt ist. Bei einem längeren Aufenthalt sollten sie sich einen Ausflug in die *Wierener Berge* nicht entgehen lassen. Sie haben es hier mit einem Gebirge zu tun, wenn auch nur mit einem kleinen. Geologen nennen diese Landschaftsform auch Niedergebirge.
Weiter auf dem mit Blaubasalt gepflasterten Weg. An der nächsten Querstraße nach rechts, der Beschilderung Sportplatz folgend, durchfahren Sie den Bollenser Weg. An der nächsten Kreuzung mit dem Wegweiser „Jugendzeltlager" biegen Sie links ab. Sie verlassen Wieren auf demselben Weg, auf dem Sie kamen, und kehren zur Schranke am Deich des Elbe- Seitenkanals zurück. Auf dem befestigten Wirtschaftsweg 5,5 Kilometer am Deich entlang und an der Kreuzung Bodenteich — Reinstorf links ab. Nach ca. 1,5 Kilometern erreichen Sie
Bodenteich An die Burg in diesem Ort, auch eine der Abwehrburgen gegen die Wenden, erinnert nur noch der ziemlich angeschlagene und inzwischen restaurierte alte *Burgfried*. Auch den Burgherren von Bodenteich sagt man nach, Raubritter gewesen zu sein. Das bereits 1226 urkundlich genannte hiesige Geschlecht derer von Badendiek ging allerdings nicht diesem räuberischen Beruf nach. Dafür soll aus ihm die russische Zarin Katharina I. (1679-1727) hervorgegangen sein. Der idyllische Flecken Bodenteich besitzt einen großen See. Dieser hat 8 ha Wasserfläche und gehörte zur Burg. Einst waren die Wiesen um Bodenteich von dessen Wasser überschwemmt. Zu Be-

ginn des 19. Jahrhunderts wurden diese Wiesen trockengelegt, in dem das darauf befindliche Wasser durch einen Verbindungsarm in die Ilmenau abgelassen wurde.
Heute ist in der Burgruine das Heimatmuseum untergebracht. Der Turm gestattet einen weiten Blick auf die früher überfluteten Wiesen. Der heutige See, Seepark genannt, bietet neben ausgedehnten Spaziergängen auch eine Tretbootflotte, Minigolf, Freischach.
Bodenteich verfügt über einen *Campingplatz*, Tel.0 58 24/13 00 (westlich der Stadt), sowie über ein beheiztes Waldschwimmbad mit Sauna und Solarium. Darüberhinaus ist Bodenteich ein staatlich anerkannter Luftkurort.
Im Gasthaus „Zur alten Post'', Hauptstraße 24, Tel. 0 58 24/23 33 (gegenüber dem Rathaus) wird der Gast zu zivilisierten Preisen gut beköstigt.
Informationen über Bodenteich in der Burg, Tel. 0 58 24/10 11.
Von der Kreuzung gegenüber dem Hotel ,,Braunschweiger Hof'' fahren Sie in südwestlicher Richtung auf dem Radweg an der Straße nach
Reinstorf Durchfahren Sie den Ort auf dem Radweg in Richtung Bokel. Das letzte Gehöft vor dem Ortsende auf der linken Straßenseite ist der *Wandervogelhof*, Tel.0 58 24/15 02. Jedes Jahr zu Pfingsten beherbergt der Hof eine Ausstellung. Zudem ist der Wandervogelhof Reinstorf beliebter Tagungsort der Pfadfinder und sonstiger ornithologischer Gruppierungen. Besichtigung nach Voranmeldung möglich.
Hier am Wandervogelhof folgen Sie dem Wegweiser nach
Röhrsen Durchfahren Sie den Ort in Richtung
Lüder Im Ort dem Wegweiser nach Langenbrügge folgen. Überqueren Sie den Elbe-Seitenkanal. Ca. 100 Meter vor der Ortschaft Langenbrügge biegen Sie an einem kleinen roten Gebäude rechts nach
Gannerwinkel ab. Durchfahren Sie den Ort auf der ausgebauten Straße in Richtung
Wollerstorf Vor dem Ortsausgang rechts ab ins zwei Kilometer entfernte Wentorf. Auf dem Weg dorthin an der ersten Weggabelung links, an der nächsten Gabelung rechts halten.
Wentorf Beim Gasthof ,,Alfred Schulze'' links abbiegen, Richtung Hankensbüttel. Am Ende der Straße die Hauptstraße überqueren, dann nach links zum Otterzentrum abbiegen.
Hankensbüttel Das *Otterzentrum*, Tel. 0 58 32/60 55, bietet einem informativen Rundgang, auf dem Wissenswertes über den heimischen Dachs, über Otter, Steinmarder und Iltis vermittelt wird.
Fütterungszeiten der Tiere im Freigehege:
Dachs : 10 und 14 Uhr

Otterteich : 10.30 und 14.30 Uhr
Otterbach : 11.30 und 15.30 Uhr
Steinmarder : 11 und 15 Uhr

Der See und das benachbarte alte Kloster bieten eine Menge Wandermöglichkeiten. Außerdem gibt es hier ein Restaurant.

Hankensbüttel ist Luftkurort. Die alte *Kirche* des Dorfes, 1051 in einer Urkunde Kaiser Heinrichs III. als Archidiakonats-Kirche genannt, ist nur noch im Turmbereich als romanische Anlage zu erkennen. Gotik und Barock haben viel verändert. Taufstein und ein Triumphkreuz stammen aus dem Mittelalter. Der barocke Altar wurde von Gemeindemitgliedern gestiftet. Die Gewölbemalereien von 1450 und die rund 250 Jahre jüngeren Fresken im Chor sind eine weitere Kostbarkeit.
Verkehrsverein, Hankensbüttel, Tel. 0 58 32/12 62
Jugendherberge, Hanskensbüttel, Helmrichsweg 24, Tel.0 58 32/25 00.

Kloster Isenhagen
Das Kloster wurde 1243 von Agnes von Meißen gegründet. Nach wechselvollem Schicksal sowie mehrfacher Verlegung entstanden zwischen 1345 und 1366 die Klostergebäude an ihrem heutigen Platz. Aus jener ersten Zeit stammen nur noch die *Kirche*, der *Ostflügel* mit dem alten Kreuzgang und das ehemalige *Brauhaus*. Die anderen Gebäude um den Innenhof wurden 1721 nach einem Brand erneuert. Nach der Reformation wurde aus dem Kloster ein evangelisches Damenstift.
Besondere Kunstschätze des Klosters sind das Chorgestühl aus dem 14. Jahrhundert, zwei gotische Schnitzaltäre, eine barocke Kanzel und ein hölzernes Taufbecken von 1621. Einige wertvolle Grabplatten und etliche Truhen aus dem 14. bis 16. Jahrhundert sind ebenfalls zu bewundern.
Besonders wertvoll aber ist ein gedrechseltes Möbelstück, das vor Jahrhunderten als Chorpult benutzt wurde. Wahrscheinlich handelt es sich hierbei um einen romanischen *Thronsessel* aus der Zeit um 1200. Kunsthistoriker meinen, er stamme möglicherweise von Heinrich dem Löwen, denn seine Schwiegertochter war die Stifterin des Klosters. Das Kloster nennt viele Altardecken aus dem 13. bis 15. Jahrhundert sein eigen. Sie sind zum Teil mit Perlen der Flußperlmuschel besetzt, die bis ins vergangene Jahrhundert in den Heidegewässern heimisch war. Flußregulierungen in jüngster Vergangenheit entzogen den Muscheln die Lebensgrundlage. Zur Zeit laufen Versuche, die Muscheln wieder einzuführen.

Öffnungszeiten: werktags von 9 — 11 Uhr und von 15 — 17 Uhr, sonntags von 13.30 — 17.30 Uhr.

Vom Schloß aus fahren Sie nördlich zur Bundesstrße 244, auf der Sie nach **Wittingen** (siehe Tour 7) hineinfahren.

Tour 9 67 km

UELZEN — CELLE

ADFC-Haupka 1:100 000 Blatt 9
NLV Radwanderkarte 1:75 000 Blatt RC 3126, RC 3526

Breitere Bereifung (keine Rennradbereifung) sowie Schaltung mit großem Übersetzungsbereich sind empfehlenswert. Da die Route auf weiten Strecken durch Waldgebiete verläuft, sollte man sich spätestens in Suderburg oder Hösseringen ausreichend mit Getränken, Essen und Radflickzeug eingedeckt haben!

Uelzen (siehe Tour 4). Von der Jugendherberge am Fischerhof, am Nordende der Stadt, gelangen Sie in südöstlicher Richtung durch den Wald an die die Ebstorfer Straße. Nach weiteren 200 Metern sind Sie am Arbeitsamt in der Lüneburger Straße. Hier weiter nach rechts, auf dem Radweg der Lüne-

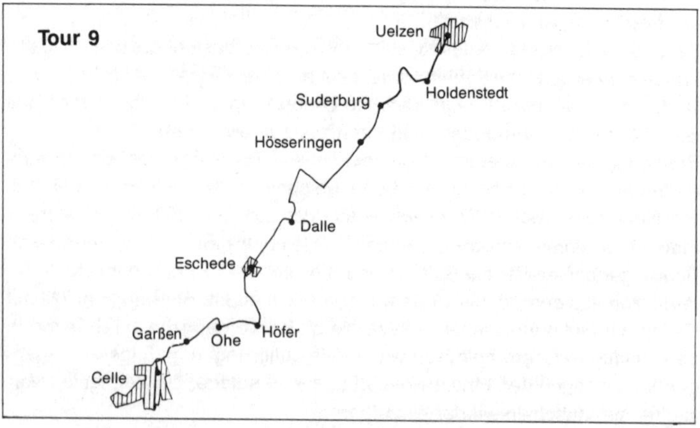

burger Straße in die Altstadt. An der Marienkirche weiter durch die Veerßer Straße bis zur Uelzer Tierversicherung, Ecke Greyerstraße. Von der Tierversicherung an benutzen Sie bitte den linken Radweg der Veerßer Straße. In Höhe der Esso-Tankstelle jedoch nicht links in den Wald, sondern weiter an der Bundesstraße 4 bzw. Bundesstraße 191 entlang nach Holdenstedt.

Holdenstedt An der ersten Kreuzung im Ort überqueren Sie die Bundesstraße und biegen, der Beschilderung Sportplatz folgend, in die Lindenallee ein. Nach ca. 100 Metern rechts ab und nun weiter auf der Alte Celler Heerstraße. Nach wenigen 100 Metern dem Wegweiser nach Klein Süstedt folgen. Auf dem Wege dorthin kommen Sie an einem noch nahezu gesunden Feuchtbiotop, einem mit Seerosen bestandenen Teich, zu Ihrer Linken vorbei. Nachdem Sie die Bahnlinie überquert haben, gelangen Sie in den Ort

Klein Süstedt Durchfahren Sie den Ort auf der Klein Süstedter Straße. An der Kreuzung mit abknickender Vorfahrt geradeaus weiter auf dem Eichenring. Biegen Sie an jener Kreuzung jedoch links ab, so gelangen Sie auf einen sehenswerten Bauernhof. Diesen sollten Sie sich ansehen. Dieser landwirtschaftliche Betrieb ist der sogenannte *Bauck-Hof*, der bereits seit 1932 biologisch-dynamisch bewirtschaftet wird. Früher war dieser Betrieb einer der großen Schweinemastbetriebe mit ca. 400 Tieren. Einer großen Seuche, die fast den gesamten Tierbestand vernichtete, ist es zu verdanken, daß der Besitzer Bauck sen. sich auf die Anfänge der Tierhaltung zurückbesann und die noch verbliebenen wenigen Schweine einfach in den nahen Wald trieb, so wie es schon vor Jahrhunderten getan wurde. Die Tiere gediehen und blieben gesund. Auf dieser Erfahrung aufbauend wurde jener Betrieb zusehens größer. Heute gehören zu dem Hof noch zwei weitere Außenstellen. Alle drei Betriebe sind nahezu autark. Auf dem Bauckhof werden die dort hergestellten Waren in einem eigenen kleinen Laden verkauft. Gern wird man Ihnen die Geschichte des Bauck-Hofes erzählen und Ihnen auch den Betrieb zeigen. Größere Gruppen sollten sich jedoch zuvor anmelden (Tel. 0 58 1/7 34 35). Vom Bauck-Hof aus weiter auf dem Eichenring in südwestlicher Richtung. An der nächsten abknickenden Vorfahrt-Kreuzung geradeaus dem Wegweiser Böddenstedt nach. Auf der Böddenstedter Straße nach ca. 300 Metern in der langgestreckten Rechtskurve halblinks in die Straße Zum Vierberg. Auf ihr gelangen Sie nach

Holxen Den Ort erreichen Sie auf der Klein Süstedter Straße. An deren Ende links abbiegen und an der nächsten Kreuzung rechts in die Straße An der Mühle. Es geht über eine *Feldsteinbrücke* mit Holzgeländer. Auf dem ersten Gehöft, rechts hinter der Brücke, gibt es eine kleine alte *Wassermühle* zu sehen, die der Hofeigentümer Cohrs in Eigeninitiative restaurierte und unterhält. Die Besichtigung der Mühle ist kostenlos (Tel. 0 58 62/14 12). Gegen eine freiwillige Spende in beliebiger Höhe, zum weiteren Unterhalt der Mühle, hat Herr Cohrs jedoch nichts einzuwenden. Nach der Mühlenbesichtigung wenden Sie sich nach rechts. An der Weggabelung rechts an der Scheune vorbei. Am Ende des befestigten Wirtschaftsweges kommen Sie in ein Waldstück. An der Weggabelung, ca. 100 Meter nach Ende der Asphaltdecke, rechts ab. Während der Hauptweg nach wenigen Metern nach links abbiegt, fahren Sie geradeaus durch Wiesen und Felder nach

Suderburg Sie erreichen den Ort auf dem Heideweg, der Sie zunächst durch eine Neubausiedlung führt. Am Ende des Heideweges an der Telefonzelle halblinks halten. Sie sind wieder auf der Alte Celler Heerstraße. An der Kreuzung rechts ab. Weiter auf der Hauptstraße durch Suderburg. In deren Verlauf erwartet Sie das Gasthaus Müller (Tel. 0 58 62/5 04). Weiter auf der Hauptstraße. Von nun an immer den Wegweisern Hösseringen bzw. Hardausee/Museumsdorf nach. Auf der Hösseringer Straße nach

Hösseringen Durchfahren Sie den Ort auf der Hauptstraße. Am Abzweiger nach Breitenhees rechts ab (Wegweiser). Folgen Sie der Beschilderung Museumsdorf. An der abknickenden Vorfahrt am Hösseringer Hof der Vorfahrtsstraße nach. Nach einem weiteren Wegweiser gen Museumsdorf gelangen Sie zum Waldcafè Böckelberg. Hier gibt es einen guten Mittagstisch. Auf jeden Fall aber sollten Sie einen der riesigen Windbeutel probieren, die dieses Cafè bekannt gemacht haben (Tel. 0 58 62/14 67). Vom Waldcafè sind es noch ca. 1,5 Kilometer bis zum Museumsdorf. Das *Museumsdorf* liegt in einem ca. 30 000 Morgen großen Waldgebiet. Hösseringen gehörte einst wahrscheinlich zu den drei königlichen Bannforsten. Nahe des Museumsdorfes lag der Landtagsplatz des Fürstentums Lüneburg. Hier hielten die Landstände vom 13. Jahrhundert bis 1652 ihre Versammlungen unter freiem Himmel ab. Das eigentliche Museumsdorf vermittelt dem Besucher einen Eindruck vom bäuerlichen Leben vergangener Zeiten. Der Brümmerhof von 1644 mit einem stattlichen Hallenhaus von niederdeutscher Herkunft von 1816, einem Rauchhaus und einer Scheune von 1750 ist Bestandteil dieses Museums. Eine Schmiede sowie ein Treppenspeicher inmitten einer Heidefläche runden die Idylle ab. Auf Ihrem Rundgang dort entdecken Sie sicherlich auch einige alte Hünengräber.

Im Museumsdorf gibt es zudem ständig neue Ausstellungen zu besichtigen. Die erste beinhaltet Dokumente über den Zuckerrübenanbau in dieser Gegend, eine weitere Ausstellung unter dem Motto: „Denke dran, schaff Vorrat an" berichtet über die Bevorratung von Lebensmitteln im Laufe der Zeit, vom früheren Räuchern bis zum Einkochen in unseren Tagen.

Das Museum ist ganzjährig geöffnet. Öffnungszeiten: dienstags bis samtags vom 01.04. bis 14.06 von 14 bis 17.30 Uhr, vom 15.06. bis 15.09. von 10.30 bis 17.30 Uhr, vom 16.09. bis 31.10 von 14 bis 17.30, vom 01.11. bis 31.03. geschlossen, sonntags und feiertags von 10.30 bis 17.30. Tel. (0 58 62) 17 74. Eintrittspreise: Erwachsene DM 3,-, Kinder DM 0,50, Gruppen ab zehn Erwachsenen DM 2,-.
Nach der Besichtigung weiter auf dem breiten Sandweg in den Wald hinein. Nach ca. 500 Metern auf diesem festen Waldweg rechts einbiegen. An dieser Stelle weisen Hinweisschilder in die Richtung aus der Sie kamen. Aufschrift: Museumsdorf/Hösseringen.
Nach weiteren ca. 500 Metern am steinernen Wegweiser nach Unterlüß ab. Bleiben Sie auf dem Hauptweg!
Nach weiteren ca. 4,5 Kilometern (vom letzten Wegweiser aus gerechnet) erreichen Sie die Straße Weyhausen-Unterlüß. Hier nun rechts ab und für ca. 3,5 Kilometer in Richtung auf

Unterlüß zu. Am Kilometerstein 25,5 links ab, über die Straße in den Waldweg hinein. Nun beginnt eine längere Strecke durch den Wald. Nach ca. 2,5 Kilometern (von der Straße aus gerechnet) entdecken Sie einen Betonpilz-Wegweiser. In seiner unmittelbaren Nähe finden Sie auch einen Unterstand, der Ihnen bei Regen Schutz gibt. An der hier befindlichen Weggabelung geradeaus, den E-Leitungsmasten folgen. Ca. zwei Kilometer nach dem Unterstand haben Sie ein Stück Straße zur Verfügung, um sich ein wenig von den Anstrengungen des Waldweges zu erholen. Auf dieser weiter nach

Lohe In dieser kleinen Siedlung weiter auf der Straße, die durch ein Schild für Fahrzeuge über 5 t Gesamtgewicht gesperrt ist, zwei Kilometer hinter Lohe endet die Asphaltdecke und wieder gibt es einen Waldweg. Auf dem nun folgenden Abschnitt von ca. fünf Kilometern bis an die Bundesstraße nach Celle begegnen Ihnen vielleicht sogar noch Hasen und Rehe. An der Bundesstraße angelangt weiter nach rechts und auf dem dort befindlichen Radweg weiter ins nahe gelegene

Eschede Durchfahren Sie den Ort in Richtung Celle. Teilweise ist dazu an der Bundesstraße ein Radweg vorhanden, den auch Fußgänger benutzen dürfen. Ca. 200 Meter außerhalb Eschedes links ab, dem Wegweiser Höver folgend. Nach weiteren zwei Kilometern sind Sie in

Habigshorst In einer langgestreckten Linkskurve nach Höver fahren Sie weiter geradeaus auf einem befestigten Wirtschaftsweg, der hier Wienhäuser Weg heißt. Auch dieser Weg ist durch das 5 t-Schild gesperrt. Nach ca. 1,5 Kilometern geradeaus, unter der E-Leitung durch. Nach zwei Kilometern, die Sie

auf einem Feldweg zurücklegen, kommen Sie wieder an eine Straße. Auf diesem Teilstück begleitet Sie ein wenig Heidekraut rechts des Weges.
Auf der Straße, beim Jagenstein 24 (er steht rechts am Wegesrand) kommen Sie nach 2,5 Kilometern nach
Ohe Am dortigen Holzwegweiser nach links, und auf der Straße weiter in Richtung Celle. Auf den letzten drei Kilometern bis Garßen steht Ihnen wieder ein betonierter Radweg zur Verfügung, der auch von Fußgängern benutzt werden darf.
Garßen Überqueren Sie im Ort die Bundesstraße 191 und fahren Sie in die Straße Grauenbarge ein. Ab Grauenbarg/Alter Ziegeleiweg ist erneut ein Radweg in Richtung des Celler Stadtteils Klein Hehlen vorhanden. Überqueren Sie die Bahnlinie. Sie sind nun im Celler Stadtteil
Vorwerk Vom Bahnübergang an wird aus der Straße Grauenbarge der Garßener Weg. An dessen Ende bei der Telefonzelle links die Mummenhofstraße hinunter. Der Straßenname ändert sich im weiteren Verlauf in Hohe Wende. Sie kommen an einer Kaserne vorbei, die zu Ihrer Linken liegt. Wollen Sie in die Altstadt von Celle, so biegen Sie an der nächsten Ampelkreuzung bei einer Autoniederlassung links ab. Die Harburger Heerstraße bringt Sie, unter der Bahn hindurch, geradeaus in die Altstadt, in der auch das Schloß liegt.
Wollen Sie jedoch zur *Jugendherberge*, so überqueren Sie die Harburger Heerstraße und befahren die Telefunkenstraße. Weiter auf der Petersburgstraße. Die Jugendherberge liegt in der Weghausstraße 2, Tel. (0 51 41) 0 32 08, die in die Petersburgstraße einmündet.
Celle ist wohl eine der berühmtesten und anmutigsten Städte der Lüneburger Heide. Manche bezeichnen sie als Schwesterstadt Lüneburgs. Doch ungleichere Schwestern kann man sich kaum vorstellen! Lüneburg, die stolze Handelsstadt, die ihren Fürsten vertrieb um frei zu sein, und dann Celle, die eben diesem vertriebenen Fürsten seine Existenz verdankt. Lüneburg, eine Stadt des reichen, selbstherrlichen Bürgertums, und das kleine Celle mit zwar wohlhabenden, aber keineswegs reichen Bürgern. Das heißt allerdings nicht, daß die Celler stets bescheiden und untertänig vor ihrem Fürsten gekuscht hätten.
Celles Ursprung verliert sich nicht im geschichtlichen Dunkel, was bei vielen anderen Orten der Fall ist. Vor 700 Jahren gab es hier bereits einzelne verstreute Bauernhäuser, die aber noch kein richtiges Dorf im heutigen Sinne abgegeben haben. Im benachbarten Altencelle, erstmals urkundlich um 990 als ,,Kellu'' erwähnt, gab es aber bereits eine Kirche und eine Burg. Nachdem die Burg 1288 ausbrannte, ließ Herzog Otto der Strenge sie etwa drei

Kilometer weiter Allerabwärts neu errichten. Dort gab es einen günstigen Flußübergang und zugleich einen Knotenpunkt bedeutender Handelsstraßen. Der Erlaß von 1292 gestattete jedermann, sich im Schutze der neuen Burg anzusiedeln, die der Herzog „Nyen Tsell" nannte (Das neue Celle). Bereits neun Jahre später verlieh der Landesvater diesem neuen Ort das Stadtrecht.
Der Herzog war nur gelegentlich in Celle. Noch residierten die Landesherren in Lüneburg. Nach ihrer Vertreibung durch das dortige Bürgertum 1371 wurde Celle 1378 zur ständigen Residenz. Die mittelalterliche Feste Ottos des Strengen war eine Wasserburg. Später, als die Wohnansprüche der Bewohner stiegen und das Land ringsum friedlicher geworden war, wurde aus der Burg ein *Schloß*. Ernst der Bekenner, der 1600 im Land die Reformation einführte, ist für deren heutigen Renaissance Stil verantwortlich. Die barocken Fassaden des Süd-, West- und Nordflügels aber gehen auf den letzten Celler Herzog Georg Wilhelm und dessen französische Gattin Eleonore d'Olbreuse zurück. Ein Besuch lohnt sich. Die Führungen beinhalten die Schloßkapelle mit den hohen gotischen Gewölben des 15. Jahrhunderts und das kleine Schloßtheater. Es verfügt lediglich über 360 Plätze. Abends leuchtet der von Scheinwerfern angestrahlte Bau mit seinen patinagrünen Turmhauben wie ein Märchenschloß (Tel. 0 51 41/1 23 73, Führungen täglich 10, 11, 12, 14, 15 und 16 Uhr, Kostenpunkt DM 1).
Die Straße vom Schloßplatz zur Kirche heißt „Stechbahn". Hier war während der Ritterzeit der Turnierplatz. Herzog Otto der Großmütige starb hier 1471 durch den Sturz von seinem Pferd.
Die Stadtkirche ist ein schöner Beweis dafür, daß Barockfürst Georg Wilhelm auch seine Untertanen an seinem Kunstverstand teilhaben ließ. Wenn man sich beim Küster (An der Stadtkirche 8) meldet, wird man sachkundig geführt. Zu den besonderen Schätzen gehörten, neben den meisterhaft ausgeführten Arbeiten des Stukkateurs Tornielli, die gotische Kreuzigungsgruppe, der frühbarocke Altar (1613), der Fürstenstuhl und die Fürstengrabmäler im Chor. Vielleicht dürfen Sie auch in die Fürstengruft hinabsteigen, in der vier Generationen des Celler Herzogshauses ruhen. Der letzte Herzog in einem prächtigen Kupfersarg, seine Tochter, Sophie Dorothea, die Prinzessin von Ahlen, in einem schlichten Zinnsarg, und in einem Mahagonisarg ihre Urenkelin, die Dänenkönigin Caroline Mathilde.
Das Schicksal der beiden Frauen geht noch heute zu Herzen. Sophie Dorothea, als einzige Tochter Herzog Otto Wilhelms und seiner Frau Eleonore d'Olbreuse 1666 im Schloß geboren, wurde im Alter von 16 Jahren mit ihrem Vetter Georg Ludwig, dem Erbprinzen von Hannover und späteren König Georg I. von Großbritannien, verheiratet. Die Ehe war nicht glücklich. Sophie ent-

brannte für den Grafen Königsmarck. Fluchtpläne wurden geschmiedet, da verschwand der Graf plötzlich spurlos. Lange war dessen Verschwinden ein Rätsel. Heute weiß man, daß der Graf im Schloß zu Hannover ermordet wurde. Sophie jedoch wurde geschieden und für den Rest ihres Lebens ins Schloß Ahlen verbannt.
Knapp 100 Jahre danach traf ihre Urenkelin Caroline Mathilde ein ähnliches Schicksal. Im zarten Alter von 15 Jahren mit dem exzentrischen und später geistig verwirrten Dänenkönig Christian VII. vermählt, schenkte die unglückliche Welfenprinzessin ihre Liebe dem Arzt und Minister Struensee. Das Glück wurde entdeckt, Struensee hingerichtet und die Königin gefangen gesetzt. König Georg III. von England, ihr Bruder, erreichte, daß sie das Land verlassen durfte und wies ihr nach dem Aussterben der Lüneburger Welfenlinie das Schloß in Celle zu. Dort starb sie 1775 mit nur 23 Jahren (Caroline-Mathilde-Räume im Schloß, geöffnet montags bis samstags 10-16 Uhr, sonntags 10-13 Uhr, Eintritt DM 1).
Celle verdankt es dem glücklichen Umstand, im letzten Krieg von Bomben verschont worden zu sein, sowie der Tatsache, daß seine Einwohner mehr Geld zum Erhalt der alten Bauten ausgeben, als zum Bau neuer Häuser nötig wäre, daß es heute noch so aussieht wie vor 300 oder 400 Jahren. Lediglich die Autos stören diesen Eindruck, ebenso die modernen Schaufenster. Schlendern Sie doch einmal durch die Berg-, Mauer-, Zöller-, Neue oder Schuhstraße und genießen Sie den Reiz der alten Häuser.
Celles schönstes *Fachwerkhaus* aber steht in der Poststraße. Herzog Ernst der Bekenner schenkte das Grundstück 1532 seinem Rentmeister Simon Hoppener. Auch die Besichtigung des *Ratskellers* unter dem Rathaus ist lohnend. Er wird in einer Urkunde von 1378 als ,,stat Kellere under deme rathuse'' erwähnt, wo man Bier und Wein ausschenkte. Daran hat sich nichts geändert, die Speisekarte ist nur etwas umfangreicher geworden.
Man kann nicht über Celle sprechen, ohne das Landgestüt zu erwähnen, daß den Namen Celle weltberühmt gemacht hat. Es wurde 1735 von Georg II. von England gegründet. Heute sind hier gezogene Pferde in aller Welt begehrt. Vor vielen Jahren bestellte sogar der persische Kaiserhof Pferde, die von einem Celler Gestütswärter bis dorthin begleitet wurden (Spörckenstraße 19, Tel. 0 51 41/2 70 61, geöffnet montags bis freitags 8.30-11.30 und 15-16.30 Uhr, vom 15.2. bis zum 15.7. geschlossen).
Wer sich noch stärker in die Stadtgeschichte vertiefen möchte, sollte in das *Bomann-Museum* am Schloßplatz gehen (Tel. 0 51 41/1 25 44, geöffnet von April bis Oktober 10-17 Uhr, November bis März montags bis samstags 10-17 Uhr, sonntags 10-13, Eintritt DM 1). Wer lieber die Stadt von oben betrachten

möchte, kann zwischen April und Oktober dienstags bis sonnabends 15-16 Uhr den *Stadtkirchturm* besteigen (Eintritt DM 1). Und wer schließlich etwas nicht alltägliches sehen möchte, sollte seine Schritte in das *Bieneninstitut* lenken (Wehlstraße 4a, Tel. 0 51 41/2 24 56, montags bis freitags 9-12 und 14-16 Uhr).
Zwischen Mai und September finden im übrigen mittwochs und sonnabends um 14.30 Uhr und sonntags um 11 Uhr Stadtführungen statt, Startpunkt ist die Brücke vor dem Schloß, Kostenbeitrag DM 1, am ersten Sonntag im Monat sogar kostenlos.

Von den Festen der Stadt seien hier das Mitte Juli eine Woche lang stattfindende *Schützenfest* und das *Stadtfest* Mitte September hervorgehoben. Celler Spezialitäten serviert das Restaurant „Heidrose" (Stechbahn 11), ebenso der oben schon erwähnte „Ratskeller", böhmisch geht's im „Zum Schwejk" her (Kanzleistraße 7).

Touristenbüro, Schloßplatz 6a, 3100 Celle, Tel. 0 51 41/12 12, geöffnet montags bis freitags 8-18 Uhr, samstags 9-13 und 14-17 Uhr, sonntags 10-12 Uhr
Jugendherberge, Weghausstraße 2, 3100 Celle, Tel. 0 51 41/5 32 08
Ein Campingplatz liegt westlich von Garßen (Tel. 0 51 41/3 12 23, B 191 Richtung Uelzen), ca. sechs Kilometer von Celle entfernt. Oder in Alvern, Tel. 0 51 45/60 00 (s. Tour 11).
Radverleih: 2-Rad-Meier, Neustadt 42a, Tel. 0 51 41/4 13 69
Radläden:
Böse, Lachtehäuser Straße 5, Tel. 3 15 61
Brand, Hannoversche Heerstraße 3, Tel. 2 88 60
Ehlers, Witzlebenstraße 10, Tel. 5 49 65
Meier (s. unter Radverleih)

Tour 10 47 km

LÜCHOW — SCHNACKENBURG

ADFC-Haupka 1:100 000 Blatt 9
NLV Radwanderkarte 1:75 000 Blatt RC 3130

Lüchow siehe Tour 3. Vom Marktplatz aus durch die Burgstraße und an deren Ende vor dem Amtsturm links ab. Weiter durch die Kahlandstraße und die Theodor-Körner-Straße bis zur Salzwedeler Straße. Auf dieser, die zugleich ein Teil der B 493 ist, in südöstlicher Richtung über die Bahnlinie zum Ort hinaus. Am Abzweiger Woltersdorf/Lübbow sehen Sie, in Fahrtrichtung Lübbow blickend, einen Gittermast. Er gehört zur Kaserne der Bereitschaftspolizei, deren Personal zum Schutz des atomaren Zwischenlagers in Gorleben hier stationiert wurde. Folgen Sie der B 493 auf dem sie begleitenden Radweg nach

Woltersdorf Sie erreichen Woltersdorf auf der Ziegelei Straße. Gleich am Ortseingang bieten Ihnen der Gasthof „Zur alten Post" die Möglichkeit, sich zu erfrischen. Durchfahren Sie den Ort auf dem Radweg. Dort, wo die Bundesstraße nach links zum Ort hinausführt, verlassen Sie die B 493 und radeln geradeaus auf den vor Ihnen liegenden Funkturm zu. Sie sind jetzt auf der Straße Thurauer Berg. Zu Ihrer Rechten erhebt sich in einiger Entfernung eine *Kirche*. Sie ist eine der kleinen Wehrkirchen, die früher, für diese Gegend typisch, auf freiem Feld errichtet wurden. Sie ist ganz aus Feldsteinen gebaut. Am Funkturm angekommen, halten Sie rechts auf den kleinen Gittermast zu. Am Ende des Wirtschaftsweges, nach ca. 1 100 Metern, biegen sie links ab. In flotter Fahrt geht es nun diese Straße hinab nach

Lichtenberg hinein. Durchfahren Sie den Ort auf der Hauptstraße. Weiter geht es am Ortsende der Straße nach

Puttball Geradeaus durch den Ort ins benachbarte

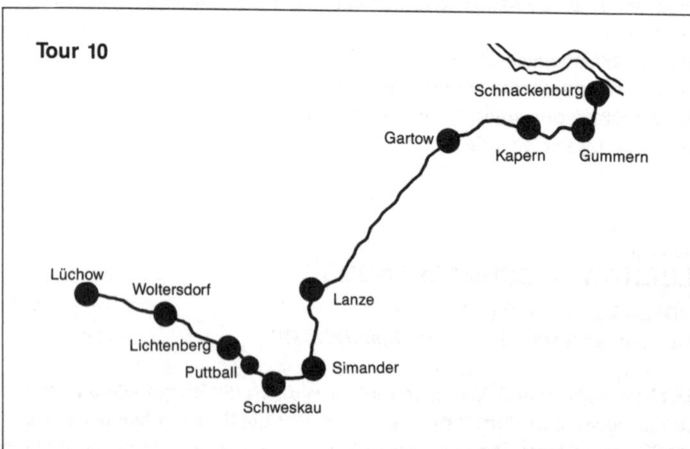

Schweskau Folgen Sie der abknickenden Vorfahrtstraße am Edekaladen nach rechts. Auch in Schweskau finden Sie eine der *Feldsteinkirchen*. Nun weiter auf den *Dorfplatz*. Er ist gänzlich mit alten Eichen bestanden und bildet auch heute noch den Mittelpunkt des dörflichen Lebens. Alljährlich wird hier von den Einwohnern das große *Dorffest* unter den Bäumen abgehalten. Von hier aus ist es nur ein Katzensprung zur Gaststätte „Schwarzer Peter". Von hier aus zurück bis zum Edekaladen. Hinter dem Geschäft rechts ab und weiter bis nach

Simander An der Kreuzung im Ort links. Auf der Dorfstraße zum Ort hinaus ins vier Kilometer entfernte

Lanze Überqueren Sie die von Eichen umsäumte Ortsdurchfahrt. Weiter auf dem befestigten Wirtschaftsweg in nördlicher Richtung. Nach ca. 500 Metern biegen Sie rechts ab. Am Ende dieses Wirtschaftsweges durch die Felder gelangen Sie auf einem Sandweg in ein Waldstück. Nach wenigen 100 Metern kommen Sie an einem Hochsitz vorbei. Solche Hochsitze begleiten Sie nun für weitere 4,5 Kilometer auf Ihrem Weg durch das Waldstück. Dieses Waldstück ist bei einem Großbrand 1975 den Flammen zum Opfer gefallen. Nach Jahren erholt sich hier die Vegetation langsam wieder. Unschwer sind einzelne kleine Heideflecken zu entdecken, und auch die ersten Birken haben auf dem sandigen Untergrund bereits wieder Fuß gefaßt. Bleiben Sie auf dem Hauptweg, immer an den Hochständen vorbei. In der Ferne sehen Sie von Zeit zu Zeit die beiden Sendetürme der Bundespost auf dem Höhbeck. Am Ende dieses Waldweges treffen Sie auf die Verbindungsstraße von Prezelle nach Rondel an der B 493. Auf dieser Straße links bis nach

Rondel Der Ort besteht praktisch nur aus einem einzelnen Gehöft, es ist an der B 493 mitten im Wald gelegen. Sie sollten sich dieses Gebäude ruhig etwas genauer ansehen. Mit seinem hölzernen, leicht wurmstichigen Balkon und dem zugehörigen Fachwerk erinnert es eher an Bauten, wie man sie im Alpenvorland und in der Schweiz antrifft. Von Rondel aus fahren sie auf der B 493 nach Gartow. Die Bundesstraße ist gerade auf diesem Teilstück stärker befahren, seien Sie also vorsichtig.

Gartow Sie erreichen Gartow auf der Hahnenberger Straße. Biegen Sie beim Hinweisschild „Juwel Dorf" links ab. An der Schule vorbei in Richtung Waldbad. Befahren Sie die Waldbadstraße im Juwel-Dorf, einer Ferienhaus-Siedlung. Am Ende dieser Straße finden Sie zu Ihrer Linken das *DBV Informationshaus* (Deutscher Bund für Vogelschutz). Gern wird Ihnen dort etwas über die Bedeutung dieses Gebietes an der Elbe für die Zugvögel erzählt, die hier auf ihrer Reise in den Süden rasten. Neben dem Storch hat auch der Graureiher hier noch in einzelnen Exemplaren seine Brutplätze. Von dem

Info-Haus des DBV fahren Sie auf der Elbuferstraße, die Gorleben mit Gartow verbindet, nach Gartow. Auf dem Weg dorthin sehen Sie den Gartower See zu Ihrer Linken liegen. Den Ort erreichen Sie auf der Springstraße. Dort erwartet Sie „Hechts Gasthaus" zu einer eventuellen Rast. Weiter auf der Springstraße und an der Kreuzung weiter auf der Hauptstraße. Beinahe schon am Ende des Ortes liegt rechts Gartows *Kirche* und gleich dahinter der Schloßkomplex des Gartower Schlosses. Das *Schloß* zu Gartow ist schon seit vielen Generationen im Besitz der Grafen von Bernstorf. Zu deren Besitz gehören umfangreiche Waldbestände rund um Gartow. Gartow ist seit 1980 staatlich anerkannter Luftkurort und hat sich ganz dem Tourismus verschrieben. Neben den jährlichen Konzerten im Gartower Schloß sind es vor allem der Laascher- sowie der Gartower See, die vielen Surfern, Anglern und Wanderern Möglichkeiten zur Erholung bieten.

Touristeninformation Kurverwaltung Gartow, Hahnenberger Straße, Tel. 0 58 46/ 3 33 (Zimmernachweis).

Ein Campingplatz befindet sich westlich des Ortes.

Vom Schloß aus fahren Sie weiter auf der B493 nach

Kapern Auf der Bundesstraße durch den Ort. Gaststätte „Otto Porath". Gleich hinter dem Ort an der Kreuzung nach Bömenzien fahren sie rechts an der Eiche vorbei, unter der eine Sitzbank zum Ausruhen einlädt, und nach

Gummern Im Ort rechts ab und der betonierten Straße folgen. Am Ende der Straße biegen Sie vor dem Reet gedeckten Haus links ein. Von hier bringt Sie ein schmaler, geteerter Wirtschaftsweg zurück zur Bundesstraße. Auf dieser fahren Sie rechts weiter nach Schnackenburg. Die Bundesstraße führt Sie über den Deich nach

Schnackenburg (siehe Tour 2) hinein. Am Ende dieser inzwischen zur Einbahnstraße gewordenen Bundesstraße gelangen Sie auf den Markt dieses Ortes.

Tour 11 58 km

CELLE — WITTINGEN

ADFC-Haupka 1:100 000 Blatt 9

NLV Radwanderkarte 1:75 000 Blatt RC 3526

Eine durchgehend flache Tour mit sehr einfacher Streckenführung.

Celle siehe Tour 9. Sie verlassen die Stadt auf der Bundesstraße 191 (Richtung Lüneburg). Nach ungefähr vier Kilometern kommt rechts der Abzweiger nach

▲ *Die Ufer des Elbe-Seitenkanals eignen sich für eine Rast*

▼ *Heidschnucken, wer kennt sie nicht*

▲ *Der Herzogenplatz in Uelzen*

▼ *Gesehen auf Tour 9: Die Baumschule Hinrichs mit ihrem Zoo*

Bostel Hier orientieren Sie sich Richtung
Garßen Hier geht es dann rechterhand gen Lachendorf. Unterwegs können Sie bei Bedarf links nach *Alvern* abbiegen, um dort zu campieren. Ansonsten geht es über
Gockenholz mit dem Restaurant Birkenhof nach
Lachendorf wo im 16. Jahrhundert eine Papiermühle entstand. An der Kreuzung biegen Sie links in Richtung
Ahnsbeck ab (*umgekehrt: rechts Richtung Celle)*. Zu Beginn der Ortschaft erkennen Sie links einen schönen, von hohen Mauern umsäumten Gasthof. In Ahnsbeck findet Mitte August das *Schützenfest* statt. In
Hohne fallen einem das Gasthaus und die *Kirche* auf, kurz hinter dem Ortsausgang auch links der schöne Hof. Über *Ummern* (Gasthaus Thoelke, Möglickeit zum Segelfliegen) kommen Sie schließlich an die Bundesstraße 4, die Sie überqueren, und nach
Wesendorf Die Straße hierhin ist z.T. nicht sonderlich gut. Interessant ist eventuell ein Abstecher zum *Heiligen Hain*, einem kleinen Naturschutzgebiet mit einer Heidebepflanzung, wie sie heute selten ist. Für diesen kleinen Ausflug müßten Sie von Wesendorf aus links Richtung Betzhorn fahren.
An der bemerkenswerten Kirche Wesendorfs fahren Sie ansonsten vorbei nach
Schönewörde wo Sie im Falle eines Falles im zweiten Teil des Ortes ein *Radgeschäft* finden.
Gewerbe- und Verkehrsverein Wesendorf, 3125 Wesendorf, Tel. 0 58 35/4 99.
Entlang der Bahnschienen überqueren Sie den Elbe-Seitenkanal und erreichen

Tour 11

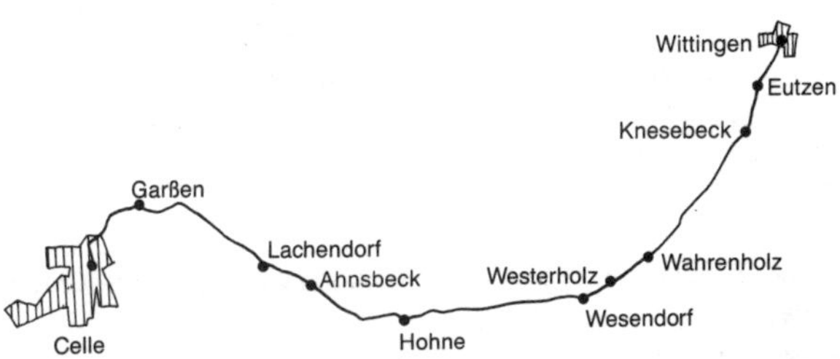

Knesebeck Die Zufahrt auf diesen Ort bildet nach all den Dörfern, Feldern und Weiden vorher wahrlich einen starken Kontrast, erhebt sich hier doch ein großes Stahlwerk. Wer nahe Wittingens *campieren* möchte, muß dies hier in Knesebeck (oder im nordwestlich gelegen Hankensbüttel) tun, Wittingen besitzt keinen Campingplatz. Ansonsten bietet Ihnen Knesebeck am Ortseingang ein gutes Eiscafè, an der Kreuzung Richtung Wittingen ein Gasthaus, das deutsche und griechische Küche gleichzeitig anbietet, sowie wenig später einen *Radladen*. Und nicht zu vergessen das *Haus der Landschaft*, eine landschaftshistorische Ausstellung über die Südheide. Den Schlüssel gibt es beim Forstamt oder im Haus vor der Ausstellung.
Verkehrsverein Knesebeck, Tel. 0 58 34/ 3 30.
Ansonsten geht es hinein nach
Wittingen siehe Tour 7.

Tour 12 61 km

HANNOVER — CELLE

ADFC-Haupka 1:100 000 Blatt 9
NLV Radwanderkarte 1:75 000 Blatt RC 3922, RC 3526

Hannover siehe Tour 14. Sie verlassen die Stadt südlich auf der Hildesheimer Straße. Auf Höhe der Gilde Brauerei geht es links in den Altenbekener Damm, der später Lindemann Allee heißt. Am Ende der Straße rechts, über die Bundesstraße 3 hinweg und kurz darauf links in die Lange-Feld-Straße. Der Weg nach Anderten führt dann geradeaus und ist ausgeschildert. Durch **Anderten** geradewegs hindurch, am Ende dieser Straße (Lehrter Straße) rechts unter der Bundesstraße 65 hindurch und geradeaus nach
Höver Hier geht es dann aber nicht geradeaus direkt nach Lehrte, sondern etwas ruhiger zunächst nach
Bilm Über
Ilten kommen Sie so in
Lehrte auf die Bundesstraße 443. Hier links und hinter der Unterführung wieder rechts nach
Immensen An der Kreuzung dort links nach
Burgdorf Die Ruhe zwischen Lehrte und Burgdorf war nur von kurzer Dauer. Burgdorf ist etwas lebhafter. Und zudem sehr sehenswert.

Im Jahre 1433 erhielt Burgdorf die Stadtrechte, gleichzeitig wurden die drei Stadttore (Prenntor, Dammtor und Celler Tor) errichtet. Außerdem wurde die bereits bestehende Burg samt der sie umgebenden Wallanlagen restauriert. Die sich um die Burg entwickelnde Stadt war in den folgenden Jahrhunderten wiederholt Ziel fremder Heere. Doch weder der 30jährige Krieg noch ein großes Feuer 1658 konnten die Entwicklung Burgdorfs auf Dauer gefährden. Leider wurde das sorgsam gewachsene Stadtbild durch Brandstiftung 1809 fast vollständig vernichtet. Die wenigen erhaltenen Häuser befinden sich in der sinnigerweise „Am Brandende" genannten Straße. Napoleon, dem Burgdorf damals unterstand, zeigte sich aber großzügig und schenkte der Stadt

Tour 12

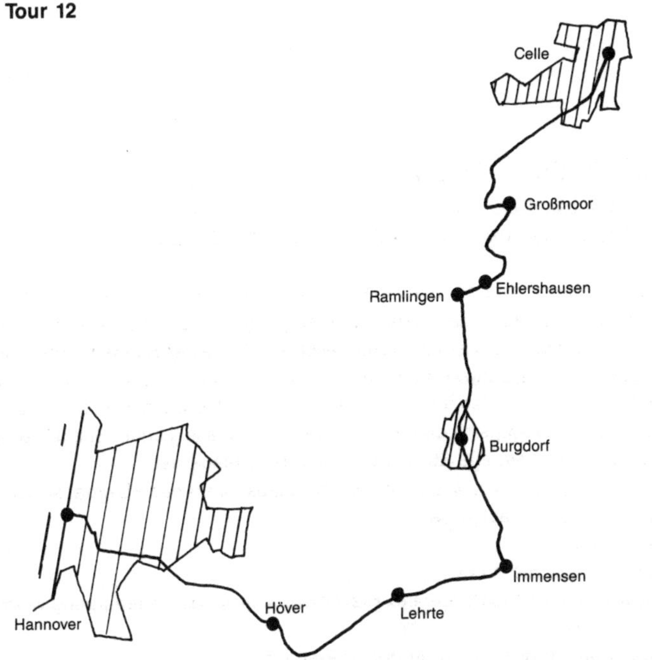

das Holz für den Wiederaufbau. So konnte sich Burgdorf allmählich wieder erholen, wenngleich der Schatten Hannovers, Celles und Hildesheims zu groß war, um Burgdorf wirklich expandieren zu lassen.
Erst nach 1945 wuchs die Stadt, nicht zuletzt dank besserer Verkehrsverbindungen ins nahe Hannover. Die Einwohnerzahl von ca. 20 000 Menschen wurde 1974 durch die niedersächsische Gebietsreform um weitere 50 % erhöht. Heute ist Burgdorf eine moderne Stadt mit einem sehenswerten Kern. In dessen Mittelpunkt steht das *Schloß*, an dessen Platz früher die Burg stand. Es entstand 1643. Sehenswert ist auch das klassizstische *Rathaus* (Rathaus I), 1805 gebaut, vier Jahre später durch den besagten Stadtbrand beschädigt und gut zehn Jahre später restauriert. Nach dem Brand, nämlich 1813, wurde die *St. Pankratius-Kirche* gebaut, die eine wertvolle Orgel aus dem 16. Jahrhundert besitzt. Ihren Turm kann man nach telefonischer Rücksprache (Tel. 0 51 36/33 30) besteigen.
Auf keinen Fall sollten Sie das *Stadtmuseum* verpassen, zeigt es doch neben einer heimatkundlichen Sammlung Norddeutschlands bedeutendste Sammlung von Zinnfiguren. Leider ist es nur am ersten und dritten Wochenende eines Monats von 15-18 Uhr geöffnet (Schmiedestraße 6, Tel. 0 51 36/ 44 58).
Gefeiert wird u.a. am ersten Samstag im Mai mit einem Straßenfest am Bahnhof sowie am ersten Wochenende im Oktober mit dem Stadtfest.
Stadtverwaltung, Vor dem Hannoverschen Tor, 3167 Burgdorf, Tel. 0 51 36/ 8 00 50
Radladen:
Schiwy, Schmiedestraße 48, Tel. 0 51 36/57 49
Eine Jugendherberge oder einen Campingplatz gibt es hier nicht, im Hotel kostet ein Einzelzimmer DM 34 bis DM 55.

Aus Lehrte kommend, fahren Sie an einigen Hochhäusern vorbei Richtung Innenstadt. Sie überqueren die Bundesstraße 188 geradewegs und halten sich konsequent geradeaus. Die Straße gabelt sich nämlich bald, Sie nehmen den linken Abzweiger nach
Otze Unterwegs kommen Sie an dem Gasthof „Sorgenser Mühle" vorbei. In Otze halten Sie sich geradeaus Richtung Celle und kommen zur Bundesstraße 3. Vorsicht bei ihrer Überquerung, sie ist äußerst stark befahren. Sie fahren geradeaus weiter nach
Ramlingen Dort dann rechterhand nach
Ehlershausen Unmittelbar vor den Schienen geht es links hinein in die Straße Edental. In der zweiten Augusthälfte findet alljährlich in Ehlershausen ein

Schützenfest statt. An der nun folgenden T-Kreuzung geht es links in die Straße Jägerheide (nicht rechts über die Schienen). Hinter

Großmoor kommen dann vier scharfe Kurven, Sie bleiben immer auf der Hauptstraße.

Umgekehrt: Aus Dasselbruch kommend, in Großmoor hinter der Kirche rechts in die Straße Jägerheide. Über

Dasselbruch geht es dann auf gerader Strecke hinein nach

Celle (siehe Tour 9), dessen Stadtkern Sie auf der Bundesstraße 3 erreichen.

Umgekehrt: Sie verlassen Celle auf der Bundesstraße 3 Richtung Hannover, biegen aber noch innerhalb der Stadt auf Höhe des Mios-Marktes rechts in die Dasselbrucher Straße ab.

Tour 13 71 km

CELLE — WOLFSBURG

ADFC-Haupka 1:100 000 Blatt 9
NLV Radwanderkarte 1:75 000 Blatt RC 3526

Celle siehe Tour 19. Sie verlassen die Stadt auf der Bundesstraße 214. Entlang verschiedener Industriebetriebe geht es bis zur Abfahrt linkerhand nach **Wienhausen** Das *Kloster Wienhausen* gilt als einer der bedeutendsten mittel-

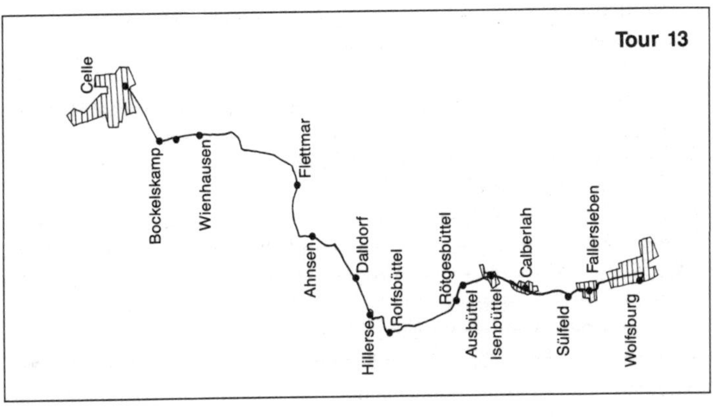

alterlichen Gebäudekomplexe Norddeutschlands. Es wurde bereits 1230 als Nonnenkloster begründet und konnte sich dank guter Verbindungen zu den verschiedenen Fürstenhäusern schnell entwickeln. Nach nur 100 Jahren wurde der Bau erheblich erweitert.

Die Reformation stieß hier dann auf wenig Gegenliebe, weshalb Herzog Ernst der Bekenner 1531 einen Großteil der Anlage niederreißen ließ. Gut 20 Jahre später wurden diese Teile aber ersetzt.

Prächtigster Abschnitt des Klosters ist der *Nonnenchor*. Bereits um 1335 wurde er mit Motiven aus dem Alten und Neuen Testament ausgemalt. Sie wurden zwar zwischenzeitlich erneuert und überarbeitet, geben aber dennoch eine unverfälschte Ahnung der mittelalterlichen Bildkunst. Nicht weniger sehenswert sind die *Glasfenster* im Chorgang (1330/40), sowie der 1519 entstandene *Flügelaltar* im Chor.

Von unschätzbarem Wert sind die *Wienhäusener Teppiche*, die alljährlich nur in der zweiten Woche nach Pfingsten gezeigt werden. Von den neun Teppichen ist der älteste bereits um 1300 entstanden, die Nonnen stickten auf ihn Motive aus „Tristan".

Führungen finden von April bis September montags bis samstags um 10, 11, 14, 15, 16 und 17 Uhr statt, sonn- und feiertags um 11.30, 13, 14, 15, 16 und 17 Uhr. Im Oktober finden keine Führungen um 17 Uhr statt, von November bis März bleibt das Kloster geschlossen. Es dient heute im übrigen als Damenstift (Tel. 0 51 49/357, Eintritt DM 5, während der Teppichwoche DM 7)

Ein *Campingplatz* liegt nördlich des Ortes zur Aller hin.

Weiter geht es über Offensen nach

Langlingen Camper können gegebenenfalls auch in Offensen der Beschilderung nach Schwachhausen und zum dortigen Campingplatz folgen. In Langlingen ist vielleicht weniger die im 14. Jahrhundert errichtete *Kirche* die große Sehenswürdigkeit (Altar von 1668), sondern vielmehr das in der Nähe gelegene *Gut*, das ob seiner Pracht eine Ahnung vom herrschaftlichen Leben des Landadels vermittelt.

Von Langlingen geht es zunächst weiter nach

Flettmar und von dort geradeaus nach Osterfeld. Vor der Oker knickt die Straße südwärts ab und führt Sie nach

Ahnsen Dort gelangen Sie auf die Bundesstraße 188, der Sie nach Ahnsen hinein folgen, hinter der Oker wartet schließlich

Meinersen auf Sie. *Umgekehrt fahren Sie, aus Hillerse kommend, in Meinersen links auf die B 188, durch Meinersen und Ahnsen hindurch und am Ortsausgang Ahnsen's rechts Richtung Müden, später geht es dann links nach Flettmar.*

In Meinersen geht es fast am Ortsende rechts nach

Dalldorf Bleiben Sie hier, aller Kurven zum Trotz, immer auf der Hauptstraße. So kommen Sie schließlich nach

Hillerse Es geht an der folgenden Kreuzung geradeaus Richtung

Rolfsbüttel Weiter geradeaus durch schönes, waldreiches Gebiet nach

Rötgesbüttel Kurz vor dem Ort ist rechterhand ein Campingplatz zu finden. Sie fahren in Rötgesbüttel am Bahnhof vorbei Richtung Ribbesbüttel. Wenn Sie das Ortschild dieses Dorfes schon sehen, geht rechts ein Weg, der für Fahrzeuge über 6t gesperrt ist, Richtung

Ausbüttel Dort kommen Sie dann auf die Bundesstraße 4. Schräg rechts führt die Straße nach Isenbüttel weiter, genau an der Kreuzung steht der Schnellimbiß ,,Bei Jimmy''. Nächste Station ist also

Isenbüttel Auf dem Weg nach

Calberlah überqueren Sie den Elbe-Seitenkanal. Obgleich die Ausstattung der meisten Kirchen dieser Region vorzüglich ist, verdient jene in Calberlah ganz besondere Beachtung. Der Schnitzaltar aus dem 16. Jahrhundert, die Orgel (um 1700) und die Kanzel von 1621 schaffen in dieser kleinen *Kapelle* eine ganz besondere Bedeutung. Hinter Calberlah radeln Sie über den Mittellandkanal, dann kommen Sie nach

Sülfeld Die nächsten beiden Orte, Fallersleben und Wolfsburg, kennt ein jeder. Warum Wolfsburg ? Nun, das wird Ihnen vermutlich schnell einfallen. Aber

Fallersleben ? Stichwort: ,,Deutschland, Deutschland über alles.'' Das war — genau, *Hoffmann von Fallersleben*. Und ,,Kuckuck, Kuckuck rufts aus dem Walde'' auch.

Er, der hier am 2. April 1798 geboren wurde, steht noch heute im Mittelpunkt des Stadtlebens. In seinem Vaterhaus, dem *Hoffmann-Haus*, befindet sich eine Gaststätte (Westerstraße 4). Am Schloßplatz ist im Küsterhaus ein kleines *Hoffmann-Museum* eingerichtet worden, das sein Wirken u.a. auch mit persönlichen Gegenständen dokumentiert (geöffnet dienstags und donnerstags 9-12 und 16-18 Uhr).

,,Zwei Seidel Bier, drei Seidel Bier, ich trinke lieber fünf als vier, und wenn man dazu raucht und schwätzt trinkt man noch eins zuguterletzt, geht heim vergnügt und legt sich nieder und denkt, so mach ich's morgen wieder.''

Dieser Erkenntnis des berühmten Sohnes des Ortes scheint man auch heute noch in Fallersleben anzuhängen. Zwei große Feste prägen das Stadtleben, nämlich das *Schützenfest* (drei Wochen nach Pfingsten) und das *Altstadtfest* Ende August.

Bekannt ist schließlich auch das Schwefelbad, das sich mittlerweile weithin als Therapiezentrum etabliert hat und auch eine eigene Quelle besitzt — die Hoffmann-Quelle.
Wer seine Rast nicht im Hoffmannhaus absolvieren möchte, kann sich auch in das ,,Alte Brauhaus'' begeben, in dem exklusiv das hauseigene Schloßbräu serviert wird (im Schloßpark).
Radladen: Westhoff, Westerstraße 30.
Durch eine Gemeindereform gehört Fallersleben im übrigen seit 1972 zu **Wolfsburg** Vor gut 50 Jahren war dies noch umgekehrt, denn als 1938 der Grundstein für das VW-Werk gelegt wurde, wurde hier keine zwei Monate später die ,,Stadt des KdF-Wagens bei Fallersleben'' begründet. Seit 1945 heißt dieser Ort Wolfsburg.
Natürlich darf man in Wolfsburg keinen historischen Kern erwarten. Die Klinkerbauten von VW wurden 1938 und 1939 errichtet, das Kulturzentrum um 1960, das Theater 1973, das Planetarium 1983. Wer städtebaulich von Lüneburg, Celle oder Braunschweig verwöhnt ist, wird sich hier verwundert die Augen reiben. Denn auch die Fußgängerzone, *Po* genannt, wirkt mit ihrer Unübersichtlichkeit, hervorgerufen durch die vielen Einkaufsinseln in der Mitte, wenig anziehend. Woran auch einzelne Auflockerungsversuche wie riesige Schachspiele und Wasserbecken nichts ändern.
Was einen Aufenthalt in Wolfsburg dennoch als lohnend erscheinen läßt, ist die Vielzahl an Museen zum einen, zum anderen aber auch das große Angebot an Freizeitmöglichkeiten.
Eines dieser Museen ist natürlich ein *Auto-Museum* (Dieselstraße 35, geöffnet täglich 10-17 Uhr, Eintritt DM 5). Natürlich bestimmen die Produkte aus dem Hause VW das Bild dieser Ausstellung, aber auch längst vergessene Fabrikate wie DKW, Horch und NSU können hier bestaunt werden.
Sicherlich nicht weniger interessant ist das *Planetarium*, das die Distanz zum Weltraum schrumpfen läßt (Uhlandweg 2, Vorführungen mittwochs 16.30 und 19 Uhr, samstags und sonntags jeweils 15 und 16.30 Uhr, Dauer 45 Minuten, Eintritt DM 6). Ein Programmheft ist beim Fremdenverkehrsamt erhältlich, Themen sind u.a. ,,Die Milchstraße'' und ,,Südliche Nächte''.
Interessant sind aus baulicher Sicht auch die 1961 errichtete *St.Heinrichs-Kirche*, wie eine Kaiserkrone gestaltet, und die *Heilig-Geist-Kirche*, die 1962 nach einem Entwurf des finnischen Architekten Alvar Aalto erbaut wurde. Dieser zeichnet im übrigen auch für das *Kulturzentrum* (1958-62) verantwortlich.
Ihren Namen erhielt die Stadt allerdings durch *Schloß Wolfsburg*, nördlich der Aller plaziert. Man weiß, daß hier bereits zu Beginn des 12. Jahrhunderts eine Art Wehrturm stand, wohl zum Schutze gegen die Wenden. Ende des

13. Jahrhunderts kamen die Herren von Bartensleben hierher und begannen, um diesen Turm die ,,Wluesborch'' zu errichten. Sie und ihre Nachfahren konnten ihren Landbesitz stetig ausbauen, und so wuchs auch die Burg zu stattlicher Größe an. Zu ihrer Sicherheit wurde sie von einem doppelten Wassergraben umgeben. Am Ende des 16. Jahrhunderts erfolgte dann der Umbau in ein Schloß. Diese neue ,,Schloßburg'' blieb im 30jährigen Krieg unbeschadet. Heute gilt dieser Bau als eines der hervoragendsten Beispiele der sogenannten ,,Weser-Renaissance'' und wird von einem weiträumigen Gartengelände umgrenzt.

Im Inneren ist das *Städtische Museum* untergebracht, das die Geschichte der Stadt und ihrer Vorläufer dokumentiert. Desweiteren finden Sie hier die *Städtische Galerie*, die mit moderner Grafik und Fotokunst aufwartet. In unmittelbarer Nähe des Schlosses sind in einer um 1750 errichteten *Brauscheune* Gerätschaften aus der Landwirtschaft gesammelt. Zudem wird das harte Leben auf dem Land in Bildern dargestellt (geöffnet: dienstags bis freitags sowie sonntags 9-17 Uhr, sonnabends 13-17 Uhr, Eintritt DM 1, sonntags freier Eintritt, Tel. 0 53 61/282-892, für die Städtische Galerie 282-737).

Für den kulinarischen Bedarf sollte mann sich wohl eher nach Fallersleben (s.o.) begeben, wen aber in Wolfburg selbst der Hunger überfällt, kann die Gaststätte des City Hotels in Anspruch nehmen (von der Fußgängerzone bei Neckermann links abbiegen).

Im südöstlich Wolfsburgs gelegenen Nordsteimke finden Sie das *Heinrich-Büssing-Haus*, eine alte, renovierte Schmiede. Hier wurde 1843 Heinrich Büssing geboren, der bald als Pionier auf dem Feld der LKW-Produktion bekannt wurde. Geöffnet ist die Schmiede sonntags von 14-17 Uhr.

Natürlich darf bei einem Aufenthalt in Wolfsburg ein Besuch des VW-Werkes nicht fehlen. Gruppen werden montags bis freitags um 9.30 durch das Werk geführt, Einzelpersonen nachmittags um 13.15 Uhr. Gruppen müssen sich im voraus anmelden (Tel. 0 53 61/92 42 70), Einzelpersonen sich rechtzeitig vor dem Tor 17 (Besucherdienst) einfinden. Hier arbeiten fast 65 000 Menschen auf 1,5 Millionen qm bebauter Fläche bei Europas Autohersteller Nummer eins.

Aber natürlich wollen die 130 000 Wolfsburger und die zahlreichen Touristen nicht ständig von Museum zu Museum schlendern. Sondern auch einfach einmal ausspannen. Dazu tragen diverse Wälder in der weiteren Umgebung bei, aber auch der Allersee mitten im Stadtzentrum. Dort wird gesonnt und gebadet, gesegelt und gesurft. Und falls die Sonne nicht scheint, geht man ins ,,Badeland'', einem großen Schwimmpark mit fünf Becken, Sauna und Solarium. Außerdem gibt es hier auch einen Campingplatz.

Für einen Waldspaziergang hingegen bietet sich das Gebiet um Rabenberg (südlich der Braunschweiger Straße) an, wo eine Brunnen- und Quellenwanderung auf einem Wasserlehrpfad ausgeschildert wurde. Auf dem zehn Kilometer langen Weg kommt man in sehr schöner Umgebung an verschiedenen Brunnen- und Quellarten vorbei. Ein erläuterndes Faltblatt gibt es bei der Touristeninformation.

Tourist Information, Informationspavillon, Rathausplatz, Tel. 0 53 61/28 25 50, geöffnet montags bis freitags 9-18 Uhr, samstags 9-13 Uhr.

Jugendgästehaus, Lessingstraße 60, 3180 Wolfsburg 1, Tel. 0 53 61/1 33 37

Radläden:

Bonkowski, Breslauer Str. 35, Tel. 0 53 61/3 10 23

Schael, Kleiststr. 5, Tel. 1 34 91

Stadtrundfahrten finden täglich um 14.35 Uhr ab Omnibusbahnhof (Heinrich-Nordhoff-Straße) statt, Preis DM 5.

Wochenmarkt findet mittwochs und samtags auf dem Rathausplatz statt.

Tour 14 55 km

WOLFSBURG — HANNOVER

ADFC-Haupka 1:100 000 Blatt 9

NLV Radwanderkarte 1:75 000 Blatt RC 3526, RC 3926, RC 3922

Wolfsburg siehe Tour 13. Sie verlassen die Stadt vom Bahnhof aus auf der Heinrich-Nordhoff-Straße Richtung

Fallersleben siehe Tour 13. Dort folgen Sie weiterhin der Ausschilderung Richtung *Peine*, so daß Sie zunächst nach

Sülfeld kommen. Dort achten Sie darauf, rechts den Abzweiger nach

Calberlah zu erwischen. Hier geht es durch den Ort hindurch nach

Isenbüttel In einer Kurve am Ortsende folgt links der Abzweiger nach Braunschweig und

Ausbüttel Hier kommen Sie auf die Hauptstraße. Schräg rechts erkennen Sie eine kleine Straße, die nur für landwirtschaftlichen Verkehr zugelassen ist. Und genau diese nehmen sie. Am Ende der Straße rechts nach

Ribbesbüttel und bald links nach

Leiferde *(umgekehrt: Aus Leiferde kommend, in Ribbesbüttel rechts in die Dorfstraße Richtung Rötgesbüttel, kurz hinter dem Ortsausgang Ribbesbüttel links in die nur für den landwirtschaftlichen Verkehr zugelassene Straße.)*

Auffällig sind hier die vielen eigentlich schönen Fachwerkhäuser, die sich nur leider in einem erbarmungswürdigen Zustand befinden. Gleich am Ortsanfang liegt das Büro des Deutschen Bundes für Vogelschutz (DBV). In Leiferde halten Sie sich geradeaus und folgen der Ausschilderung nach *Volkse* und **Rietze** Unterwegs passieren Sie die Oker, kommen entlang der reich bewaldeten, hügeligen Straße an die Bundesstraße 214 und überqueren diese geradewegs. So radeln Sie hinein nach

Rietze Hier müssen Sie etwas aufpassen, um den richtigen Abbieger zu erwischen. Sie folgen rechts *Am Bäckerplatz* der Ausschilderung *Zum Sportplatz*. Bald überqueren Sie die Erse und halten sich gleich dahinter rechts. So gelangen Sie auf ruhiger Strecke hinein nach

Eickenrode Hier stehen gleich zwei Gaststätten an der Ortsdurchfahrt zu Ihrer Verfügung. Sie fahren zunächst ein Stückchen nach

Plockhorst Die Straße gabelt sich dann, Sie radeln links nach

Wehnsen Hier kommen Sie auf die Bundesstraße 444, in die Sie links einbiegen, bereits an der dritten Straße rechts aber der Ausschilderung nach **Eddesse** folgen („Sportklause" an der Straße). An der Kirche vorbei geht es hier nach

Dollbergen Dort links und bald rechts nach

Schwüblingsen *(umgekehrt: Aus Schwüblingsen kommend, an der Kreuzung links in die Bahnhofsstraße Richtung Dollbergen einbiegen).* Bald geht es rechts nach

Arpke Dort rechts nach

Tour 14

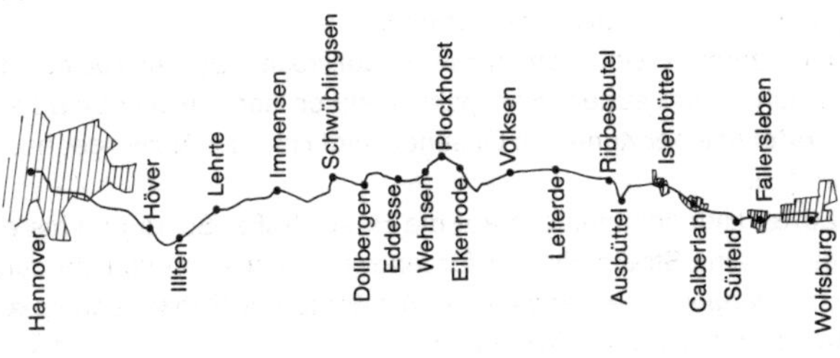

Immensen Sie fahren bis zum Abzweiger links nach
Lehrte Ein erster Vorbote des Lärmes in Hannover. In Lehrte kommen Sie auf die Bundesstraße 443, dort nach links. Biegen Sie dann erst in den zweiten Abzweiger Richtung Höver und Hannover ein. Also *nicht* direkt nach Ahlten und Höver, sondern zunächst nach
Ilten sowie
Bilm An der Kirche dort rechts nach
Höver und links nach
Anderten Sie überqueren auf einer Brücke die A 7, dann folgt eine Unterführung unter die A 65. Unmittelbar dahinter geht es links nach Anderten. Weiter geradeaus und über Kirchrode hinein nach
Hannover *Umgekehrt verlassen Sie Hannover auf der Hildesheimer Straße, auf Höhe der Gilde-Brauerei biegen Sie dann links in den Altenburger Damm ein, an dessen Ende Sie sich rechts halten. Bald geht es auf einer Brücke über die Bundesstraße 6, dann folgt links der Abzweiger nach Kirchrode (Lange-Feld-Straße). Der Weg nach Anderten ist in der Folge ausgeschildert.*

Die niedersächsische Landeshauptstadt präsentiert sich dem Besucher sehr zwiespältig. Einerseits besitzt die Leinestadt großartige Bauwerke und eindrucksvolle Museen, andererseits erweist sich die Innenstadt aber auch als recht unpersönlich und bauhistorisch uninteressant.
Das kann nicht verwundern, wurden doch im Zweiten Weltkrieg 60 % der Stadt zerstört. Mittelpunkt der Innenstadt, in weiten Teilen Fußgängerzone, ist das *Kröpcke*, der nach einem Cafè benannte Marktplatz. Von ihm aus führen Geschäftsstraßen in alle Richtungen. Unterirdisch verläuft die *Passarelle*, eine Passage voller Geschäfte, die am Bahnhof endet. Vor dem Bahnhof steht ein 1861 errichtetes Denkmal für König Ernst-August. Kurios die Aufschrift: „Dem Landesvater sein treues Volk." Deutsch für Anfänger.
Erstmals erwähnt wird Hannover im übrigen um 1150. Als Heinrich der Löwe hier 1163 einen Hoftag abhielt und Hannover bald darauf das Stadtrecht erhielt, wuchs die Bedeutung des einstigen *hon overe* erheblich. Im 14. Jahrhundert trat Hannover der Hanse bei. Im 17. Jahrhundert kam es zu einer Personalunion mit dem englischen Königshaus, so daß der hannoversche König in London weilte. Erst 1837 fand dieser Zustand mit dem schon erwähnten Ernst-August ein Ende. Sein Sohn, Georg V., entschied sich im preußisch-österreichischen Krieg 1866 für die Österreicher — eine falsche Wahl, Hannover fiel an Preußen. Davon blieb die wirtschaftliche Entwicklung aber unbeeindruckt, Hannover wuchs und ist seit 1946 Niedersachsens Landeshauptstadt.

Alles überragender Bau der Innenstadt ist ohne Zweifel das *Leineschloß*. Es wurde 1636-40 auf einem ehemaligen Klostergelände errichtet, weil der Herzog Graf von Calenberg seine Residenz nach Hannover verlegen wollte. Stilistisch wurde es 1826 verändert, leider aber im Zweiten Weltkrieg bis auf die Umfassungsmauern zerstört. Man begann deshalb 1956 mit Wiederaufbauarbeiten, die sechs Jahre dauerten. Heute wird das Gebäude für Landtagssitzungen genutzt.
Der gemütlichste Teil der Innenstadt befindet sich ohne Zweifel rund um den Ballhof, nur unweit der Leine gelegen. Heute befinden sich in ihm die Räumlichkeiten des Niedersächsischen Schauspielhauses. Die angrenzenden Straßen weisen eine Vielzahl wunderschöner Fachwerkhäuser auf, von denen die Burgstraße 12 besondere Bedeutung verdient, weil hier das älteste Fachwerkhaus der Stadt steht, das Hinterhaus ist von 1564, zwei Jahre später entstand das Vorderhaus. Der Ballhof ist ein Viertel, das einen ganz eigenartigen Kontrast zu den zweckgebundenen Nachkriegsbauten in der nahen Fußgängerzone bildet.
Von den Hannoveraner Kirchen verdient besonders die *Marktkirche* (1349-59) Bedeutung. Sie war ursprünglich noch kolossaler geplant, die mangelnden Finanzen zwangen aber zu einem vergleichsweise kargen Türmchen. Leider wurde auch dieser Bau im letzten Weltkrieg arg in Mitleidenschaft gezogen. Beim Wiederaufbau 1952 entschied man sich, erneut einen etwas kleineren Turm zu errichten. Es kamen dann noch die Bronzetüren von Gerhard Marcks hinzu. Im Inneren verdienen der Altar (ca. 1490) und die beiden Bronzetaufbecken (15. Jahrhundert) Erwähnung. Daneben steht das *Alte Rathaus* (1455). Es wurde im Laufe der Zeit ständig umgebaut, war zeitweilig stark verfallen und vom Abriß bedroht. Mitte des 19. Jahrhunderts gelang dem Architekten Conrad Wilhelm Hase dann eine Sanierung, die das Rathaus wieder in seinen einstigen Zustand brachte. Besondere Beachtung verdient der Fratzenkopf am Portal in der Köbelinger Straße. Seine wirkliche Bedeutung ist nicht bekannt. Erzählt wird jedoch die Geschichte von jenem Jungen, der den Ratsherren immer die Zunge rausstreckte, wenn Sie ins Rathaus gingen. Eines Tages soll er dann so zu Stein erstarrt sein....
Das Rathaus bekam die Zusatzbezeichnung „Alt" im übrigen erst, als 1901-13 das (neue) *Rathaus* am Nordufer des Maschteiches errichtet wurde. Es ist 97 Meter hoch und ein höchst imposanter Bau der wilhelminischen Ära. Draußen und drinnen sind als Verzierung Darstellungen von Ministern und Knechten, Fürsten und Fabeltieren angefügt worden. Im Inneren wird in der riesigen Halle die Entwicklung Hannovers an vier Stadtmodellen verdeutlicht. Im ersten Stock erzählt ein Fries über den Fenstern von der Geschichte der

Stadt. Und einen Blick auf diese gewährt eine schräge (!) Fahrt den Rathausturm hinauf.
Ansonsten seien von den bauhistorisch interessanten Gebäuden noch der nordöstlich des Kröpcke gelegene, 1876-79 errichtete *Bahnhof* sowie die südöstlich des Kröpcke plazierte *Oper* (1845-52) zu nennen. Einige Schritte von der Oper entfernt steht die *Niedersächsische Börse*, 1845-46 im Tudor-Stil geschaffen.

Weitere Kostbarkeiten finden sich im Nordwesten Hannovers (Herrenhausen). Es sind die *Gärten*, deren absoluter Höhepunkt der Große Garten ist. Wie schon erwähnt, war 1636 in der Stadt das Leineschloß entstanden. Nur war dort kein Platz mehr für einen entsprechenden Garten. Deshalb wurde ein solcher bald im damaligen Höringhausen angelegt. Der Garten war in seinen Grundzügen 1680 fertiggestellt, der Ort standesgemäß in Herrenhausen umbenannt.
Seine heutige Pracht erhielt der Große Garten aber durch Kurfürstin Sophie, die hier an der Seite ihres Mannes zwischen 1680 und 1714 wirkte. Sie ließ den Garten auf 48 Hektar erweitern, 1893 wurde das Gartentheater eröffnet. 1720 war auch die Große Fontäne fertig, mit 82 Metern Höhe noch heute die höchste Gartenfontäne Europas. Da in der Folge der hannoversche König in London thronte (s.o), wurde der Garten vernachlässigt. Erfreulicherweise, muß man heute sagen. Denn so wurde der Garten nicht neuesten Moden unterworfen, sondern steht als Beispiel unverfälschter barocker Gartenkunst.
Einzig das Schloß wurde im Zweiten Weltkrieg zerstört. Erhalten sind u.a. aber die Orangerie (1720-23), die Orangenparterre und die Gracht, welche das Gelände an drei Seiten begrenzt. Besondere Beachtung verdient die Galerie (um 1700), in der sich das umfangreichste Werk barocker Malerei in Norddeutschland findet.
An den Großen Garten schließt sich der englisch geprägte *Georgengarten* an. Sein Mittelpunkt ist das Georgenpalais, 1780-96 errichtet und heute vom Wilhelm-Busch-Museum (s. u.) genutzt. Auf der anderen Seite der Herrenhäuser Allee liegen der *Prinzengarten* und der *Welfengarten*. Hier entstand ab 1857 das Welfenschloß, in dem die königliche Familie die Winter verbringen sollte. Nach der Niederlage 1866 (s.o.) und dem gleichzeitigen Untergang des Königreiches Hannover fiel das Gebäude zunächst an die Technische Hochschule, später zog die Universität hier ein.
Ein Garten ganz anderer Art ist der *Berggarten*, nördlich des Großen Gartens plaziert. Er war zunächst als Gemüsegarten konzipiert. Später war er dann Schauplatz verschiedener botanischer Experimente. So baute man hier

Tabak, Reis und Maulbeeren an. Immerhin erblühte hier 1891 das erste nach Europa eingeführte Usambaraveilchen. Heute ist der Berggarten einer der wichtigsten botanischen Gärten Europas. In seinem Nordteil finden Sie ein Mausoleum (1845-48), in dem sich die Särge diverser Welfenkönige befinden, u.a. jene von Kurfürst Ernst-August und Kurfürstin Sophie sowie Georg I. von England.

Während all diese Gärten in erster Linie von Touristen aufgesucht werden, fahren die Einheimischen eher in den alten *Stadtwald Eilenriede*, nordöstlich des Stadtkerns gelegen. Dort ist auch der Zoo angelegt. Das Gelände umfaßt 20 Hektar, auf dem 1300 Tiere untergebracht sind. Besondere Attraktion ist das Urwaldhaus, in dem Menschenaffen in einer Art Tropenwald leben.

Als Landeshauptstadt besitzt Hannover natürlich auch einige großartige Museen. So z.B. das *Sprengel-Museum*, das mit Kunst des 20. Jahrhunderts aufwarten kann. Vertreten sind Pablo Picasso und Max Ernst ebenso wie Emil Nolde und Marc Chagall. Nicht zu vergessen der Hannoveraner Kurt Schwitters (Kurt-Schwitters-Platz, Tel. 05 11/1 68 46 46, geöffnet dienstags bis sonntags 10-18 Uhr, dienstags bis 22 Uhr, freier Eintritt). Ihnen wird im übrigen bei einer Wanderung durch die Stadt immer wieder auffallen, daß moderne Kunst, so z.B. von Niki de St. Phalle, geschickt im Stadtbild verteilt ist.
Wer sich lieber an ältere Meister hält, ist im *Niedersächsischen Landesmuseum* richtig (Am Maschpark 5, Tel. 05 11/88 30 51, geöffnet dienstags bis sonntags 10-17 Uhr, donnerstags bis 19 Uhr, freier Eintritt). Hier begegnen Sie dem Schaffen Dürers und Holbeins, Rubens und Cranachs. Außerdem gibt es eine recht umfangreiche Sammlung zur biologischen und geologischen Geschichte Niedersachsens. Abgerundet wird das Museum durch eine völkerkundliche Ausstellung mit Exponaten u.a. aus Peru und Mexiko.
Nahe des Rathauses ist das *Kestner-Museum* angesiedelt (Trammplatz 3, Tel. 05 11/1 68 21 20, geöffnet dienstags, donnerstags und freitags 10-16 Uhr, mittwochs 10-20 Uhr, samstags und sonntags 10-18 Uhr, freier Eintritt). Hier gibt es drei thematische Schwerpunkte. Neben der Münzsammlung und den umfangreichen Gegenständen des Jugendstils ist es vor allem die antike Kunst (Griechen, Römer, Etrusker), die die Besucher zu begeistern weiß.
Ein besonderes Museum ist auch das *Wilhelm-Busch-Museum* (Georgengarten 1, Tel. 05 11/71 40 76, geöffnet März bis Oktober täglich 10-17 Uhr, November bis Februar 10-16 Uhr, montags geschlossen, Eintritt DM 2). Natürlich stehen hier die Witwe Bolte, Max und Moritz im Mittelpunkt. Darüberhinaus wird aber noch ein tieferer Einblick in Busch's Werk gewährt. Ernsthafte,

zeitkritische Schriften gehören ebenso dazu wie Landschaftsbilder. Daneben besitzt das Museum 600 Werke Heinrich Zilles. Achten Sie auch auf gerade laufende Ausstellungen, die zumeist Künstler in der Tradition Busch's zeigen, ob Tomi Ungerer, Friedrich Karl Waechter oder Kurt Halbritter.
Geschichtlich geprägt sind das *Historische Museum* und das *Fürstenhaus Herrenhausen-Museum*. Ersteres zeigt den Alltag der Ober- und Unterschicht von den Anfängen der Siedlung ,,to den hogen overen'' bis heute. Unbestrittenes Prunkstück ist die goldglänzende Staatskarosse von 1782. Daneben bilden das dörfliche Leben und die zeitweilige Personalunion mit England weitere Ausstellungsschwerpunkte (Pferdestraße 6, Tel. 05 11/1 68 30 52, geöffnet dienstags 10-20 Uhr, mittwochs bis freitags 10-16 Uhr, samstags von 10-18 Uhr, Eintritt frei, Führungen sonntags 11.30 Uhr). Nur der Oberschicht begegnen Sie im Fürstenhaus (Alte Herrenhäuser Str. 14, Tel. 0 511/75 09 47, geöffnet April bis September 10-18 Uhr, Oktober bis März 10-17 Uhr, montags geschlossen, Eintritt DM 3,50). Mobiliar, Porzellan und Gemälde aus dem hannoverschen Königshaus sind in dem 1720 errichteten, herrschaftlichen Bau zu betrachten.

Es wird also deutlich, daß Hannover dem Besucher sehr viel zu bieten hat. Und daß der Besuch dank der vielen Grünzonen auch recht ruhig ausfallen kann. Turbulenter geht es zu, wenn hier eine der großen Messen stattfindet, am bekanntesten sind wohl die Computermesse CeBIT im März und die Industriemesse im Mai. Unbestrittener Höhepunkt aller Turbulenzen ist aber das *Schützenfest*, wohl das größte in Europa überhaupt. Der Ausmarsch findet immer am ersten Julisonntag statt.

Wer in historischen Gewölben speisen mag, ist im ,,Ratskeller'' (Altes Rathaus, Schmiedestraße, Tel. 05 11/1 53 63) richtig. Wer während des Essens lieber einen schönen Ausblick genießen möchte, sollte sich auf ,,Die Insel'' begeben (Rudolf-von-Benningsen-Ufer 81), um den Blick auf den Maschsee zu genießen. Vegetarier werden ,,Bei Hiller'' (Blumenstraße, Tel. 05 11/32 12 88) zufriedengestellt. Und ein guter Tip für günstiges, schnelles Essen in der Innenstadt ist das ,,Bistro Vesuvio'' in der Karmarschstraße, nur wenige Schritte vom Kröpcke entfernt.

Touristenbüro, Ernst-August-Platz 8, Tel. 05 11/1 68 23 19 (gegenüber des Bahnhofes, geöffnet werktags 8.30-18 Uhr, samstags 8.30-12 Uhr). Dort bekommen Sie auch ein Begleitheft zum ,,Roten Faden'', einem vier Kilometer langen Spazierweg zu den wichtigsten Sehenswürdigkeiten der Stadt. Außerdem starten hier werktags auch Stadtrundfahrten um 13.30 Uhr, Preis DM 15,-.

Jugendherberge, Ferdinand-Wilhelm-Fricke-Weg 1, Tel. 05 11/32 29 41.
Campen können Sie z.B. bei Garbsen (nordwestlich der Stadt) und bei Isernhagen (nordöstlich der Stadt).
Natürlich liegen die Hotelpreise in einer Messestadt immer etwas höher. Ein einfaches Zimmer mit Bad und in Stadtnähe beginnt bei DM 40, so im Hotel Flora, Heinrichstraße 36. Die Hotelliste des Touristenbüros umfaßt, exklusive der Jugendherberge, 77 Adressen. Alle Preisgruppen, von besagten DM 40 an aufwärts, sind vertreten, das teuerste Einzelzimmer kostet in Hannover DM 335.
Radläden: Fahrradkontor, Jakobi-/Ecke Harnischstr., Tel. 05 11/39 15 73
Möller, Lavesstraße 71, Tel. 05 11/32 23 78
2-Rad Burckhardt, Podbielskistr. 183, Tel. 05 11/69 17 71

Tour 15 37 km

WOLFSBURG — BRAUNSCHWEIG

ADFC-Haupka 1:100 000 Blatt 9, evtl. 13
NLV Radkarte 1:75 000 Blatt RC 3526, RC 3926

Eine ruhige Tour mit einigen Anstiegen, die aber nicht schwierig sind.

Wolfsburg siehe Tour 13. Vom Bahnhof aus verlassen Sie die Stadt auf der Heinrich-Nordhoff-Straße Richtung Westen und
Fallersleben siehe Tour 13. Dort halten Sie sich solange geradeaus, bis es rechts Richtung *Altstadt* geht. Dann links Richtung Schwefelbad, oben an der Ampel nach links und gleich wieder rechts in die *Ehmer Straße* nach
Ehmen Am Ortseingang folgen Sie der Ausschilderung nach
Klein Brunsrode Dort bleiben Sie auf der Hauptstraße, hinter dem Ortsausgang geht es dann rechts nach
Essenrode Dort links auf die Hauptstraße, weiter in die Ortsmitte und rechts nach
Grassel
Umgekehrt: Aus Grassel kommend, vor Essenrode der Ausschilderung nach Fallersleben folgen. Nächste Station ist
Bevenrode Dort müssen Sie an der Kirche links den Abzweiger nach

Waggum nehmen. Fahren Sie aber nicht in diesen Ort hinein, sondern bleiben Sie geradeaus Richtung Braunschweig. Sie folgen dann über Grasseler Straße und Beveroder Straße der Ausschilderung ins Zentrum von **Braunschweig** siehe Tour 17.

Umgekehrt, also aus Braunschweig in Richtung Wolfsburg, fahren Sie von der Bohlstraße hinter der Katharinenkirche rechts in die Fallerslebener Straße hinein. Halten Sie sich auf der Hauptfahrtrichtung, sie macht einen Knick, kreuzt den Hagenrind und geht in die Gliesmaroder Straße über. Sie trifft dann mit der Bundesstraße 248 zusammen, die Sie aber schon bald verlassen,

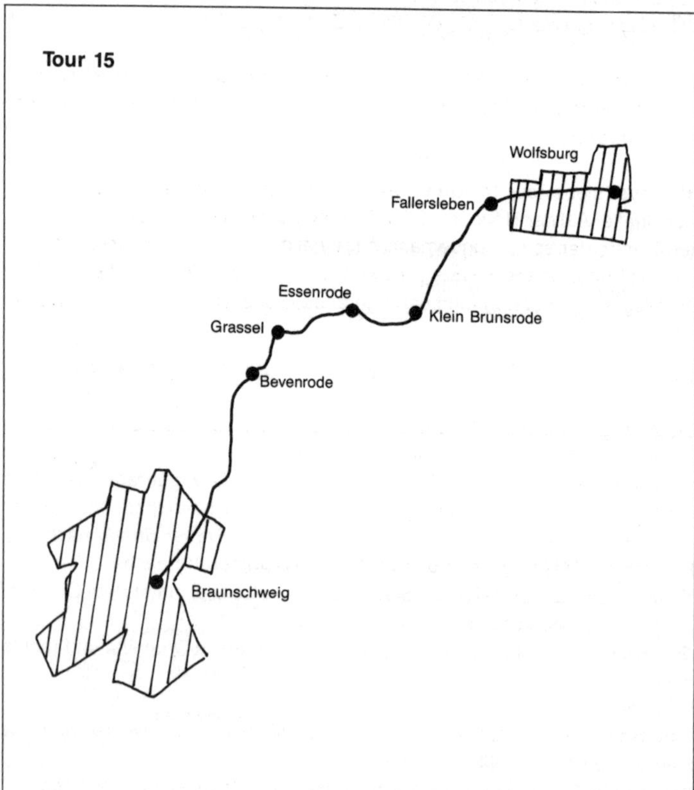

um links in das Hochhausgebiet der Querumer Straße zu radeln. Am Ende der Straße biegen Sie erneut links in die Bevenroder Straße ein, achten Sie darauf, daß die Straße hinter der Überquerung der *Schunter* scharf nach rechts abknickt. Von nun an geht es geradeaus nach Waggum und Bevenrode.

Tour 16 57 km

HANNOVER — BRAUNSCHWEIG

ADFC-Haupka 1:100 000 Blatt 9
NLV Radwanderkarte 1:75 000 Blatt RC 3922, RC 3926

Da es zwischen Hannover und Braunschweig eine Autobahnverbindung gibt, ist diese Strecke ab Anderten recht ruhig, einzig Lehrte bringt noch einmal etwas Unruhe.

Hannover siehe Tour 14. Sie verlassen die Stadt südlich auf der Hildesheimer Straße. Auf der Höhe der Gilde Brauerei geht es links in den Altenbekener Damm, der später Lindemann Allee heißt. Am Ende der Straße rechts, über die Bundesstraße 3 hinweg und kurz darauf links in die Lange-Feld-Straße. Der Weg nach Anderten führt dann geradeaus und ist ausgeschildert. Durch

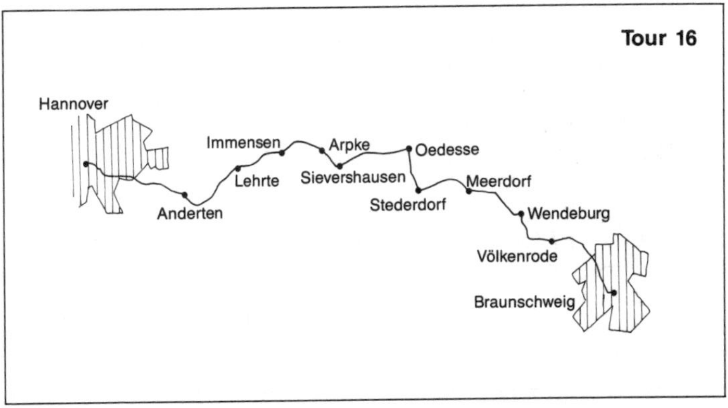

Anderten geradewegs hindurch, am Ende dieser Straße (Lehrter Straße) rechts unter der Bundesstraße 65 hindurch und geradeaus nach
Höver Hier geht es dann aber nicht geradeaus direkt nach Lehrte, sondern etwas ruhiger zunächst nach
Bilm Über
Ilten kommen Sie so in
Lehrte auf die Bundesstraße 443. Hier links und hinter der Unterführung wieder rechts nach
Immensen Dort an der Kreuzung rechts nach
Arpke Immer geradeaus halten, so kommen Sie zunächst nach
Sievershausen Von dort geht es Richtung *Oelerse*, dann rechts über die *Fuhse* nach
Abbensen Geradeaus weiter bis
Oedesse Dort steht an der Kreuzung eine Gaststätte zur Rast bereit. An dieser Kreuzung geht es rechts nach Stederdorf. Kurz bevor Sie die Bundesstraße 444 erreichen, sehen Sie links die schöne *Woltersche Mühle*. Die Bundesstraße überqueren Sie dann, um nach
Meerdorf zu kommen.
Umgekehrt: Am Ortsausgang Meerdorf zunächst Richtung Mödesse halten, später aber geradeaus nach Stedendorf, nicht nach Mödesse.
Unterwegs warten einige längere, konstante Anstiege auf Sie, die aber auch einen herrlichen Blick über das Land ermöglichen. In Meerdorf links nach
Rüper Dort rechts nach
Wendeburg Hier zunächst nach links in den Ortskern, kurz vor der *Aue* aber rechts Richtung Braunschweig.
Umgekehrt: In Wendeburg zunächst links Richtung Peine, dann aber nach nur kurzer Zeit rechts nach Rüper, dort wieder links Richtung Peine, in Meerdorf dann, wie oben beschrieben, rechts zunächst Richtung Mödesse.
Sie überqueren hinter Wendeburg den Mittellandkanal, hinter diesem geht es gleich links über *Völkenrode* nach
Watenbüttel Dort kommen Sie auf die Bundesstraße 214. In diese biegen Sie rechts ein.
Umgekehrt: In Watenbüttel links nach Völkenrode (Peiner Straße).
Auf der B 214 geht es immer geradeaus, dann teilt sich die Straße, rechts geht es auf die Autobahn, Sie aber fahren geradeaus Richtung *Ölper* (Celler Heerstraße) nach
Braunschweig (siehe Tour 17) hinein. Hinter der Überquerung der Oker geht es bald links in die Lange Straße, gleich darauf in die Gördelinger Straße, dann sind Sie in der Innenstadt.

Umgekehrt: Verlassen Sie Braunschweig auf der Bundesstraße 214 Richtung Celle. Bei dem VW-Händler geht es geradeaus auf die Autobahn, Sie halten sich aber rechts auf der Celler Heerstraße, bis Sie in Watenbüttel wie oben beschrieben links nach Völkenrode abbiegen.

Tour 17 63 km

BRAUNSCHWEIG — CELLE

ADFC-Haupka 1:100 000 Blatt 9
NLV Radwanderkarte 1:75 000 Blatt RC 3926, RC 3526

Braunschweig Mit Sicherheit eine der schönsten in diesem Buch vorkommenden Städte. Schöner als Wolfsburg und Bremervörde, Rotenburg und Wittingen, aber auch ansehnlicher als Hannover und Bremen. Eher auf einer Stufe mit Celle und Stade. Aber nicht so feingliedrig. Mächtiger. Wie ein Löwe. Von daher ist die Bezeichnung ,,Stadt Heinrichs des Löwen'' auch mehr als passend.
Gesiedelt wurde an dieser Stelle schon früh, da sich hier verschiedene Handelswege kreuzten und die Oker schiffbar wurde. Über Aller und Weser konnte man sogar bis nach Bremen und zur Nordsee gelangen. An diesem strategisch interessanten Punkt begründete Heinrich der Löwe Mitte des 12. Jahrhunderts seine Residenz. 1166 wurde der *Burglöwe*, damals noch vergoldet, errichtet. Er symbolisiert die Macht und Gerichtsbarkeit Heinrichs. Daneben steht der *Dom St.Blasius*, der nach Heinrichs Rückkehr aus Palästina 1173-1195 entstand. Zuvor hatte an dieser Stelle eine dreischiffige Kirche gestanden. Aus ihr konnte ein Holzkreuz, das *Imervard-Kruzifix*, bewahrt werden. Das Grabmal Heinrichs und seiner Gemahlin wurde um 1250 aus Muschelkalk geschaffen. Unter dem Chor liegt die Krypta, in der seit 1687 die welfischen Könige ruhen.
Im Mittelalter bestand die Braunschweig aus fünf eigenständigen Stadtteilen. Im 13. und 14. Jahrhundert blühte die Stadt dann auf. Gehandelt wurde mit ganz Nordeuropa, England und Rußland. Der daraus resultierende Reichtum machte die Errichtung zahlreicher bedeutender Bauwerke möglich. So etwa das *Altstadtrathaus*, in dessen Foyer anhand von Stadtplänen und Luftbildern die stadtgeschichtliche Entwicklung Braunschweigs dokumentiert wird (Tel. 05 31/1 65 18). Der davorliegende *Altstadtmarktbrunnen* wurde 1408 gegossen. Beides einmalige Beispiele mittelalterlicher Gestaltungskunst. Zu die-

ser Zeit wurden auch die Kirchen St. Martini, St. Katharinen und St. Andreas erbaut. *St. Martini* ist nahe des Altstadtmarktes plaziert. Zwar entstanden ihre Grundgemäuer bereits um 1185, eingreifende Umbauten fanden jedoch im 13. und 14. Jahrhundert statt. Gleiches gilt auch für *St. Katharinen*, am nördlichen Ende des Bohlweges zu finden. Etwas westlich von ihr steht schließlich *St. Andreas*.

Die große Blüte der Stadt fand 1671 ihr Ende. Bis dahin hatte sich Braunschweig in städtischer Unabhängigkeit entwickeln können. 1753 wurde sogar die welfische Residenz von Wolfenbüttel hierhin verlegt. Im weiteren 18. Jahrhundert gewann jedoch die Kultur einen gewissen Stellenwert. 1772 wurde Lessings ,,Emilia Galotti'' hier uraufgeführt, 1829 der erste Teil von Goethes ,,Faust''.

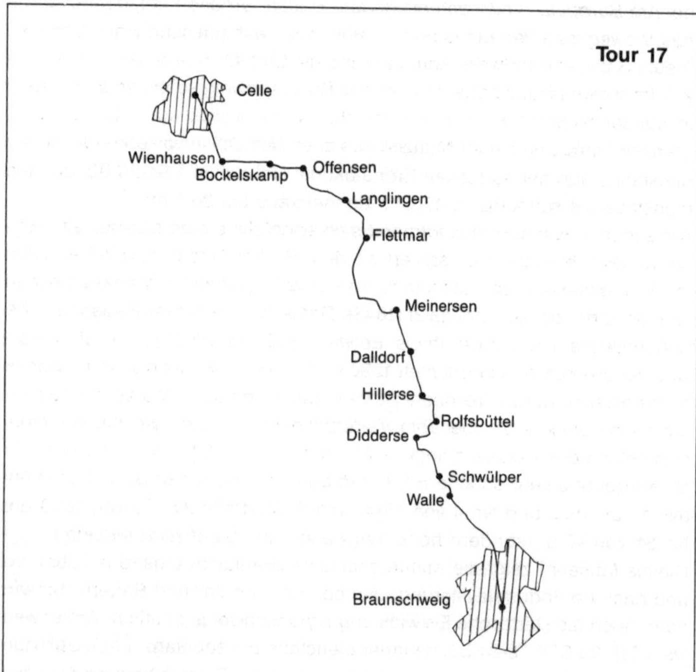

Heute besitzt Braunschweig eine Unzahl von Sehenswürdigkeiten und Museen. Die daraus resultierenden Touristenströme, eine florierende Wirtschaft und die Technische Universität sorgen für ein reges Stadtbild, das Sie nicht versäumen sollten.
Im Rahmen dieses Buches können all diese Sehenswürdigkeiten natürlich nicht in aller Ausführlichkeit beschrieben werden. Wir beschränken uns deshalb auf eine Skizzierung.

Nahe des schon erwähnten Domes befindet sich die *Burg Dankwarderode*. Sie war Heinrichs Residenz, wurde ursprünglich um 1030 errichtet, allerdings viermal zerstört und erhielt ihr heutiges Aussehen im vorigen Jahrhundert. Heute ist hier mittelalterliche Kunst ausgestellt (dienstags bis sonntags 10-17 Uhr geöffnet, Tel. 05 31/4 84-24 00). Von ihr sind es nur wenige Schritte bis zum neugotischen *Rathaus*, das 1894-90 gebaut und 1971 erweitert wurde. Am *Burgplatz* sind noch einige alte Häuser erhalten geblieben, so z.B. das Viewegsche Verlagshaus von 1800, das Veltheimische Haus von 1573 (heute Sitz der Handwerkskammer) und die Stiftsherrenhäuser Kleine Burg 2-4. Im Vieweg-Haus dokumentiert das Braunschweigische Landesmuseum im übrigen nicht nur die Landesgeschichte, sondern blickt auch über die Stadtgrenzen hinaus und zeigt Münzen aus aller Welt sowie völkerkundliche Gegenstände von der südlichen Erdhalbkugel (Tel. 05 31/4 84-26 02, geöffnet dienstags bis sonntags 10-17 Uhr, donnerstags bis 20 Uhr).
Am schon erwähnten *Altstadtmarkt* sind ebenfalls einige schöne, alte Häuser bewahrt bzw. gekonnt saniert worden. So der Autorshof (1697 errichtet, 1855 umgestaltet), das Stechinellihaus (1690, im Zweiten Weltkrieg erheblich zerstört) oder das Zollhaus (1643). Das schönste dieser Häuser ist aber unübersehbar das *Gewandhaus*. Es wird 1303 das erste Mal erwähnt, 1329 wird der Weinkeller eingerichtet, 1590 wird an der Ostseite die Renaissancefront gestaltet. Deren drei obere Stockwerke bilden ein Quadrat, auf dem der dreieckige Giebel sitzt, über dem wiederum der Engel der Gerechtigkeit thront.
Das östlich des Domes gelegene *Magniviertel* besitzt nicht nur die Kirche St. Magni und sehr schöne Häuser in den Straßen Hinter der Magnikirche (Nr. 1 von 1500 und Nr. 4 von 1514) und Ritterstraße (Nr. 23 von 1608 und Nr. 31 von 1616), sondern beherbergt auch das *Städtische Museum*.
Dieses Museum zeigt die Kulturgeschichte Braunschweigs, das Leben vor und nach der Industrialisierung, das der Handwerker und Bauern. So wird dann auch die städtische Entwicklung Braunschweigs deutlich (Am Löwenwall, Tel. 05 31/4 70-24 50, geöffnet dienstags bis sonntags 10-17 Uhr, donnerstags bis 20 Uhr). Unweit des Museums ist die *Formsammlung* der Stadt

zu finden. Die in einer alten Villa untergebrachte Sammlung umfaßt ca. 6 000 historische und moderne Gebrauchsgegenstände (Löwenwall 16, Tel. 05 31/4 70-24 74, geöffnet dienstags bis freitags und sonntags 10-13 Uhr). Der Löwenwall ist eine Grünanlage am Umflutgraben, die durch einen 1823 errichteten Obelisk charakterisiert wird.

Nördlich des Städtischen Museums steht das *Herzog Anton Ulrich-Museum* (Museumstraße 1, Tel. 05 31/4 84-24 00, geöffnet dienstags bis sonntags 10-17 Uhr, mittwochs bis 20 Uhr). Wohl das sehenswerteste Museum der Stadt. Es besitzt die größte Sammlung italienischer Majolikagefäße in der Bundesrepublik, viele französische Emaillearbeiten, reichlich Fürstenberg-Porzellan sowie über 100 000 Grafiken aus den letzten 500 Jahren. Grundlage dieses Museums war allerdings die Gemäldesammlung Herzog Anton Ulrichs, der vor 300 Jahren Werke von Künstlern wie Rubens, Rembrandt oder Vermeer van Delft erwarb.

Zu Füßen der westlich des Löwenwalls gelegen Kirche St. Aegidien, am Spohrplatz, steht das *Leisewitzhaus*, das allerdings erst 1978 hierhergebracht wurde. Es war lange Jahre das Wohnhaus des Dramatikers Johann Anton Leisewitz (1752-1806). Im Spohrplatz 7 wurde 1784 der Komponist Louis Spohr geboren. Die ihm zu Ehren hier aufbereitete Gedächtnisstätte kann nach vorheriger Vereinbarung besucht werden (Tel. 05 31/35 07 75).

Von den unzähligen weiteren Sehenswürdigkeiten Braunschweigs seien schließlich hier nur noch einige wenige aufgezählt. So das monumentale, 1861 gebaute *Staatstheater*, westlich des Domes plaziert. Der *Hagenmarktbrunnen*, da auf ihm der schon vielgenannte Heinrich steht (nördlich des Domes). Nicht zu vergessen natürlich der *Eulenspiegelbrunnen*. Der bekannte Schelm soll ja 1300 in der Nähe Braunschweigs geboren worden sein (an der Petrikirche). Schließlich der *Alte Bahnhof*, unmittelbar südlich des Stadtkerns gelegen. Er wurde 1845 fertiggestellt, leider im Zweiten Weltkrieg erheblich zerstört, nach dem Kriege aber sorgfältig restauriert und dient heute als Sitz der Norddeutschen Landesbank.

Es soll auch nicht verschwiegen werden, daß drei berühmte deutsche Schriftsteller in Braunschweig begraben sind. Wilhelm Raabe (gestorben 1910) liegt auf dem Hauptfriedhof, Gotthold Ephraim Lessing (gestorben 1781) und Friedrich Gerstäcker (gestorben 1872) haben ihre Gräber auf dem Magnifriedhof. Letzterem ist auch eine Gedächtnisstätte gewidmet. Sie zeigt persönliche Gegenstände ebenso wie Bücher von ihm und über ihn. Zu finden ist dies kleine Museum im Schloß Richmond, für dessen Besuch Sie die Stadt auf der Wolfenbütteler Straße Richtung Süden verlassen müssen. Es wurde 1768/69 errichtet und war ein Geschenk des späteren Herzogs von Braunschweig-

Wolfenbüttel Carl Wilhelm Ferdinand (1735-1806) an seine Gemahlin Augusta. Da diese aus England stammte, verlieh sie dem Schloß einen an ihre Heimat erinnernden Namen. Das Schloß gilt als einer der hervorragendsten Bauten der zweiten Hälfte des 18. Jahrhunderts. Als die Stadt Braunschweig das Schloß 1935 erwarb, mußte sie sich verpflichten, es niemals umzubauen (Wolfenbütteler Straße, Tel. 05 31/34 21 24, die Gedächtnisstätte ist sonntags 11-13 Uhr und nach Absprache geöffnet).

Wie schon eingangs erwähnt, ist Braunschweig keineswegs ein großes, lebloses Museum, sondern eine sehr lebendige Kulturstadt in einem historisch prächtigen Rahmen. Zunehmend bemüht man sich, auch moderne Kunst im Stadtbild unterzubringen Desweiteren gibt es 15 Galerien und ein sehr lebendiges Theaterleben. Und auch Kleinkunst erhält hier ihre Entfaltungsmöglichkeiten. Entsprechend dick ist der Veranstaltungskalender, den das Verkehrsbüro allmonatlich publiziert.
Von den großen Veranstaltungen der Stadt seien das *Altbierfest* Anfang August, das *Magnifest* in der ersten Septemberwoche sowie die *Kleinkunstwoche* Anfang September erwähnt.

Das Spektrum an Restaurants und Kneipen ist außerordentlich breit. Auffällig ist die Vielzahl an Schnellimbiß-Buden in der Innenstadt. Wer es etwas gediegener haben möchte, kann sich im Maredo (Lange Straße 18) dem Steak hingeben oder bei Brodocz (Stephanstraße) vegetarisch ernähren, im Datscha (Marstall 11) russische Küche probieren, im Saigon (Wendenring 11) vietnamesische oder im Gewandhaus (s.o) die historische Atmosphäre genießen. Sehr viele Kneipen sind rund um das Magnitor versammelt.
Wer sich am Morgen danach dann den Kopf kühlen will, hat die Auswahl unter sechs Hallenbädern. Besonders zentral liegt das *Hallenbad Bürgerpark*, nämlich am südlichen Rand des Stadtkerns (Nimes Straße 1, montags 6-18 Uhr, mittwochs 6-12 Uhr, dienstags und donnerstags bis samstags 6-19 Uhr, sonntags nur FKK und das von 6-12 Uhr, Tel. 05 31/48 15-301).

Städtischer Verkehrsverein, Bohlweg 70, 3300 Braunschweig, Tel. 05 31/ 7 92 37. Ein weiteres Büro befindet sich am Hauptbahnhof.
Dort gibt es auch ein Unterkunftsverzeichnis. Ein Einzelzimmer mit Frühstück kostet ab DM 35, in der Mehrzahl jedoch ca. DM 50-60, der Höchstpreis ist DM 185.
Jugendherberge, Salzdalumer Straße 170, 3300 Braunschweig, Tel. 05 31/ 6 22 68.

Radläden:
Zweirad Profis, Am Bruchtor 4-7, Tel. 05 31/1 83 71
Fricke, Marstall 18, Tel. 4 41 27
Fricke, Handelsweg 8/9, Tel. 4 41 82
Fahrradladen, Böcklerstraße 10, Tel. 79 72 07
Drahtesel, Jenastieg 6, Tel. 69 69 74

Braunschweig und Celle sind durch die Bundesstraße 214 direkt miteinander verbunden. Insofern werden Sie auf der folgenden Route auch nur wenig Autoverkehr begegnen.
Dabei verlassen Sie Braunschweig auf besagter Bundesstraße 214. Auf ihr geht es über den *Mittellandkanal*, dann verlassen Sie sie aber und folgen rechts der Ausschilderung nach
Walle Dort überqueren Sie zunächst die *Schunter* und folgen dann dem Weg nach
Schwülper Dort ist die bereits 1710 errichtete Wassermühle mit ihren zwei Rädern mit Sicherheit einen Blick wert (Tel. 0 53 03/56 44). Sie kommen in Schwülper auf eine größere Straße, an der Sie links an der Kirche vorbeifahren, dann geht es rechts hinein nach
Neubrück Dort überqueren Sie erneut die Oker, kommen dann rechts nach
Didderse halten sich auch dort rechts, passieren erneut die Oker und radeln kurz darauf linkerhand nach
Rolfsbüttel Dort kommen Sie an eine Kreuzung, an der gegenüber ein niedliches Haus mit einem Turm steht. An dieser Kreuzung links weiter in Richtung
Hillerse Auch dort geht es an der Kreuzung geradeaus weiter. Eine Gaststätte bietet sich zur Rast an. Sie kommen zunächst nach
Dalldorf und nach weiteren drei Kilometern nach
Meinersen Natürlich gibt es auch hier eine Rastmöglichkeit in einem Gasthaus. In Meinersen kommen Sie auf die Bundesstraße 188 (Gifhorn-Uetze), der Sie nach links folgen. Es geht über die *Oker* hinüber nach
Ahnsen hinein. Dort rechts in Richtung Müden/Aller, später allerdings dann links nach
Flettmar Von hier folgen Sie geradewegs den Schildern nach
Langlingen und von dort wiederum jenen nach
Wienhausen siehe Tour 13. Das Kloster verleitet vermutlich zu einer Rast, zumal hier auch einige Gaststätten plaziert sind. Nach einigen weiteren Kilometern kommen Sie dann wieder auf die Bundesstraße 214, an der es sicherlich etwas laut und staubig hinein nach
Celle (siehe Tour 9) geht.

Tour 18 57 km

LÜNEBURG — SOLTAU

ADFC-Haupka 1:100 000 Blatt 6, 8, 9
NLV Radwanderkarte 1:75 000 Blatt RC 2726, RC 3126, RC 3122

Lüneburg siehe Tour 1. Sie verlassen die Stadt auf der Bundesstraße 209 Richtung Soltau (Soltauer Straße). Von ihr aus folgen Sie dem Wegweiser nach
Oedeme Sie durchqueren dieses Neubaugebiet geradewegs, kommen am Ende an eine T-Kreuzung und fahren rechts weiter. So gelangen Sie zunächst nach
Heiligenthal Dort geht es in einer Linkskurve scharf links nach

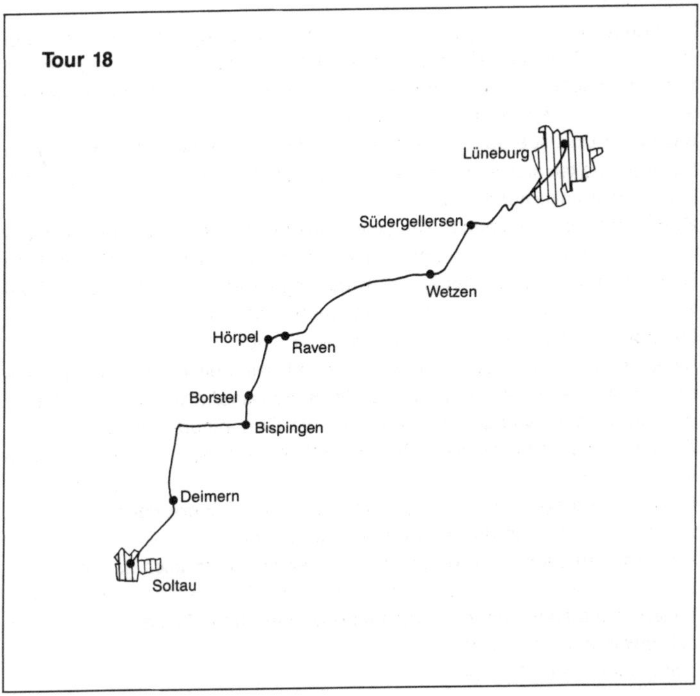

Südergellersen Hier zunächst nach rechts, dann aber gleich wieder nach links, an einer Gaststätte vorbei nach
Wetzen und geradeaus nach
Raven wo allerdings eine erste Steigung auf Sie wartet, außerdem das ,,Landhaus St. Hubertus".
Umgekehrt: Von Raven aus kommend, knapp einen Kilometer hinter Wetzen links nach Südergellersen abzweigen, dort dann rechts und gleich wieder links nach Heiligenthal.
Hinter Raven wartet dann eine langgezogene Steigung auf Sie. Die Landschaft erhebt sich auf über 100 Meter. Immer geradeaus radeln (nicht nach Evendorf abbiegen !), sie streifen so *Hörpel* und kommen hinter dem Ort an eine Kreuzung, an der Sie links nach
Borstel in der Kuhle abzweigen. Der Ort macht seinen Namen alle Ehre, Sie werden entsprechend strampeln müssen. Von hier aus folgen Sie der Ausschilderung nach
Bispingen Ähnlich wie Soltau oder Walsrode, hat sich Bispingen durch seine günstige Lage am Südrand der Lüneburger Heide und der Autobahn 7 zu einem beliebten Ausgangspunkt für einen Heideurlaub entwickeln können. Sehenswert sind die beiden Kirchen des Ortes. Die erste, die 1353 errichtete *alte Kirche*, war 1908 zu klein. Deshalb wurde zusätzlich die *St.Antonius-Kirche* gebaut, sie übernahm auch Teile des Inventars.
Dritte große Attraktion Bispingens ist das *Greifvogel-Gehege*. Sie finden es südöstlich der Stadt an der Bundesstraße 209 bei Kilometerstein 29,1 (Tel. 0 51 94/78 88). Besichtigungen sind allerdings nur unter Führung möglich. Diese finden vom 1. Mai bis Ende Oktober statt, dabei von 1.Juli bis 30. September täglich um exakt 15 Uhr, im Mai und Oktober nur mittwochs, sonnabends und sonntags um 15 Uhr.
Zu den großen Festen des Ortes gehören der *Heidemarkt* am letzen Juniwochenende (Folklore, Handwerk und Kulinarisches aus der Lüneburger Heide) und das *Schützenfest* Mitte Juli. Außerdem tragen die Reiter am zweiten Augustwochenende ihr *Heideblütenturnier* aus.
Im übrigen gibt es in Bispingen auch ein Frei- und ein Hallenbad, das *Luhetalbad*. Für dieses wirbt ,,Luhi, unser Wassermann", was vermutlich originell sein soll. Nicht weniger Häme erzeugt ,,Lieschen ut Bissen", ein Folklore-Mädchen, welches für den Fremdenverkehr der Stadt werben soll.

Verkehrsamt, Rathaus, 3045 Bispingen, Telefon 0 51 94/20 82 (an der Durchgangsstraße)
Jugendherberge, Töpinger Straße 42, 3045 Bispingen, Tel. 0 51 94/23 75

Radverleih:
U. Goller-Müller, Behringer Straße 1, Tel. 0 51 94/20 82
A. Ueberdick, Hützeler Str. 27, 0 51 94/78 31 (Zweiradhandel).
E. Tödter, Im Dorfe 10, Tel. 0 51 94/78 73

Sie fahren vom Rathaus noch ein kleines Stück geradeaus, bis auf Höhe der Kirche rechts der Abzweiger nach
Scharrl kommt, dem Sie folgen. Ist die Straße hier noch relativ eng, wird sie dann am Abzweiger links nach
Deimern plötzlich außerordentlich breit. Wie so oft in der Lüneburger Heide, liegt auch das wieder darin begründet, daß Panzer eben breite Straßen benötigen.......Von Deimern ist es nur ein kleines Stück zur Hauptstraße Bispingen — Soltau, auf der es rechts hineingeht nach
Soltau siehe Tour 19.

Tour 19 95 km

UELZEN — SOLTAU

ADFC-Haupka 1:100 000 Blatt 8, 9
NLV Radwanderkarte 1:75 000 Blatt RC 3122, RC 3126

Uelzen Startpunkt ist das Rathaus. Sie fahren auf der Gudesstraße zum Hammersteinplatz auf die Hamburger Straße in Richtung
Hambrook Durchfahren Sie den Ort in Richtung
Halligdorf Biegen Sie in der Ortsmitte rechts ab in Richtung
Niendorf II Rechts über die Stederaubrücke auf den Holdenstedter Weg, am kleinen Feuerwehrhaus vorbei. Dann gleich wieder rechts halten und über die Eisenbahnbrücke. Überqueren Sie die Eisenbahnstrecke Braunschweig-Uelzen und fahren Sie weiter auf dem Holdenstedter Weg nach
Holdenstedt Fahren Sie bis zur Bundesstraße und überqueren Sie diese schräg links. Folgen Sie dem Hinweisschild ,,Schloß Holdenstedt'', der Vorfahrtstraße entlang.
Schloß Holdenstedt Das Schloß Holdenstedt ist ein Teil eines ehemaligen Gutsbesitzes. Hierzu gehören in erster Linie die Wassermühle, die Kirche und zahlreiche Wirtschaftsgebäude. Im Schloß befindet sich jetzt das Heimatmuseum der Stadt Uelzen und ein stilvolles Cafè. Hinter dem Schloß schließt sich ein idyllischer Park an, der zum Spazierengehen einlädt. Der Laubwald-

bestand liegt im Urstromtal der Hardau und bildet hier eine Artenvielfalt besonderer Güte.
Sie fahren die Straße zurück bis zur Straßenkreuzung mit der Kastanie. Hier fahren Sie links in die Straße An der Hardau, bis zum Ende. Fahren Sie links herum, Richtung Holxen. Nach 700 Metern biegen Sie links, dem Wegweiser folgend, nach
Holxen ein. In Holxen existiert eine um 1765 gebaute *Wassermühle*. Sie steht an der Hardau unter wertvollen alten Eichenbäumen. Die Mühle ist voll funktionsfähig und befindet sich in Privatbesitz. Bemerkswert ist hier die natürliche Bachbefestigung durch Erlen und Eichen, die keinerlei wasserbautechnischer Maßnahmen bedarf. In Holxen durchfahren Sie den Ort und fahren weiter nach
Hamerstorf Fahren Sie auf der Vorfahrtstraße in den Ort, bis zur zweiten Straßenkreuzung. Hier fahren Sie geradeaus und verlassen die Vorfahrtstraße in Richtung
Suderburg Die erste Erwähnung des Haupthofes in Suderburg findet man bereits im Jahre 1004. Sie bezeugt, daß er zu jener Zeit bereits länger bestand. Suderburg ist aus dem Besitz der Billungen, die die im Ort befindliche Billung Burg gebaut haben, wovon leider nur noch ein Turm übriggeblieben ist, der jetzt als Kirchturm der *St. Remigius Kirche* genutzt wird.
In Suderburg angelangt, fahren Sie rechts ins Dorf bis zu Hauptstraße. Hier folgen Sie rechts dem Hinweisschild ,,Hösseringen 5 Kilometer''. Sie kommen an dem Gasthaus Müller vorbei, in dem Sie gut essen und trinken können.

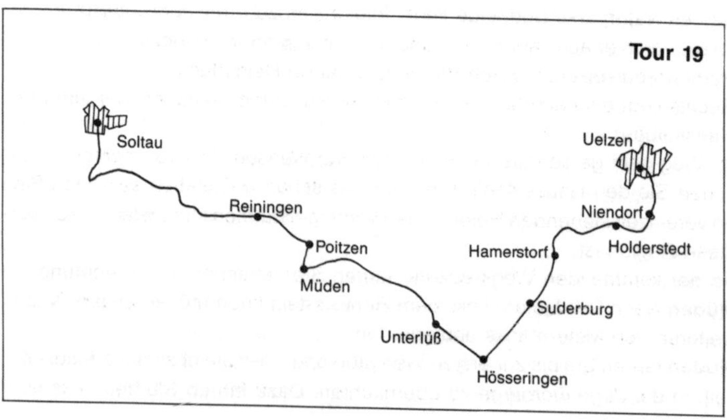

In Hösseringen gibt es einen Campingplatz in der Nähe des Hardausees. Sie fahren in den Ort, am Mühlenteich vorbei an der Kreuzung linker Hand zum **Landwirtschaftsmuseum** Das Museum besteht aus einer Vielzahl alter, bäuerlicher Gebäude, in denen Sie alte Arbeitstechniken zu sehen bekommen. Auf dem Freigelände wandern Sie zwischen Hühnern und Heidschnucken. Am Gelände schließt sich der alte Landtagsplatz an, wo vom 13. — 17. Jahrhundert die Lüneburgischen Landstände tagten. Vom Landwirtschaftsmuseum geht es weiter nach Unterlüß. Radeln Sie zur Straße auf der Sie gekommen sind, und fahren jetzt links weiter bis zur kommenden Kreuzung ca. 400 Meter, hier biegen Sie rechts ein. Nach 600 Metern fahren Sie über eine Kreuzung. Sie müssen jetzt unter einen Schlagbaum unterdurch und können nun bis zum nächsten Schlagbaum fahren. Sie stehen jetzt vor einem gelben Pfahl und vor einem Jagenstein 434. Ab hier fahren Sie links auf dem ausgebauten Radfahrweg neben den Holzpflöcken bis zum Parkplatz an einer Autostraße. Fahren Sie rechts an der Straße weiter nach
Unterlüß Als erstes über die Bahn und dann immer geradeaus durch den Ort in Richtung Altensothrieth. Für Bahnfahrer bietet sich in Unterlüß die Möglichkeit, ein Fahrrad am Bahnhof zu leihen oder mit dem eigenen Fahrrad in die Tour einzusteigen.
Als nächstes durchfahren Sie die kleinen Dörfer
Altensothrieht Oberohe und
Niederohe In der Ortschaft geradeaus, ca. 50 Meter hinter der Bushaltestelle links dem Hinweisschild ,,Parkplatz Naturpark Südheide'' und ,,Campingplatz'' folgen. Am Ende des Dorfes bieten drei Wege drei Möglichkeiten: Links finden Sie einen *Campingplatz*, der geschützt in einem Wald am Rande des Naturparks Südheide liegt. Telefonisch zu erreichen unter 0 50 55/ 13 65. Von hier aus haben die Wanderer unter Ihnen eine Vielzahl von Rundwandermöglichkeiten durch die benachbarten Heideflächen.
Rechts liegt ein Parkplatz mit einer Hinweistafel mit Wanderwegen um den Hausselberg.
Ihr Weg geht geradeaus weiter in Richtung Weesen. Auf der rechten Seite sehen Sie den Hausselhof, Ihnen wird es schon aufgefallen sein, daß Sie an vereinzelt stehenden Heide-Höfen vorbeigekommen sind, was typisch für diese Region ist.
An der kommenden Wegkreuzung fahren Sie rechtsherum, in Richtung
Müden Nach 350 Metern links dem Hinweisstein nach Müden folgen. Nach weiteren 250 Metern links abbiegen. In
Müden fahren Sie bis zur ersten Weggabelung. Hier bietet sich die Möglichkeit, in der *Jugenherberge* zu übernachten. Dazu fahren Sie hier links ab,

bis zum Ortsausgangsschild auf der rechten Seite (Wiesenweg 32, 3105 Faßberg 2, Tel. 0 50 53/2 25). Der Radweg geht hier rechts weiter in den Ort, der bereits 1022 erstmals erwähnt wird. Im Ort berät Sie ein *Verkehrsbüro* über Übernachtungsmöglichkeiten, Tel. 0 50 55/3 29

Campingfreunde finden auf dem Sonnenberg die Möglichkeit zu zelten, Tel. 0 50 55/15 44

Im Ort finden sie einen großen Wildpark, der sich naturnah durch das Örtzetal erstreckt. In den Sommermonaten finden Sie hier am Eingang einen netten und hilfbereiten Herren, der sich in der Natur gut auskennt. Sein Name ist Heinrich Lange. An der Örtze gibt es auch den Heidesee, der zum Spazierengehen einlädt.

Ein Antiquitäten Cafè, ein griechisches Restaurant und das Gasthaus Heidesee bieten Ihnen angenehmen Aufenthalt zu normalen Preisen.

Fahren Sie zur alten *Kirche*, die um 1492 erbaut worden ist. Wenn Sie um die Kirche herumgehen, können Sie einen alten Treppenspeicher sehen, der auf Nachbars Grundstück steht. Treppenspeicher dienten früher zur Lagerung von Erntegut und zur Aufbewahrung von Gerätschaften. Von hieraus können Sie auf dem Fußweg, der von Eichen eingefaßt ist, zum Wildpark gelangen. Gefeiert wird Anfang Juli das *Seefest*, Mitte August der *Müdener Markt*, traditionsreich ist auch die alljährliche *Heidschnucken-Auktion* (Termin beim Verkehrsamt erfragen).

Weiter geht es von der Kirche aus. Sie fahren nach Norden auf dem neuen Damm über die Hauptstraße, bis Sie auf die Sandstraße gelangen. Fahren Sie weiter in Richtung

Poitzen In Poitzen nach 400 Metern biegen Sie links nach

Reiningen ab. Ab hier durchfahren Sie *militärisches Übungsgebiet*. Fahren Sie nicht vom öffentlichen Weg ab, damit Sie keinen Ärger bekommen.

In Reiningen vor der Wietzebrücke rechts ab. Am Kaufmannsladen links vorbei, immer der Straße in Richtung Wietzendorf folgen. Sie fahren durch Halmern, überqueren nach einem Kilometer eine Hauptstraße und gelangen dann nach

Wietzendorf Sie fahren geradeaus in den Ort bis zur Hauptstraße, dann rechts. Achten Sie im Ort auf die schönen *alten Türen* in den Häusern. Sie fahren an der großen Kirche vorbei und dann geradeaus, bis die Straße einen Knick nach rechts macht. Hier fahren Sie aber geradeaus von der Vorfahrtstraße ab. So kommen Sie am Postamt vorbei und fahren auf einem kleinen Weg weiter.

Unterwegs können Sie links zum *Campingplatz „Südsee-Camp"* abbiegen. Der Weg geht aber geradewegs weiter, überqueren Sie die Bahn, dann rech-

Ein ständiges Bild — weite Felder und hohe Bäume

▲ *Jugendherbergen — auch hier die Basis einer Radtour*
▼ *Die Heide, wie sie Löns gesehen haben mag*

terhand an den Schienen entlang. Auf der Weggabelung fahren Sie links weiter, bis zur Hauptstraße. Hier fahren Sie links weiter bis kurz vor dem großen gelben Hinweisschild mit der Aufschrift „Kaserne Langemannshof". Rechts vor dem Schild fahren Sie in den kleinen Weg „Für Anlieger frei" hinein, am Ende der Straße rechts abbiegen und nach

Dehnenbockel An der nächsten Kreuzung links und dann unter den Eichen rechts. Jetzt verlassen Sie den Ort und fahren Richtung Lührsbockel, biegen dazu rechts auf eine vom Militär genutzten Straße ein. Nach 100 Metern biegen Sie schräg links in einen Weg ein und fahren bis Sie auf den befestigten Weg kommen. Jetzt biegen Sie scharf links in die Birkenallee ein, fahren bis zur Weggabelung und biegen links ins Tal ein. Es geht weiter geradeaus, über die Bundesstraße hinweg. Überqueren Sie auch die kommende Kreuzung in Richtung Lehmberg, nach weiteren 75 Metern dann rechts in den kleinen Privatweg einbiegen. Auf der folgenden Weggabelung links am Feldrand weiterfahren. Wenn Sie auf der Schotterstraße sind und auf eine Lichtung kommen, biegen Sie links und wieder rechts ein, so daß Sie über die Autobahnbrücke gelangen. Hinter der Autobahnbrücke fahren Sie gleich links ab, bis ans Ende der Straße. Jetzt rechts gen Norden. Am großen Bauernhof auf der linken kommen Sie auf eine Weggabelung, Sie fahren geradeaus weiter bis Sie über eine Brücke kommen. Hinter der Böhme macht der Weg eine scharfe Rechtskurve. Bleiben Sie auf der befestigten Straße, bis sie auf eine Querstraße endet. Nun fahren Sie rechts ab in Richtung

Tetendorf Unterwegs kommen Sie an einem Golfplatz vorbei, den Sie auf der linken Seite sehen können. In Tetendorf angelangt, fahren Sie rechts ab auf dem Radweg an der Hauptstraße weiter. Bis 10 Meter vor der Böhmebrücke, dann links in den Weg am Trafohäuschen vorbei. Dieser Weg führt durch die Böhmeniederung am Gasthaus Drewes vorbei, folgen Sie dem blauen Hinweisschild „Fuß- und Radweg". Fahren Sie immer an der Böhme entlang weiter. Hier können Sie noch eine wertvolle Bachidylle erleben. Am Ende des Fahrradweges biegen Sie nach rechts ab, unter den beiden Eisenbahnbrücken hindurch bis zum Ende der Straße. Jetzt sind Sie in

Soltau Bereits 937 schenkte der Kaiser Otto I. dem Ort an der Salzaue (Solt-Au) einen Königshof. Diesen vermachte er der Kirche, genauer dem Kloster Quedlinburg. 1388 bekam diese Siedlung Stadtrechte. 1519 rettete ein Bürger Soltaus seine Stadt vor der Plünderung während der damaligen Hildesheimer Stiftsfehde. Die Ritter des Stiftes Hildesheim hatten sich gegen ihren Bischof erhoben und zogen plündernd durch das Land Herzog Heinrichs des Mittleren zu Braunschweig-Lüneburg. Harm Tyding, jener Soltauer, sammelte eine Anzahl Bürger, ließ sie Bettlaken und rote Röcke anziehen, und zog so gegen den Feind. Als sie in respektvoller Entfernung dem Feinde gegenüberstanden, erlag dieser dem Trugschluß, ein Heer des Hildesheimer Bischofs vor sich zu haben, und schwenkte ab. Wenig später standen die Plünderer nahe Soltau tatsächlich den bischöflichen Truppen gegenüber. In der Schlacht vom 29. Juni 1519, die als ,,letzte Ritterschlacht'' in die deutsche Geschichte eingangen ist, verloren die Plünderer, was der Stiftsfehde ein Ende setzte.

Vor 500 Jahren hatten in Soltau die *Kannengießer* ihre Blütezeit. Heute ist diese Kunst hier nahezu ausgestorben. Wen wundert es, daß Soltauer Zinnarbeiten sehr begehrt sind. Man kann auch eine Zinngießerei besuchen (Scheibenstraße 6, April bis September, montags nur nach Vereinbarung, Tel. 0 51 91/1 50 75).

In jüngerer Zeit hat Soltau sich dem Fremdenverkehr verschrieben. Als anerkannter Erholungsort bietet die Stadt ihren Gästen viele Möglichkeiten der Erholung. Hallen- und beheitztes Freibad, Sauna, Schießsportanlage und vieles mehr. Im Frei- und Hallenbad gibt es im übrigen acht Becken sowie eine 63 Meter lange Wasserrutsche. Und seit 1977 sprudelt aus 201 Metern Tiefe wieder die Sole, die für das Böhmewald-Kurbad genutzt wird. Der Ausbau der Therme soll dazuführen, daß Soltau eines Tages eine Zusatzbezeichnung erhält — Bad Soltau.

Auf keinen Fall sollten Sie in Soltau das *Spielzeugmuseum* verpassen. Dort kann man mit einer ganz prächtigen Sammlung alter Kaufmannsläden aufwarten (Poststraße 7, Tel. 0 51 91/82-182, geöffnet täglich 14-17 Uhr, montags geschlossen, vom 1. August bis 15. September zusätzlich 10-12 Uhr).

In renovierten Räumen ist das *Soltauer Museum* nun untergebracht. Zum Teil zeigt man hier Wechselausstellungen, zum überwiegenden Teil widmet man sich aber der Stadtgeschichte von der Frühzeit bis heute, sowohl aus kulturhistorischem als auch aus stadtgeschichtlichem Blickwinkel (geöffnet dienstags bis freitags 10-17 Uhr, sonnabends und sontags 10-18 Uhr, Tel. 0 51 91/8 21 13).

Eine ganz besondere Attraktion ist der ,,Ameisenbär'', ein historischer Triebwagen, der von Juli bis September jeden Sonntag von Soltau über Bispingen nach Döhle fährt. Fahrräder werden mitgenommen. Fahrtdauer eine Stunde, Abfahrt ab Soltau um 10 und 13.30 Uhr, ab Döhle um 15 und 17.40 Uhr. Näheres beim Verkehrsverein.

Anfang September findet alljährlich der *Heidschnucken-Markt* statt, ein dreitägiges Volksfest.

Wer es lieber etwas turbulenter mag, findet etwas außerhalb Soltaus einen vielseitigen Freizeitpark, den *Heide-Park*. Hier warten Loopingbahnen, Schiffe,

Schwebebahnen, ein 75 Meter hoher Aussichtsturm, Tiershows und ähnliches auf den Besucher. Für den Besuch diese Parks sollte man jedoch viel Zeit mitbringen.
Einen weniger erholsamen Aspekt wollen wir aber nicht verschweigen. Soltau, mitten in der Lüneburger Heide gelegen, ist wie auch Munster Garnisonsstadt.

Verkehrsbüro, Bornemannstraße 7, 3040 Soltau, Tel. 0 51 91/24 74.
Dort gibt es auch ein umfangreiches Unterkunftsverzeichnis. Ein Zimmer mit Frühstück kostet ab DM 20, in der Mehrzahl um DM 30.
Ein Campingplatz liegt nördlich der Stadt nahe der Bundesstraße 3 (Ebsmoor 8, Tel. 0 51 91/21 41), ein anderer südlich an der Böhme (Hof Imbrock, Tel. 0 51 91/52 02).
Jugendherberge, Oeninger Weg 5, 3040 Soltau, Tel. 0 51 91/34 29.
Radläden:
Bade, Bahnhofstraße 31, Tel. 0 51 91/44 88
Grünhagen, Lüneburger Straße 3, Tel. 051 91/49 79
Radverleih:
H. Christoffer, „Minigolf", Alter Badeweg 2, Tel. 0 51 91/1 63 57.

Tour 20 65 km

SOLTAU — CELLE

ADFC-Haupka 1:100 000 Blatt 8, 9
NLV Radwanderkarte 1:75 000 Blatt RC 3122, RC 3522, RC 3526

Vermutlich ist dies die eigenartigste Strecke dieses Buches, mit Sicherheit nicht die schönste oder reizvollste.
Da ist zunächst einmal die Erkenntnis, daß man die Bundesstraße 3 (Soltau-Celle) unbedingt meiden sollte, da diese sehr stark befahren ist. Als Alternative gibt es eine Militärstraße, die folglich nur für Militärfahrzeuge zugelassen ist. Westlich der Straße liegt ein großer NATO-Truppenübungsplatz. Vor Schußwaffengebrauch wird gewarnt. So liegt es dann in der Eigenverantwortung jedes einzelnen, dieser Strecke zu folgen oder sicherheitshalber doch den Radweg an der Bundesstraße 3 zu nutzen.

Unter Radlern ist die Militärstraße sehr beliebt. Wenig Zivilverkehr stört hier, die Straße ist sehr breit und sehr gerade. Da kann man denn auch schon mal etwas schneller fahren.
Besonders eigenartig wird die Route dann dadurch, daß kurz nach Verlassen des Militärgebietes die Gedenkstätte Bergen-Belsen folgt, auf deren Gelände im Zweiten Weltkrieg ein Konzentrationslager stand.

Soltau siehe Tour 19. Sie verlassen den Ort zunächst auf der Bundesstraße 3 Richtung Celle. Kurz nachdem Sie die Autobahn 7 hinter sich gelassen haben, geht es rechts nach
Lehmberg Für die Weiterfahrt gibt es von nun an nur noch eine Richtung — geradeaus, immer auf der Hauptstraße bleiben. Wie schon erwähnt, ist diese Fahrt die nächsten Kilometer recht eintönig. Links und rechts befindet sich das Truppenübungsgelände. Ein Absteigen vom Rad und Wandern durch das Gehölz verbietet sich da von selbst. Ab und zu kreuzt ein Panzer oder ein LKW den Weg, ansonsten können Sie aber vom Autoverkehr unbeeindruckt weiterfahren. Schließlich kommen Sie an eine Kreuzung, an der drei

Tour 20

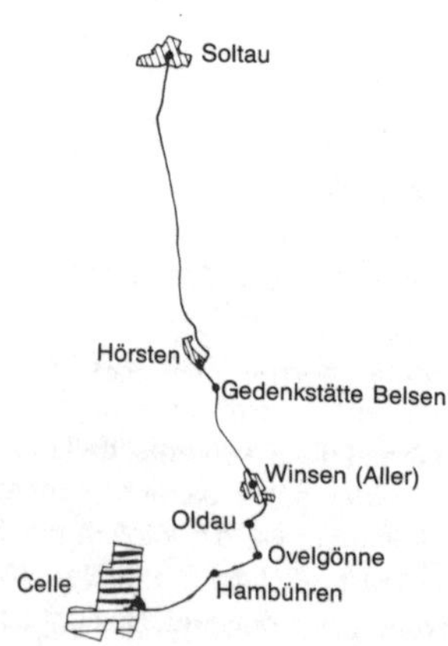

blaue Raketenköpfe stehen. Hier biegen Sie nach links ab. Auf dieser Straße kommen Sie auf Höhe eines Bolzplatzes an eine Kreuzung, an der es geradeaus auf eine Kaserne zugeht, links aber nach

Hörsten Sie durchqueren den Ort und kommen an eine größere Straße, an der es rechts zur Gedenkstätte geht.
Umgekehrt: Von der Gedenkstätte aus geht es auf Höhe des Schildes „Bergen 6 km" links nach Hörsten.

Gedenkstätte Bergen Die Gedenkstätte teilt sich in zwei Teile. Zum einen ist da das weitläufige Gelände, auf dem sich im Zweiten Weltkrieg das Konzentrationslager Bergen-Belsen befand. Viele Häftlinge starben noch nach der Befreiung an den Folgen ihrer Mißhandlung. Einschließlich ihrer wird die Zahl der Opfer hier mit 50 000 Menschen angegeben. Das Gelände wird durch ein großes Mahnmal sowie Gedenktafeln geprägt. Über die gesamte Fläche verteilt finden Sie Massengräber. Ansonsten herrscht hier eine bedrückende, beklemmende Stille, selbst wenn sich hier viele Menschen aufhalten. Das Leid, das viele Menschen hier zwischen 1943 und 1945 durchlitten, scheint nach wie vor unvorstellbar. Die Gedenkstätte ist von Anfang Februar bis Ende September von 9-20 Uhr geöffnet, ansonsten von 9-18 Uhr. Vor der Gedenkstätte selbst befindet sich noch ein Informationsgebäude, das derzeit umgebaut wird. Nach der Erweiterung sollen die Zeit des Nationalsozialismus und die Geschichte des Lagers Bergen-Belsen ausführlich in Texten, Bildern, Schautafeln und Originaldokumenten dargestellt werden. Zurecht war die bisherige Schau als zu dürftig beurteilt worden. Im Sommer ist die bisherige Ausstellung von 8-18 Uhr geöffnet, ansonsten bis 17 Uhr (Einritt frei).

Von der Gedenkstätte geht es weiter Richtung Süden, nächste Station ist

Winsen an der Aller, siehe Tour 21. Und wie in jener Tour, geht es auch hier geradeaus durch den Ort und über die *Aller*. So erreichen Sie

Südwinsen Von dort geht es weiter nach

Ovelgönne An der großen Kreuzung, an der rechterhand ein Binnensee zum Baden einlädt, geht es links weiter nach

Hambühren und weiter auf der Bundesstraße 214 hinein nach

Celle siehe Tour 9.

Tour 21 38 km

CELLE — FALLINGBOSTEL

ADFC-Haupka 1:100 000 Blatt 8, 9

Celle siehe Tour 9. Sie verlassen die Stadt an der Bundesstraße 214 Richtung Nienburg. An einer nicht sonderlich schönen Straße geht es zunächst nach

Hambühren sowie

Ovelgönne Dort können Sie an der großen Kreuzung an dem Binnensee eine Rast einlegen, oder gleich rechts weiter nach

Oldau und

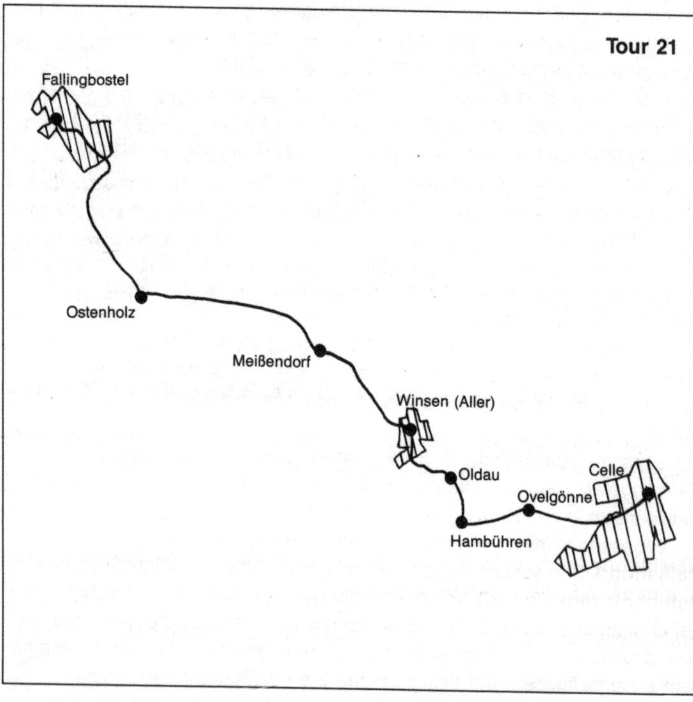

Süderwinsen fahren. Über die *Aller* geht es dann hinein nach

Winsen /Aller Ein kleiner, bescheidener Ort (10 000 Einwohner) im Schatten Celles, was ja nicht unbedingt ein Nachteil sein muß. Dabei waren die Verhältnisse sogar einmal umgekehrt.

Wann genau Winsen/Aller entstanden ist, weiß man heute nicht, man datiert die Gründung auf ungefähr 800. Zu jener Zeit wurde auch die *Johannes-Kirche* errichtet. Durch die günstige Lage am Schnittpunkt der Handelswege von Lübeck nach Frankfurt und Braunschweig nach Bremen und der damit verbundenen Zolleinnahmen konnte Winsen wirtschaftlich erblühen. Erst als die Landesfürsten mehr Gefallen an Celle fanden, verlor Winsen an Bedeutung. Und während Celle dann zur Stadt wurde, ist Winsen nur zum Luftkurort geworden.

Verschiedene Kriege sorgten für einen weiteren Niedergang des Ortes, der 1459 gar völlig niedergebrannt wurde. Erst um 1800 konnte sich Winsen wieder erholen. Bedeutendster Wirtschaftsfaktor waren die Holzbetriebe, in der fast 80 % der Bevölkerung beschäftigt waren. Bald änderte sich aber die Erwerbsstruktur, Handwerker bestimmten das Ortsbild.

Doch bis heute ist es Winsen an der Aller nicht gelungen, aus dem Schatten Celles herauszutreten und seine einstige Bedeutung zurückzugewinnen. Dafür kommen heute gerne viele Naherholungssuchenende aus dem Raume Hannover hierher. Und auch Besucher der Lüneburger Heide wissen zu schätzen, daß hier etwas weniger Trubel als in Lüneburg oder Celle, Soltau oder Walsrode herrscht.

Seit 1982 besitzt Winsen ein *Freilichtmuseum* („Winser Museumshof"), auf dem ein Kötnerhof mit Treppenspeicher, Heuscheune, Haupthaus, Wagenschauer und Bienenzaun aufgebaut worden ist. Sein Interieur stammt aus der Mitte des vorigen Jahrhunderts (Mühlenweg 10, Tel. 0 51 43/81 40, geöffnet von Ostern bis 31. Oktober mittwochs 15-18 Uhr, sonn- und feiertags 11-18 Uhr, von 15.Mai bis 15. September außerdem freitags 15-18 Uhr, Eintritt DM 2).

Verkehrsamt, Am Amtshof 4, 3108 Winsen/Aller, Tel. 0 51 43/6 62 67.
Campingplatz „Auf der Hude", Tel. 0 51 43/24 44.

Sie verlassen Winsen in nordwestlicher Richtung nach

Meißendorf Eine schöne, ruhige und sehr grüne Strecke. Nächste Station ist

Ostenholz siehe Tour 22. Von dort weiter geradeaus Richtung Fallingbostel. Keine schöne Strecke, da sie dicht an der Autobahn und einem Truppenübungsplatz verläuft. Doch leider auch ohne Alternative. Sie nähern sich einem Kasernengebiet, auf dessen Höhe Sie ein Schild hinein nach

Fallingbostel weist.
Umgekehrt: Sie verlassen den Ort über Vogteistraße und Hindenburgstraße, hinter dem Bahnviadukt gleich links abzweigen.

Tour 22 69 km
HANNOVER — FALLINGBOSTEL
ADFC-Haupka 1:100 000 Blatt 8, 9
NLV Radwanderkarte 1:75 000 Blatt RC 3922, RC 3522, RC 3122

Hannover siehe Tour 14. Sie verlassen die Stadt vom Zentrum aus nordwestlich über Nienburger Straße, Herrenhäuser Straße, Stöckener Straße und Am Leineufer (Bundesstraße 6). So kommen Sie nach
Berenbostel Bis hier eine laute, keinesfalls schöne Fahrt. Dann jedoch geht es hinein nach Berenbostel, an der nächsten Ampel links in die *Osterwalder Straße* und immer auf der Hauptstraße bleiben. Sie kommen dann nochmals in ein Gewerbegebiet. Sobald aber die Abzweiger zu den einzelnen Teilen dieses Gewerbegebietes passiert sind, und Sie sich immer geradeaus gehalten haben, wird es plötzlich ruhiger, ist der LKW-Verkehr erlahmt. Ihre nächste Station ist
Heitlingen Nach der Durchquerung dieser Ortschaft ist
Resse Ihr nächstes Ziel. In
Negenborn bietet sich dann das Gasthaus ,,Zur Linde'' für eine Rast an. Nächste Station ist dann
Abbensen Von hier folgen Sie der Ausschilderung nach
Dudenbostel Von dort weiter nach
Vesbeck wo ein Dorfkrug für eine eventuelle Rast bereitsteht. Ansonsten fahren Sie über *Esperke* und *Grindau* nach
Schwarmstedt Dort rechts in die Straße ,,Unter den Eichen'', immer geradeaus bis zur Bundesstraße 214 bleiben, am ,,Hotel Bertram'' rechts und gleich wieder links nach
Essel Auf nun sehr ruhiger Strecke geht es zunächst über die Aller, dann über die Autobahn 7 hinweg nach
Ostenholz Hier werden Sie einen Hinweis auf die *Sieben Steinhäuser* finden. Es handelt sich dabei um Megalithgräber aus der Jungsteinzeit, es sind allerdings nur fünf, nicht sieben. Durch diese Gräber erhält man einen Ein-

druck vom germanischen Totenkult. Da sie sich aber innerhalb eines Truppenübungsgeländes befinden, sind sie nur an ganz bestimmten Tagen zugänglich, nämlich am ersten und dritten Wochenende eines Monats von 8-18 Uhr.
An der Kreuzung in Ostenholz, an der auch die Gaststätte „Onkel Nickel" steht, geht es links weiter.
Der letzte Teil dieser Route führt zwar über großzügig breite Straßen, nur leider erklärt sich diese Großzügigkeit allein durch den angrenzenden, großen NATO-Truppenübungsplatz. So erreichen Sie dann diverse Kasernen am Rande von Fallingbostel, durch die es dann linkerhand hineingeht in das Zentrum von

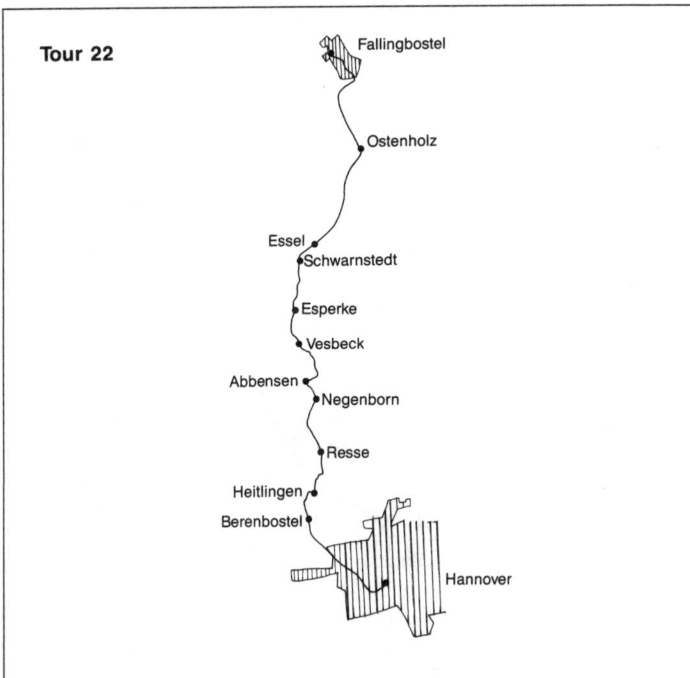

Fallingbostel siehe Tour 21.

Umgekehrt: Sie verlassen den Ort über Vogteistraße und Hindenburgstraße, hinter dem Bahnviadukt gleich links abzweigen.

Tour 23 19 km

FALLINGBOSTEL — SOLTAU

ADFC-Haupka 1:100 000 Blatt 8

NLV Radwanderkarte 1:75 000 Blatt RC 3122

Für diese Tour haben wir lange überlegt, denn beide möglichen Strecken können nicht befriedigen. Entweder muß man nämlich die vielbefahrene Bundesstraße 209 oder die südöstlich paralell der A 7 verlaufene Panzerstraße nehmen. Letztere ist für den allgemeinen Verkehr zwar gesperrt, dennoch, da frisch geteert, unter Radlern recht beliebt. Nachdem wir beide Strecken

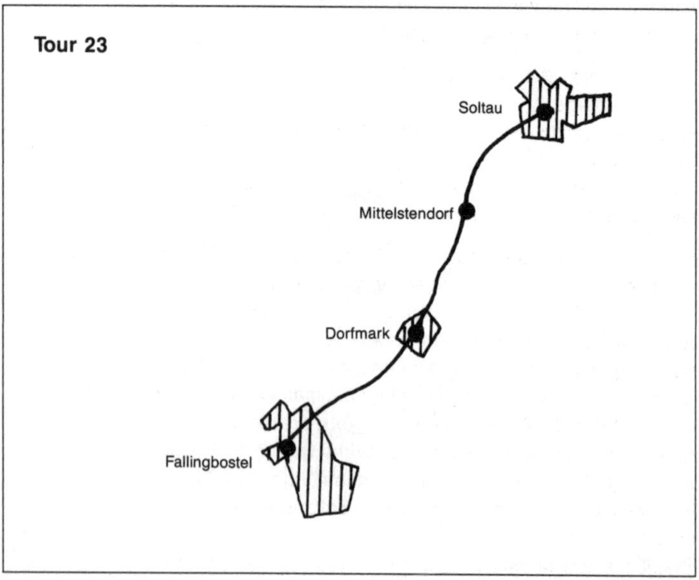

abgefahren haben, haben wir uns in diesem Fall für die Bundesstraße entschieden, da die Strecke mit knapp 20 Kilometern recht kurz ist, Dorfmark durchquert und ein Radweg neben ihr angelegt ist. Die Militärstraße ist nicht minder laut und zudem äußerst uninteressant. Zwischen ihr und der weiter östlich gelegenen Bundesstraße 3 (Soltau-Celle) erstreckt sich ein großer NATO-Übungsplatz.

Fallingbostel Das Touristenbüro heißt hier ,,Kurverwaltung'', und damit wird deutlich, welche Besuchergruppen Fallingbostel in erster Linie anzieht. So kann sich die Stadt auch mit den Titeln ,,Staatlich anerkanntes Kneipp-Heilbad'', ,,Schroth-Kurort'' und ,,Luftkurort'' schmücken. Und die Fremdenverkehrswerbung vergißt nie den Hinweis, laut Geo-Atlas 1986 die reinste Luft der Bundesrepublik zu besitzen. Mittelpunkt ist die *Kirche*, an der sich die Bundesstraße 209 (Soltau-Walsrode) durchschlängelt. Dadurch entsteht in der Innenstadt gerade im Sommer ein ständiger Lärmpegel, der sich erst in der grünen Lunge der Stadt, dem Mischwald *Lieth,* wiederaufhebt. Am Kiosk an der Bundesstraße Richtung Soltau ist der Startpunkt für 14 ausgeschilderte Wandertouren durch das Gebiet.
Unterhalb der Kurverwaltung befindet sich das Lokal ,,Das Djng'', wo sich gut und in zentraler Lage essen läßt.

Zweirad-Center, Walsroder Str. 3, Tel. 0 58 21/30 04.
Jugendherberge, Liethweg 1, Tel. 0 58 21/22 74.
Ein Campingplatz liegt in Vierde, drei Kilometer Richtung Soltau gelegen, Tel. 0 51 62/56 04.
Kurverwaltung, Sebastian-Kneipp-Platz 1, Tel. 0 58 21/30 83, geöffnet montags bis freitags 8-18, samstags und sonntags 10-12 Uhr.

Sie verlassen die Stadt also auf der Bundesstraße 209 Richtung Soltau. Nach einiger Zeit kommt der Abzweiger zum schon erwähnten Campingplatz. Weiter an der B 209. Rechterhand begleitet Sie der Bach *Böhme.* Dann erreichen Sie **Dorfmark** Dessen Zentrum liegt östlich der Bundesstraße. Höhepunkt ist hier das alljährlich Mitte August stattfindende *Strandfest*. Anfang Juli findet zudem das Schützenfest statt. Auch hier hat man Wanderwege ausgeschildert, die sich durch die Parks um den Ortskern erstrecken. Bauliches Schmuckstück Dorfmarks ist im übrigen die *Kirche* von 1708. Ansonsten brüstet sich Dorfmark (3 500 Einwohner) zurecht damit, noch ein Geheimtip zu sein. Der Schatten Fallingbostels, vor allem aber Soltaus und der Freizeitparks ist eben recht groß.
Verkehrsverein, Marktstraße 1, 3032 Dorfmark, Tel. 05163/359.

Weiter geht es auf der Bundesstraße Richtung Soltau. Bald knickt die *Böhme* nach Osten ab, während Sie nach

Soltau (siehe Tour 19) hineinfahren.

Tour 24 75 km

NIENBURG — HANNOVER

ADFC-Haupka 1:100 000 Blatt 8

NLV Radwanderkarte 1:75 000 Blatt RC 3518, RC 3522, RC 3922

Eine zunächst sehr ruhige Strecke, unbestreitbarer Höhepunkt ist das Steinhuder Meer. Von dort an wird es Richtung Hannover dann allerdings recht laut.

Nienburg Die Nienburger weisen gerne darauf hin, daß sie der Mittelpunkt Niedersachsens seien. Und rein geographisch betrachtet, mag das wohl auch stimmen. Aber selbst wenn die Stadt nicht das politische Zentrum des Bundes-

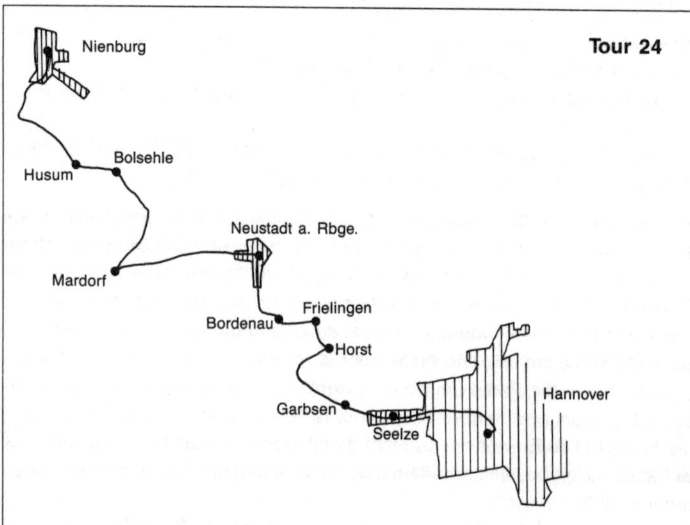

landes ist, kann es doch auf eine bewegte Geschichte zurückblicken, die noch heute spürbar ist.

Sie wurde zunächst durch die Grafen von Hoya bestimmt. Eine erste Erwähnung Nienburgs gibt es 1025 in einer Urkunde. Die namensgebende Burg muß zu diesem Zeitpunkt schon bestanden haben. Sie wurde dann mit dem Beginn der Hoyaner Grafschaft (um 1200) zum Mittelpunkt zahlreicher Streitigkeiten. Sicher ist auch, daß es Anfang des 13. Jahrhunderts hier eine erste Kirche gegeben hat, 1441 wird eine weitere gebaut. Zu Beginn des 16. Jahrhunderts verbreitet sich in Nienburg dann die Idee der Reformation, die 1581 dank einer Kirchenordnung von Graf Otto VIII. als abgeschlossen bezeichnet werden kann. Mit dem Tode des Grafen nur ein Jahr später erlischt auch die Linie der Hoyaner Grafen. Nienburg fällt an die Welfen.

Natürlich erreicht der 30jährige Krieg auch Nienburg. 1625 können Tillys Truppen hier mit Erfolg zurückgeschlagen werden. Doch ein Jahr später ist die Versorgungslage in der Stadt so bedrohlich, daß die Nienburger kapitulieren. Kaiserliche Truppen ziehen ein, bald folgen die Schweden.

1663 erhält Nienburg als erste Weserstadt eine permanente Holzbrücke mit Zugklappen. Bis dahin gab es nur eine Sommerbrücke. 1718 wird dann eine Steinbrücke errichtet. 1757 ziehen die französischen Truppen für fünf Jahre in Nienburg ein. Sie kommen aber 1803 wieder, ehe 1805 die Russen einziehen, gefolgt von den Preußen (nur für kurze Zeit) und erneut den Franzosen. Als sie 1813 wieder abziehen müssen, werden auch die Burganlagen geschleift. Um sie herum entstand ab 1820 ein Grüngürtel.

Wirtschaftlich wichtig waren natürlich die Eröffnung der Weserdampfschifffahrt 1844 sowie der Bahnlinie 1847. Zu Beginn der 1920er folgen Bahnverbindungen nach Minden und Sulingen. Gleichzeitig wird mit einen ehrgeizigen Wohnungsbauprogramm begonnen, das die Stadt erheblich expandieren läßt. Während die Einwohnerzahl 1939 noch bei 12 000 liegt, ist nach dem Krieg der Zuzug vieler Flüchtlinge zu verkraften, die Einwohnerzahl verdoppelt sich fast auf 22 000. Nienburgs Expansion hält notgedrungen an.

Seit den 1960ern wird versucht, den Freizeitwert der Stadt zu erhöhen. Wege am Stadtgraben und den Wasserzügen werden verbessert. Durch die niedersächsische Gemeindereform 1974 erhöht sich die Einwohnerzahl auf gut 34 000. Bald darauf beginnt eine erste Restaurierung historischer Bauten. 1977 wird der erste Abschnitt der Fußgängerzone fertig. Zur Unterstützung der Stadtsanierung entsteht 1982 die Ortsumgehung. Nienburg liegt nämlich an der Bundesstraße 6 von Bremen nach Hannover, entsprechend hoch ist das Verkehrsaufkommen.

Die nun erreichte Entlastung der Innenstadt führt zur einer Ausweitung des Fußgängerbereiches 1988. Jüngster Stolz der Stadt ist das *Theater auf dem Hornwerk*, das 1989 eröffnet wurde. Es ist nach neuesten bühnentechnischen Erkenntnissen erbaut worden und besitzt 625 Plätze. Ihm angeschlossen ist ein Hotel, das gerade für Tagungen angelegt ist. Verbunden sind die beide Komplexe mittels eines Brückenrestaurants.
Die Innenstadt wird von der Fußgängerzone mit der Lange Straße und der Georgstraße bestimmt. In der Georgstraße 24 steht mit dem alten *Posthof* eines der schönsten Häuser Nienburgs. Diente es früher der Post, so ist hier heute die *Stadtbibliothek* untergebracht. Hinter dem Posthof steht die *Kleine Nienburgerin*. Sie wurde 1975, als Nienburg seine 950-Jahr-Feier beging, gefertigt. Quasi als Wahrzeichen der Stadt.
Auffälligster Bau der Innenstadt ist aber zweifelsohne das *Rathaus*. Es ist vermutlich im 14. Jahrhundert errichtet worden, der Stufengiebel kam 1582 hinzu, der Turm entstand in seiner heutigen Form erst 1778. Bemerkenswert ist, daß die Rathausuhr aus allen Richtungen gesehen werden kann!
Wichtigste Kirche der Stadt ist die *St. Martins-Kirche*, deren Vorläuferin wohl bereits im 12. Jahrhundert gebaut wurde. In ihrer heutigen Form entstand die Kirche allerdings erst Ende des vorigen Jahrhunderts.
Bereits 1263 wurde der Burgmannshof erwähnt, auf dem sich in erster Linie Ritter aufhielten. Als ihn 1485 ein Arnold Frese übernahm, hieß der Hof fortan *Fresenhof*. Nach höchst unterschiedlichen Verwendungszwecken wie Schule, Lager und Arbeitsamt ist hier heute das *Nienburger Regionalmuseum* untergebracht, das Gegenstände wie Fliesen oder Münzen aus der Umgebung sowie Dokumente zur Stadtgeschichte zeigt (geöffnet dienstags bis donnerstags, 10-13 und 15-17 Uhr, freitags 10-13 Uhr, samstags und sonntags 11-13 Uhr, Tel. 0 50 21/1 24 61). Dem Museum angeschlossen ist das klassizistische *Quaet-Faslem-Haus* (1821) mit dem Rauchhaus (Leinstraße 4). Während in ersterem die klassizistischen Deckentapeten auffallen, ist zum Rauchhaus zu bemerken, daß es erst in den 1960ern aus der Nienburger Provinz hierhergebracht wurde. Es dokumentiert das bäuerliche Leben aus historischer Sicht.
Am Rauchhaus führen auch die *Wallanlagen* entlang, die einst zum Schutze der Innenstadt angelegt wurden. Sie führen aber auch zum *Stockturm*, dem letzten noch verbliebenen Rest der einstigen Burg, die nach dem 30jährigen Krieg abgerissen wurde. Kärglich ist auch nur noch der Rest des *Stadtgrabens*, der deseinst Weser und Aue miteinander verband, zu Beginn des 19. Jahrhunderts aber zum überwiegenden Teil zugeschüttet wurde. Für eine kleine Rast aber nach wie vor ebenso geeignet wie der Wallgraben.

Von den zahlreichen wertvollen Innenstadthäusern seien hier die Lange Straße 41 (Patrizierhaus aus dem 16. Jahrhundert) und die Friedrich-Ludwig-Jahn-Straße 2 (innerstädtisches Bauernhaus aus dem 16. Jahrhundert) besonders hervorgehoben.

Wer bei traditionellen Nienburger Festen dabeisein möchte, muß am ersten Montag nach Johanni zum *Nienburger Scheibenschießen* oder am letzten Wochenende im September zum *Altstadtfest* anreisen. Wer ansonsten hier in historischer Atmosphäre speisen möchte, begebe sich in den ,,Ratskeller'' (Marktplatz 1) oder ,,Zum Kanzler'' (Lange Straße 63). Weitere Restaurants und Cafès finden Sie in der Lange Straße und der Friedrich-Ludwig-Jahn-Straße. Von den Nienburger Kneipen verdient der ,,Jazzclub'' besondere Beachtung, wird hier doch bereits seit 1957 diese Musik sehr intensiv gepflegt. Nicht zu vergessen schließlich das ,,Maximilian'' direkt am Stadtgraben und unmittelbar an der Fußgängerzone (Bürgermeister-Stahn-Wall 10).

Touristenbüro, Lange Straße 18, 3070 Nienburg, Tel. 0 50 21/8 73 55 (verleiht auch Räder)
Radläden:
Beermann, Verdener Landstraße 197, Tel. 0 50 21/75 14
Felden, Hannoversche Straße, Tel. 0 50 21/58 73
Fuhrmann, Weserstraße 13, Tel. 0 50 21/21 35
Lichy, Leinstraße 16, Tel. 0 50 21/42 26
Ein Campingplatz liegt ca. zehn Kilometer nordwestlich der Stadt in Wieten (Bundesstraße 6 Richtung Bremen)
Jugendherberge, Louise-Wyneken-Straße 4, Tel. 0 50 21/28 12

Sie verlassen Nienburg auf der Bundesstraße 215 Richtung Minden. Nach ungefähr vier Kilometern folgen Sie links der Ausschilderung zum **Nienburger Bruch** Gleich hinter den Schienen macht die Straße an einer Disco eine Rechtskurve, teilt sich dann, wobei Sie nach links abzweigen, und fahren hinter den Schienen geradewegs in den Wald hinein. Der Weg ist in der Mitte nicht sonderlich gut, läßt sich am Rand aber sehr gut befahren. Immer auf dem Hauptweg bleiben, hinter einer Brücke rechts halten und weiter, bis Sie mitten im Wald an eine große T-Kreuzung gelangen, an dieser links. Nach einiger Zeit gabelt sich der Weg erneut, Sie nehmen den rechten Abzweiger (Finkalenheide). Ab und zu gehen kleinere Wege rechts und links ab, Sie bleiben jedoch geradeaus, um so

Husum zu erreichen. Kurz vorher sehen Sie in einiger Entfernung eine Mühle. Sie fahren dann auf der Dorfstraße in den Ort hinein, kommen an eine größere Straße, an der Sie rechts zur Kirche hochfahren, dort fahren Sie an der Durchgangsstraße nach rechts, biegen aber kurz darauf am ,,Gasthaus Dreyer'' links ein und fahren, an der Telefonzelle vorbei, geradeaus weiter (nicht zum Sportplatz).
Umgekehrt: Aus Schneeren kommend, geradeaus bis zur Durchgangsstraße (Gasthaus Dreyer), dort rechts, an der Kirche links und kurz darauf in der Kurve erneut nach links (Dorfstraße). Auf dieser geradeaus, bald heißt die Straße Finkalenheide. Wichtig ist, daß Sie sich nun immer geradeaus halten und nicht den zahlreichen Abzweigern nach links oder rechts folgen. Im Gehölz kommen Sie dann an eine T-Kreuzung, an der Sie nicht geradeaus auf der Asphaltstraße weiterradeln, sondern rechts auf etwas schlechtere Straßendecke fahren.
Nächste Stationen sind dann

Bolsehle und

Schneeren Dort geradewegs durch den Ort hindurch zur Durchgangsstraße und rechts weiter nach

Mardorf Am Ortseingang müssen Sie den Abzweiger nach links wählen. Es ist die Lage direkt am Steinhuder Meer, die für den lebhaften Publikumsverkehr in diesem Ort sorgt. Zahlreiche Pensionen, Hotels und Ferienwohnungen unterstreichen Mardorfs Bedeutung für den Tourismus.
Das Glanzstück des Ortes liegt allerdings etwas außerhalb — im Steinhuder Meer. Es ist die *Festung Wilhelmstein*. Die Insel wurde 1761-1765 künstlich aufgeschüttet, die Festung in den zwei folgenden Jahren errichtet, alles initiiert von Graf Wilhelm zu Schaumburg-Lippe (1724-1777). Zunächst bestand die Anlage aus 16 Einzelinseln und beherbergte eine Militärschule. Später wurden die Gräben zugeschüttet, die Inseln vereint und als Gefängnis genutzt. Heute finden Sie hier ein Waffenmuseum (geöffnet 1. April bis 15. Oktober 9-12.30 und 14-18 Uhr, Tel. 0 50 33/14 36, Bootsverbindung ab Mardorf). Desweiteren gibt es noch ein interessantes *Muschel-Museum* im Ort selbst (Weidenbruchsweg 11, Tel. 0 50 36/4 53). Reizvoll ist sicherlich auch eine Bootsfahrt auf dem Steinhuder Meer, Leihmöglichkeiten finden sich mehrfach am Ufer. Das *Steinhuder Meer* besitzt eine Gesamtfläche von 32 qkm (8 Kilometer lang, 4,5 Kilometer breit, bis 3,5 Meter tief). Wer lieber um das Steinhuder Meer wandern möchte, kann sich auf einen 32 Kilometer langen, durch ein ,,Grünes Männlein'' markierten Weg begeben.

Tourist-Information, Mardorfer Straße 6, 3057 Neustadt-Mardorf, Tel. 0 50 36/ 6 55, geöffnet werktags 14-17 Uhr, freitags zusätzlich 10-12 Uhr, sonnabends 10-15 Uhr.
Jugendherberge, Möwengrund 2, 3057 Neustadt 1, Tel. 0 50 53/2 25
Sie finden direkt am Ufer sechs Campingplätze.
Radverleih: R. Gödeker, Auf dem Mummrian, Tel. 0 50 36/21 21

Umgekehrt: Von Mardorf aus müssen Sie zunächst den Anstieg nach Schneeren bewältigen, hinter dem Haus Nummer 8 geht es dann links ab, so daß Sie nach Bolsehle gelangen. Dort auf den Abzweiger nach Husum achten.
Sie radeln geradeaus weiter Richtung Neustadt, die Straße ist recht belebt, und durchqueren ein Gebiet mit dem furchterregenden Namen *Totes Moor*. Bald ist dann
Neustadt am Rübenberge erreicht. Wer mag schon vermuten, daß sich hier die einzige *Sektkellerei* Norddeutschlands befindet? Es ist die Firma ,,Duprès'', die bereits seit 1888 tätig ist (Marktstraße 1, Tel. 0 50 32/33 02). Im *Schloß Landestrost* ist heute das Kultur- und Bildungszentrum untergebracht. Zu ihm gehören u.a. das *Kreisheimatmuseum* und das *Europäische Torfmuseum* (Tel. 0 50 32/6 10 83). Eine Burg hat hier wohl schon seit früher Zeit gestanden, die ältesten Teile des heutigen Schlosses stammen aber erst aus dem Jahre 1573.
Auch wenn der Ortsname einen solchen verheißt, werden Sie hier keinen Rübenberg finden. Die einstige Burg wurde nämlich auf einer Anhöhe errichtet, die aus rohen Steinen besteht. Man nannte sie ,,Rouenbarg'' — rauher Berg. Daraus wurde dann durch Lautverschiebung irgendwann einmal ,,Rübenberg''.
Insgesamt besitzt Neustadt eine charmante Mischung aus alter und neuer Bebauung, die nur durch die mitten hindurchführende Bundesstraße etwas gestört wird. Sollte das Wetter ein Bad im Steinhuder Meer verhindern, könnten Sie sich zum *Hallenbad* in der Lindenstraße 54 begeben (Tel. 0 50 32/6 33 58, geöffnet täglich 7-20 Uhr, montags nur bis 12, samstags bis 16 und sonntags bis 10.30 Uhr).
Von Mardorf aus kommend, biegen Sie rechts auf die Bundesstraße 442. An ihr geht es aus dem Ort hinaus. Nach einigen Kilometern müssen Sie links dem Abzweiger nach
Bordenau folgen, wobei Sie unterwegs noch die *Leine* überqueren und in Bordenau auch in Gaststätten pausieren können. Auffällig ist hier die kleine Kirche, bekannt das Geburtshaus des Generals Gerhard von Scharnhorst, dem berühmtesten Schüler der Militärakademie Festung Wilhelmstein (s.o.).

Es kann nach Anmeldung unter Tel. 0 50 32/28 98 besichtigt werden. Weiter geht die Fahrt nach

Frielingen Hier müssen Sie dem Abzweiger nach

Horst und

Schloß Ricklingen folgen. Hier befand sich einst eine Burg, die im 18. Jahrhundert durch ein Schloß ersetzt wurde. In ihm ist heute eine Kunstgalerie untergebracht. Sehenswerter als das Schloßgebäude ist sicherlich die Kirche von 1694, die im Inneren u.a. schöne Deckengemälde, eine kostbare Orgel und einen prachtvollen Altar besitzt.
In Schloß Rickling durchqueren Sie den Ort bis zur Straße *Große Rehre*, an die Sie linkerhand einbiegen, um im folgenden der Ausschilderung nach

Garbsen zu folgen. Bedingt durch die nahe Autobahn 2 nimmt der Autoverkehr zu. Sie folgen der Ausschilderung nach

Seelze Hier steht das bemerkenswerte *Denkmal für den „Deutschen Michel"*. Das war nicht irgendwer, sondern ein General namens Johann Michael von Obentraut, der den Beinamen „de dütske Michel" trug. Er wurde 1625 während des 30jährigen Krieges getötet und in der Marktkirche in Hannover begraben. Das Denkmal besteht aus einer fünf Meter hohen Pyramide und einem Reiterstiefel.
Von Seelze aus radeln Sie nach

Letter Was hier auffällt, sind die zahllosen Trinkhallen, wie man sie sonst eher aus dem Ruhrgebiet gewohnt ist. Womit nicht gesagt werden soll, daß hier nur getrunken wird. Der erfreuliche Aspekt ist vielmehr, daß die Erfrischungsmöglichkeiten für den Durchreisenden entsprechend groß sind. Hinter Letter geht es dann rechts über den Mittellandkanal zur Bundesstraße 441, auf der Sie nach

Hannover (siehe Tour 14) hineinradeln.
Umgekehrt: Hannover vom Maschsee nordwestlich über Friedrichswall, Lavesallee, Gustav-Bratke-Alle, Blumenauer Straße, Fössestraße, Kötner Holzweg, Limmerstraße und Wunstorfer Straße (B 441) verlassen. Bevor die Wunstorfer Straße dann zur Ahlemer Straße wird, rechts über den Kanal (Klöckner Straße) und hinter den Schienen links in die Lange-Feld-Straße. Immer geradeaus nach Seelze und später nach Garbsen.

Tour 25 51 km

FALLINGBOSTEL — NIENBURG

ADFC-Haupka 1:100 000 Blatt 8
NLV Radwanderkarte 1:75 000 Blatt RC 3122, RC 3522, RC 3518

Fallingbostel siehe Tour 21. Sie verlassen die Stadt, indem Sie von der Bundesstraße 209 in die Vogteistraße (schräg gegenüber der Kirche) hineinfahren und dort hinter dem Globus-Markt rechts die Straße hinauffahren (Hindenburgstraße). So gelangen Sie unter einer Bahnunterführung hindurch. Achtung! Unmittelbar dahinter biegen Sie nach links ab. Immer geradeaus erreichen Sie ein von Militärlagern geprägtes Gebiet. Am Ende dieser nicht gerade schmuckvollen Straße geht es rechts nach
Ostenholz siehe Tour 22. Eine wellige, leider etwas eintönige Strecke mit der Autobahn rechts und dem NATO-Truppenübungsplatz links. Unterwegs teilt sich die Straße, das Militär fährt geradeaus, Sie müssen einen kleinen Schlenker rechterhand absolvieren. In Ostenholz biegt dann auf Höhe der Kirche eine Straße scharf rechts nach

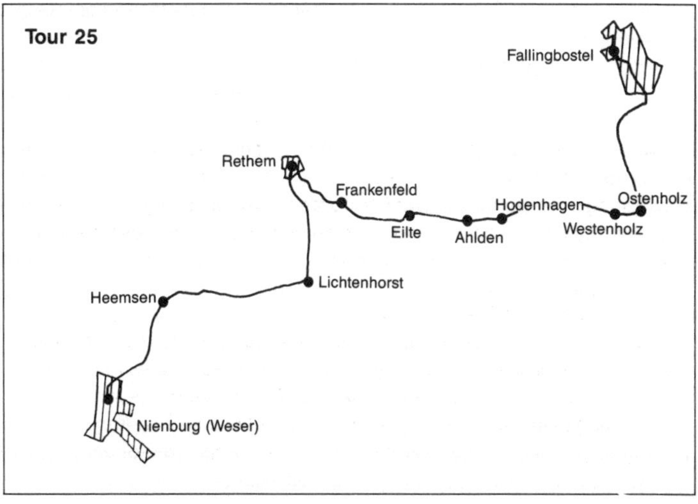

Westerholz ab. Auf gerader Straße geht es über die Autobahn hinweg Richtung Hodenhagen. Kurz nach dem Autobahnzubringer häufen sich die Hinweise auf den *Serengeti Safaripark*, der Weg dorthin ist dann auch ausgeschildert. Dort können Sie 600 Tiere aus fünf Kontinenten bewundern, zum Teil, nämlich im „Schmusezoo", auch streicheln. Desweiteren sind hier 100 Reptilien zusammengetragen worden. Und für all an Tieren weniger Interessierte gibt es dann noch jahrmarktähnliche Attraktionen wie Achterbahn, Riesenrad oder Autoscooter (Tel. 0 51 64/5 31).

Unsere Tour geht aber weiter Richtung Hodenhagen, vorbei am Flugplatz. In **Hodenhagen** stand einst ein Schloß, das aber heute nicht mehr existiert. An seiner Stelle wurde ein *Gutshaus* errichtet. In der *Kirche* sind die beiden Epitaphien für Familienmitglider derer von Hodenberg sehr sehenswert. Es geht an der Hauptstraße zunächst nach rechts, dann aber gleich wieder links nach **Ahlden** Unterwegs überqueren Sie zunächst die *Aller*, kurz danach auch die *Alte Leine*. Ahlden ist durch sein *Wasserschloß* bekannt, das Mitte des 17. Jahrhunderts Schauplatz einer wahren Tragödie war. Sophie Dorothea, Tochter des Celler Herzogs Georg Wilhelm, war ihrer politisch begründeten Heirat überdrüssig und nahm sich einen Geliebten, Graf Philipp Christoph von Königsmarck. Das Glück währte jedoch nur kurze Zeit, dann wurde der Graf ermordet und die Ehe geschieden. Sophie Dorothea wurde ins Exil nach Ahlden geschickt. Hier mußte sie von ihrer Außenwelt getrennt leben, selbst ihre Kinder durften sie nicht besuchen. Während ihr Sohn später als König Georg II. von England in die Geschichtsannalen einging, heiratete ihre Tochter König Friedrich Wilhelm I. von Preußen. 32 Jahre mußte Sophie Dorothea auf dem Schloß leben, bis sie schließlich 1726 im Alter von 60 Jahren dortselbst starb.

Die Ahldener Kirche wurde im übrigen 1846 fast gänzlich neu gebaut. Nächste Station ist dann

Eilte gefolgt von Neu Bosse und Frankenfeld (Campingplatz), bis schließlich **Rethem** erreicht ist. An der Kreuzung können Sie im Ratskeller pausieren. Mächtige Fachwerkhäuser säumen hier die Straße. Die Bockwindmühle steht erst seit 1936 an dieser Stelle. Sie war bereits 1594 in Frankenfeld errichtet worden und wurde Rethem dann 1936 zum 600. Geburtstag geschenkt.

Sie kommen auf die Bundesstraße 209, in die Sie links (Richtung Nienburg) einbiegen, ihr ein kleines Stück folgen und dann erneut links nach Lichtenhorst abzweigen. Ein sehr ruhiger, waldreicher Abschnitt. In

Lichtenhorst geht es dann rechts an der Kirche vorbei nach

Heemsen Dort biegen Sie unmittelbar vor der Kirche links ab, dann immer geradeaus halten (Reemser Weg). Sie erreichen den Nienburger Stadtteil

Erichshagen und dort die Bundesstraße 214. Auf ihr absolvieren Sie dann die letzten Kilometer hinein nach
Nienburg siehe Tour 24.
Umgekehrt nehmen Sie in Erichshagen die zweite Straße links hinter der schönen Kirche (Wölper Weg), um nach Heemsen zu gelangen.

Tour 26 46 km

VERDEN — NIENBURG

ADFC-Haupka 1:100 000 Blatt 8
NLV Radwanderkarte 1:75 000 Blatt RC 3118, RC 3518

Verden In aller Welt ist diese Stadt für Tiere bekannt, die fast so heißen wie die Stadt selbst — Pferde. Verden ist *die* Reiterstadt schlechthin. Hier befindet sich das bedeutendste Warmblutzuchtgebiet der Welt. Bauern, Militärs und Sportreiter kaufen hier ihre Pferde. Besondere Bedeutung gewinnt Verden immer dann, wenn hier die berühmten Pferdeauktionen stattfinden und die Vierbeiner für viel Geld den Besitzer wechseln.
"Gaudemus equis", Freude am Pferd, ist die Inschrift einer Gedenkplatte, die 1815 am Rathaus angebracht wurde und heute im Pferdemuseum (s.u.) untergebracht ist. Quasi der Leitspruch dieser Stadt.
Am Anfang der notierten Geschichte Verdens steht allerdings weniger die Freude am Pferd als vielmehr ein Gemetzel. In der Nähe hatten nämlich die Sachsen ein Heer der Franken vernichtet. Aus Rache zog nun König Karl (er wurde 800 zum Kaiser) 782 in Verden gegen die Sachsen. Von diesen wurden 4 500 Mann dahingemetzelt. Zumindest, wenn man den Berichten jener Zeit Glauben schenken will. Ganz sicher ist sich die Wissenschaft heute nicht mehr. Wurden sie brutal ermordet, im Kampf geschlagen oder gar umgesiedelt ? Waren es 4, 40 oder 4500 ? Eindeutig läßt sich die Frage eben nicht mehr beantworten, man geht jedoch in der Mehrzahl von 4 500 Ermordeten während des „Verdener Blutgerichts" aus. Ihnen zu Ehren (und zum Aufbau einer eigenen, zweifelhaften Tradition) ließen die Nazis 1934/35 hier 4 500 Findlinge heranschaffen und im drei Kilometer nördlich Verdens gelegen *Sachsenhain* aufstellen. Außerdem wurden hier einige Fachwerkhäuser hingebracht, die andernorts abgebaut worden waren.

Erstmals urkundlich erwähnt wurde Verden dann 810 als ,,Ferdi in Saxonia''. Zwar gibt es eine frühere, auf 786 datierte Urkunde, die jedoch mittlerweile als Fälschung aus dem 11. Jahrhundert entlarvt wurde.
Otto III. verlieh dem Verdener Bischof Erpo dann 985 das Markt-, Münz-, Zoll- und Bannrecht, was uneingeschränkte Macht über dieses Gebiet bedeutete. Im 10. Jahrhundert wurde eine große Burg angelegt, deren Überreste man erst 1959 entdeckte. 1192 findet sich erstmals in eine Urkunde der Begriff ,,Stadt Verden''. Diese ist durch Mauern in Süder- und Norderstadt getrennt. Erst 1667 vereinigen sich die beiden Teile.

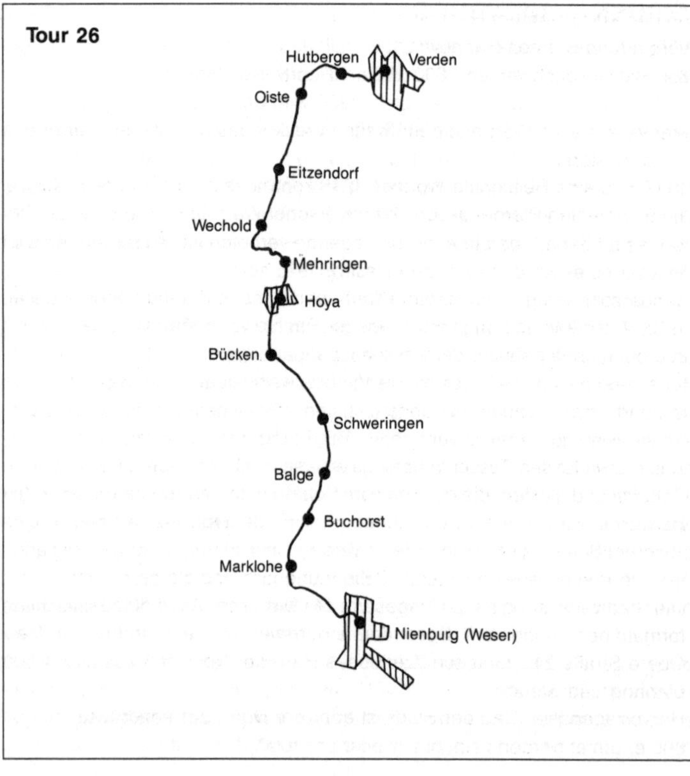

Der Seeräuber Klaus Störtebeker, der 1400 in Hamburg hingerichtet wurde, soll zur Verbüßung von sieben Todsünden dem Verdener Dom sieben Fenster gespendet haben. Und angeblich soll er auch eine Stiftung begründet haben, nach der in jedem Jahr am Montag nach Lätare Brot und Heringe an die Armen in der Stadt verteilt wurde. Diesem Brauch kommt man heute noch nach. 1476 wurde ein Nonnenkloster begründet, in dem bis zur Reformation Augustinerinnen wohnten. 1526 wurde hier der evangelische Pastor noch als Ketzer verbrannt. Erst 1568 wurde dann die Reformation eingeführt. Natürlich wirkte sich der 30jährige Krieg auch für Verden verheerend aus, ca. 300 Häuser wurden vernichtet. Nach dem Westfälischen Frieden (1648) fiel Verden dann an Schweden. Dessen Königin, Christine, verbot ein Jahr später die seit 1571 praktizierten Hexenprozesse. 1719 kommt Verden dann an das Kurfürstentum Hannover. 1847 findet Verden Anschluß an die Bahnverbindung Bremen-Hannover. 1866 fällt das Königreich Hannover an Preußen, mit ihm auch Verden. 1890 wird der Rennverein begründet, ein Jahr später findet das erste Pferderennen statt. 1930 wird das erste mehrtägige Reitturnier veranstaltet. Während des Zweiten Weltkrieges wird Verden nur geringfügig zerstört.
1947 wird eine Reitschule eröffnet, 1948 kommt es zu einem ersten Turnier, 1949 zur ersten Pferdeauktion Hannoverscher Warmblütler. 1962 erhält Verden sein Freibad, da die Aller für Badende verboten ist. Außerdem wird die Stadt an die Autobahn angeschlossen. 1975 sind die ersten Teile der Fußgängerzone fertig, 1983 sind die Umbauarbeiten endgültig abgeschlossen. 1985 wird die Verleihung verschiedener Rechte vor genau 1000 Jahren (s.o) in großem Stile gefeiert, Verden kommt sogar auf eine Briefmarke. Und zum tausendsten Male wird auch die riesige *Domweihe* abgehalten, eines der größten und natürlich auch traditionsreichsten Volksfeste Norddeutschlands. Es findet alljährlich Anfang Juni sechs Tage lang statt.
Heute erwartet den Besucher Verdens eine sehr schöne, lebendige Stadt voller Sehenswürdigkeiten, die ein wenig im Schatten der Metropolen Bremen und Hannover, vor allem aber der Lüneburger Heide liegt. Was sicherlich nicht zu ihrem Schaden ist. Jedenfalls ist Verden nicht so überlaufen wie die ebenfalls sehr sehenswerten Städte Celle, Lüneburg und Stade.
Die Stadtverwaltung hat an insgesamt 44 Bauten der Altstadt touristische Informationen angebracht. Besonders lobenswert ist die Aufschrift auf Haus Obere Straße 24: ,,Gott schütze dieses Haus vor Not und Feuer, vor Stadtplanung und Steuer.''
Hervorragendster Bau der Stadt ist aber der *Dom.* Ein erster Bau muß um 800 errichtet worden sein, ein zweiter um 1000, der heutige war 1490 fertig-

gestellt (geöffnet täglich 9-17 Uhr, außerhalb der Gottesdienste). Daneben besitzt die Stadt noch drei weitere sehenswerte Kirchen. So die katholische *St. Josefskirche* von 1894, deren Turm im Krieg zerstört wurde und 1956 verändert wiederaufgebaut wurde. Desweiteren die *St. Johanniskirche* in der einstigen Norderstadt, die im 12. Jahrhundert errichtet und später erweitert wurde. Besondere Beachtung verdient das Stuckrelief des Jüngsten Gerichts. Ein Besuch der Kirche ist nach telefonischer Voranmeldung im Stadtkirchenzentrum (Tel. 2612) möglich. Sollten Sie sich nur eine der Verdener Kirchen ansehen wollen, sollten Sie sich aber für die *St. Andreaskirche* entscheiden. In ihr ist nämlich die Messinggrabplatte des Verdener Bischofs Yso zu finden, die als in ihrer Art einmalig und womöglich älteste in Europa gilt. Für einen Besuch müssen Sie sich beim Küster anmelden (Tel. 48 26).
Wer einen tieferen Einblick in die Verdener Geschichte erhalten möchte, sollte das *Heimatmuseum* besuchen. In dem 1708 errichteten Fachwerkhaus sind viele prähistorische Funde ausgestellt, aber auch Einrichtungsgegenstände aus dem 18. und 19. Jahrhundert. Natürlich ist auch Verdens Rolle als Garnisonsstadt (seit 1648) ein Thema, desweiteren das heimische Handwerk und Vogelleben. Das bedeutendste Ausstellungsstück ist zweifelsohne der älteste Speer der Welt, vor ungefähr 100 000 Jahren gefertigt (Untere Straße, Tel. 21 69, geöffnet: wochentags 10-13 und 15-17 Uhr, sonntags 14-17 Uhr, montags und donnerstags geschlossen).
Wer mehr Gefallen an Pferden findet, kann dieser Neigung im *Deutschen Pferdemuseum* frönen (Andreasstraße 17, Tel. 39 01, geöffnet täglich 9-16 Uhr, montags geschlossen). In diesem, in der Bundesrepublik einmaligem Museum wird das Pferd als Gefährte des Menschen aus verschiedenen Blickwinkeln dargestellt. Das Pferd bei der Jagd, in der Landwirtschaft, beim Militär, im Sport etc.. Dem Museum angeschlossen ist das Hippologische Institut mit 12 000 Büchern und 150 000 Bildern und Fotos zum Thema Pferd. Diese Sammlung ist allerdings nur dem Fachpublikum zugänglich (Strukturstr. 7, Tel. 39 01).
Neben dem Pferd gewinnt aber auch das Rind für Verden zunehmend an Bedeutung. Bereits heute besitzt die Stadt den größten Rinderzuchtverband der Bundesrepublik. Bis zu zweimal pro Monat finden Rinderauktionen statt, alljährlich werden dabei über 40 000 Rinder verkauft.

Eine weitere Attraktion Verdens ist die *Storch-Pflegestation*, die am Südrand des Sachsenhains plaziert ist. Ein Herr Storch sorgt sich hier um kranke Störche, man kann ihm dabei auch, nach telefonischer Anmeldung, zusehen (Tel. 7 37 57).

Nicht vergessen werden darf auch der *Freizeitpark Verden,* an der Autobahnausfahrt Verden-Ost gelegen. Von der Verdener Innenstadt erreicht man ihn über die Lindhooper Straße (Richtung Kirchlinteln). Ein Erlebnispark auf 160 000 qm mit Karussels, Autos, Schaukeln, Booten, Märchenwald und Urzeittieren (geöffnet von April bis Oktober 9-18 Uhr, Eintritt DM 10 für Erwachsene, Kinder bis 14 Jahre DM 8).
Beschaulicher, aber nicht viel billiger ist eine Aller-Weser-Schiffahrt, die von Mitte Mai bis Ende September mittwochs und sonntags um 14 Uhr stattfindet (Anleger Parkplatz Reeperbahn). Der Preis beträgt auch hier für Erwachsene DM 10, für Kinder zwischen 4 und 14 allerdings nur DM 6.
Stadtführungen finden von Mitte Mai bis Ende September jeden Sonnabend um 14 Uhr statt (Treffpunkt Lugenstein, Dauer 90 Minuten, Preis DM 1, nähere Informationen beim Verkehrsverein).

Ein letztes Angebot kommt wohl nur für eine Minderheit der Benutzerinnen dieses Buches in Frage. Eine Jungfrau (!) muß am 10. Mai das Grab von Franz Goldmann (1818 gestorben) unter Aufsicht des Bürgermeisters schmücken und am 11. Mai heiraten. Zur Hochzeit erhält sie von der Stadt DM 500, außerdem nach 9 Monaten weitere DM 90. Aber nur, wenn bis dahin kein Nachwuchs geboren wurde. Weitere Informationen gibt es natürlich beim Verkehrsamt, Stichwort „Goldmann-Grab".

Gut essen läßt sich im übrigen im „ Al Gambero", nur wenige Schritte vom Verkehrsverein entfernt (Ostertorstraße 10). Aber auch im „Essighaus" (Schleppenföhrtstraße 1).

Verkehrsamt, Ostertorstraße 7a, 2810 Verden/Aller, Tel. 0 42 31/12-317
Jugendherberge, Saumurplatz, Tel. 0 42 31/6 11 63.
Ein Campingplatz liegt nahe der B 215 Richtung Süden in Dörverden-Stedebergen, Tel. 27 37.
Ein Einzelzimmer mit Frühstück kostet in Hotels ab DM 28, im Schnitt aber um DM 50.
Radläden:
Lindhorst, Alter Lindenberg 18, Tel. 7 36 11
Sattler, Obere Straße 5, Tel. 28 88
Wadas, Lindhooper Straße 2, Tel. 5601
Radverleih: Rainer Voige, Im Dicken Ort 3, Tel. 6 34 67.
Das Parkhotel Grüner Jäger verleiht für DM 100 pro Tag das längste Fahrrad Norddeutschlands, auf dem 15 Personen Platz finden (Tel. 50 91).
Hallenbad, Saumurplatz, Tel. 1 23 55.

Sie verlassen die Stadt über die Südbrücke (oder die Bundesstraße 215/Nordbrücke). Auf dem anderen Allerufer geht es in jedem Fall westlich nach

Groß Hutbergen Wenig später überqueren Sie die *Weser.* Dann folgt links ein Abzweiger nach Hoya und

Oiste Dort macht die Vorfahrtsstraße in ihrem weiteren Verlauf eine starke Linkskurve, Sie aber fahren geradeaus, die Straße ist nur für Fahrzeuge mit einer Achslast bis zu fünf Tonnen zugelassen. Kurz hinter diesem Abzweiger geht es gleich noch einmal nach links (geradeaus kämen Sie nach Hustedt). Halten Sie sich im folgenden immer geradeaus, kommen Sie nach

Eitzendorf Am Ende der Straße sehen Sie linkerhand einen Campingplatz. Sie fahren allerdings nach rechts und kommen an der Kirche vorbei. Dann gabelt sich die Straße, Sie fahren nach links und gleich darauf faktisch geradeaus Richtung Hoya.

Umgekehrt fahren Sie von Wührden aus Richtung Eitzendorf, halten sich dort immer rechts, kommen an der Kirche vorbei und biegen unmittelbar vor dem Campingplatz (Höhe Haus 129) links ab.

Am Ortsausgang von Eitzendorf macht die Straße dann einen scharfen Linksknick, an dem Sie aber nach rechts abbiegen (der Abzweiger wird durch einen kleinen Wasserlauf und eine Hochspannungsleitung erkennbar). Am Ende dieser Straße rechts nach

Wechold Dort fahren Sie an der Kirche vorbei bis zu einer T-Kreuzung, an ihr links und gleich wieder rechts. Nun geht es gen Süden, bis links eine Straße nach *Heesen* und

Mehringen weist. An der dortigen Hauptstraße dann rechts nach

Hoya Ein beschaulicher, schön an der Weser gelegener Ort, der zunehmend auch als Industriestandort Bedeutung gewinnt.

Bereits im 4. Jahrhundert befand sich hier die Siedlung „Hoge". Wirkliche Bedeutung entwickelte die hieraus entstehende Stadt aber erst mit den Grafen von Hoya, die zu Anfang des 13. Jahrhunderts ihre Regentschaft beginnen. Sie bilden ein bedeutendes Herrschaftsgebiet, das bis Bremen, Sulingen, Nienburg und Diepenau reicht. Mit dem Tod des letzten Grafen 1582 geht diese Zeit zuende, Hoya verliert seine Bedeutung.

Dafür ist ein sehr schönes Ortsbild erhalten geblieben, das zum Schlendern entlang der zahlreichen Fachwerkbauten einlädt. Erwähnenswert sind das ehemalige *Schloß*, in dem heute das Amtsgericht untergebracht ist, sowie die *St. Martini Kirche*, die einst als Burgkapelle gebaut wurde. Zwischen diesen beiden Bauwerken befinden sich auch die sehenswertesten Ortsteile. Lohnend ist aber auch ein Spaziergang direkt am Weserufer.

Radverleih: Strangmann, Lange Straße 134, Tel. 0 42 51/39 60
Radladen: Hartje, Deichstraße 120, Tel. 0 42 51/81 10

Umgekehrt: Aus Hoya kommend, in Mehringen links in die Schulstraße, durch Heesen hindurch, dann rechts nach Wechold, nicht nach Schierholz.
In Hoya folgen Sie der Ausschilderung nach
Bücken Hier geht es dann südöstlich zunächst nach
Schweringen Allmählich nähern Sie sich wieder der Weser. Letzte große Ortschaft vor unserem Ziel ist schließlich
Marklohe Von hier aus geht es über *Lemke* dann hinein nach
Nienburg siehe Tour 24.

Tour 27 37 km

FALLINGBOSTEL — VERDEN

ADFC-Haupka 1:100 000 Blatt 8
NLV Radwanderkarte 1:75 000 Blatt RC 3118, RC 3122

Fallingbostel siehe Tour 22. Sie verlassen die Stadt auf der Bundesstraße 209 in Richtung
Walsrode Am bekanntesten ist der Ort wahrscheinlich durch andauernden Staus auf den Autobahnen am ,,Walsroder Dreieck". Aber natürlich auch durch den *Vogelpark*. Auf dem Weg von Fallingbostel nach Walsrode finden Sie die entsprechenden Hinweissschilder.
Auf einem Gelände von 22 Hektar finden Sie ca. 5 000 Vögel aus fünf Kontinenten, womit sich hier in Walsrode der größte Vogelpark der Welt befindet. Besondere Attraktionen sind die umfangreiche Papageiensammlung sowie das 1987 eröffnete Deutsche Vogelbauer-Museum, das Exponate aus vier Jahrhunderten sammelt. Eingebettet wird das Gelände von zahlreichen Grünzonen, Heide, Bächen, Seen und einem Kinderspielplatz.
Ebenfalls werden Ihnen auf dem Weg nach Walsrode die Hinweisschilder zum *Löns-Grab* auffallen. Ohne Zweifel gilt Löns als *der* Dichter der Heide. Er wurde 1866 in Westpreußen geboren. Später studierte er Medizin und lebte in Münster, Greifswald und Göttingen. 1890 entschloß er sich aber, den Beruf eines Journalisten zu ergreifen. Beim ,,Hannoverschen Anzeiger" schrieb er unter den Pseudonymen ,,Ulenspeigel" und ,,Fritz von der Leine". Bald fand

er dann Gefallen an der Lüneburger Heide und machte sie zum Mittelpunkt seiner Arbeit.
Im Ersten Weltkrieg meldete er sich 1914 als Freiwilliger und fiel nach nur vier Wochen in Frankreich. Es war den Nationalsozialisten dann vorbehalten, Löns 1934 heimzuführen, Heimatdichter waren schließlich geeignete Propagandaobjekte. Und sind sie bereits tot, können sie sich auch nicht wehren. Der für Löns' angebliche Überreste ausgesuchte Platz wurde dann plötzlich vom Militär beansprucht. Zudem war das Interesse der Nazis an dem verlorenen Sohn geschwunden, da man doch Texte gefunden hatte, die sich für die braunen Propagandabemühungen als störend erwiesen. So dauerte es noch bis zum 2. August 1935, bis Löns seine wirklich letzte Ruhe fand. Er liegt unter einem Findling mit der Aufschrift ,,Hier ruht Hermann Löns''.
Zwischen Fallingbostel und Walsrode steht südlich der B 209 im übrigen in Meinerdingen eine kleine, um 1200 errichtete Kirche.

Walsrode selbst bezeichnet sich als ,,Hermann-Löns-Stadt''. Löns begegnet man dann auch im Walsroder *Heimatmuseum*. Dort ist das Lönszimmer mit Möbeln, persönlichen Gegenständen und Büchern des Heidedichters eingerichtet. Das Löns-Zimmer befindet sich allerdings erst am Ende des Museumsrundganges, an dessen Anfang man dem berühmtesten Sohn der Stadt museal begegnet — Hans Brüggemann. Er wurde hier Ende des 15.Jahrhunderts geboren und schuf 1514-21 den großartigen Bordesholmer Altar, der heute im schleswig-holsteinischen Schleswig zu finden ist. Ansonsten bietet das Museum einen historischen Streifzug von Walsrodes erstma-

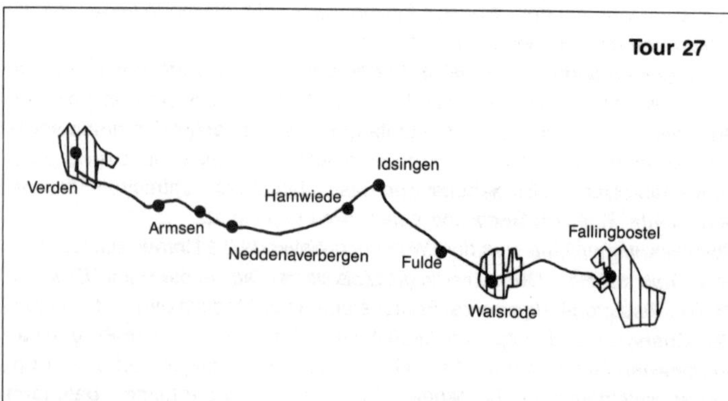

liger Erwähnung 986 über den fast die gesamte Stadt vernichtenden Brand 1757 und der Erhebung Walsrodes zum „Staatlich anerkannten Erholungsort" 1973 sowie der 1000-Jahr-Feier 1986 („Rischmannshof", Hermann-Löns-Straße 2, 3030 Walsrode, Tel. 0 51 61/ 55 41, geöffnet montags bis samstags 14-18 Uhr, sonntags 14.30-17.30 Uhr)
Das älteste Haus der Stadt steht im übrigen an der Ecke Kirchplatz/Brückstraße, es ist 1618 errichtet worden. Durch die schweren Stadtbrände 1626 und 1757 ist die historische Bebauung Walsrodes vernichtet worden. So bezieht auch die Stadt, ähnlich wie Fallingbostel und Soltau, ihre Anziehungskraft in erster Linie aus ihrer grünen Umgebung. Das Stadtbild selbst ist wenig anziehend, zumal der Autoverkehr mittendurch rauscht.
Und außer dem Heimatmuseum lohnt eigentlich nur das *Kloster* samt Klostersee einen Besuch (Führungen von April bis Oktober täglich 15, 16 und 17 Uhr, Eintritt DM 2,50, Informationen unter Tel. 5343). Fast lebensgroß ist die aus Holz gefertigte, in einer Nische untergebrachte Figur des Klosterstifters Graf Wale (um 1300 entstanden).
Eine Besonderheit ist ohne Zweifel das *Grundlose Moor*, nördlich Walsrodes an der Straße nach Visselhövede gelegen. Hier hat man noch viele bedrohte Tier- und Pflanzenarten entdecken können. Zu deren Schutz ist das Gebiet auch nur teilweise für Wanderer erschlossen worden. Immerhin wachsen hier noch die fleischfressende Pflanze Sonnentau sowie die phänomenalen Torfmoose, die oben in dem Maße weiterwachsen, in dem Sie unten absterben. Ein ästhetischer Genuß ist das Aufblühen des Wollgrases im Mai und Juni. Der Grundlose See besteht aus Moorwasser, weshalb man in ihm keine Lebewesen findet.

Spezialitäten kann man gut in den „Klosterstuben" (Lange Straße 6) kosten, als Kneipe empfiehlt sich ab 18 Uhr „Schwarzer Hermann" (Moorstraße 84-86).

Fremdenverkehrsamt, Lange Str. 20 (Rathausplatz), 3030 Walsrode, Tel. 0 51 66/20 37.
Dort gibt es auch ein sehr umfangreiches Unterkunftsverzeichnis, ein Einzelzimmer mit Frühstück kostet DM 20-25.
Ein Campingplatz liegt nahe der Bundesstraße 209 Richtung Nienburg: Helberger Mühle, 3030 Walsrode-Kirchboitzen, Tel. 0 51 66/ 2 77.
Die nächste Jugendherberge befindet sich in Fallingbostel (s. Tour 22).
Radläden:
Bergmann, Bergstr. 3, Tel. 7 21 49
Schaardt, Moorstr. 34, Tel. 36 21

Man hat im übrigen versucht, den enormen Verkehr auf der Bundesstraße 209 durch eine Ortsumgehung aus der Innenstadt herauszuhalten, anscheinend nur mit mittelmäßigem Erfolg. Und nachdem nun auch Sie durch die Innenstadt gefahren sind, kommen Sie noch im Stadtkern an einen Abzweiger Richtung

Fulde Die Strecke hierhin verläuft etwas aufwärts, ist aber äußerst ruhig. Auf waldreicher Strecke geht es von Fulde weiter nach

Idsingen Ein Dorf mit sehr schönen, großen Gehöften. Dort kommen Sie an eine Kreuzung, an der Sie links nach Verden abbiegen

Umgekehrt: An dieser Kreuzung rechts Richtung Walsrode.

In

Hamwiede kommen Sie dann an einen Abzweiger rechts nach

Lehringen Auch diese Strecke ist von viel Wald umgeben.

Umgekehrt: Aus Lehringen kommend, folgen Sie hinter der Autobahn der Ausschilderung links Richtung Stellichte nach Hamwiede hinein.

Nächste Station ist ein Dorf mit einem sehr langem Namen, nämlich

Neddenaverbergen Hier kommen Sie an die Gaststätte ,,Zur Post'', dann geht es rechts hinauf zur Straße nach

Armsen Ende August findet hier ein großes Erntefest statt. Folgen Sie *nicht* links der Ausschilderung nach Verden, sondern fahren Sie geradeaus nach

Luttum Als Orientierung dient hier ein turmartiges Trafohäuschen. Für die Fahrt nach Verden fahren Sie hier schräg links und kommen am Ende dieses kurzen Abschnitts auf die Straße Kirchboitzen-Verden.

Im umgekehrten Fall fahren Sie von besagter Straße nach Luttum hinein und biegen an dem Trafohäuschen nach rechts ab.

Sie gelangen zunächst nach

Eitze Dort kommen Sie direkt an die *Aller*, an der Sie hinein nach

Verden (s. Tour 26) gelangen.

Umgekehrt verlassen Sie die Stadt vom Verkehrsamt aus über Nikolaiwall, Andreas Wall und Eitzer Straße nach Eitze.

Tour 28 48 km

LÜNEBURG — HARBURG

ADFC-Haupka 1:100 000 Blatt 6

NLV Radwanderkarte 1:75 000 Blatt RC 2726, RC 2722

Eine um Winsen herum relativ laute Tour, dafür aber später ruhiger und optisch reizvoll direkt an der Elbe.

Lüneburg siehe Tour 1. Sie orientieren sich hier zur Straße Richtung *Salzhausen.* Bald darauf folgen Sie dann der Ausschilderung zum *Landeskrankenhaus.* An diesem fahren Sie vorbei und erreichen zunächst
Vögelsen Hier findet alljährlich am zweiten Septemberwochenende ein großes Schützenfest statt. Weiter nach
Mechtersen wo sich auch ein gleichnamiges Gasthaus befindet. Hier kommen Sie an eine T-Kreuzung, an der Sie sich rechts halten . Die Straße heißt rechts wie links Im Dorfe, der linke Abzweiger führt aber auf völlig unpassierbare Wege.
Auf diese Weise kommen Sie nach
Radbruch Natürlich gibt es auch hier ein Gasthaus, es heißt ,,Sasse". Nächste Station ist

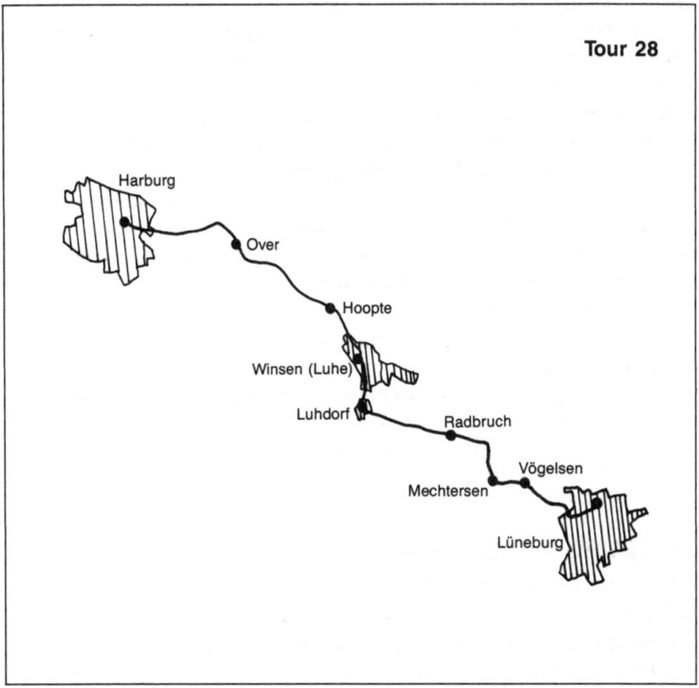

Luhdorf Hier kommen Sie an „Rundts Gasthof" auf die Hauptstraße von Pattensen nach Winsen. Sie halten sich rechts und radeln auf einer sehr belebten Straße nach

Winsen an der Luhe. Schade, daß man sich in Winsen/Luhe noch nicht dazu hat durchringen können, dem Beispiel Rotenburgs oder Nienburgs zu folgen und die Durchgangsstraße zur Fußgängerzone zu machen. So muß sich der Besucher über belebte Straßen zu den Sehenswürdigkeiten der Stadt bewegen.

Herausragender Bau der Stadt ist das 1299 erstmals erwähnte und um 1600 umgestaltete *Schloß*. Ihm gegenüber steht die gotische *St. Marienkirche*. Das 1896 errichtete *Rathaus* wird momentan einer Erweiterung unterzogen. In seiner unmittelbaren Nähe finden Sie den *Marstall* von 1599, in dem, nach einer gründlichen Sanierung, ein gemütliches Cafè, die Stadtbibliothek sowie das *Winsener Museum* untergebracht sind. Das Museum veranschaulicht die Geschichte der Region auf sehr lebendige, eindrucksvolle Weise. Neben der Stadtgeschichte hat man sehr großen Wert auf kulturhistorische Aspekte wie z.B. das Handwerk gelegt.

Desweiteren werden hier die Buch- und Papierherstellung sowie das Leben des 1792 in Winsen geborenen Goethe-Freundes Johann Peter Eckermann („Gespräche mit Goethe") dokumentiert (Schloßplatz 11, Tel. 0 41 71/34 19, geöffnet dienstags bis sonntags 15-18 Uhr, sonnabends und sonntags zusätzlich 10-13 Uhr).

Seine große Bedeutung als Mittelzentrum verdankt Winsen/Luhe aber der Gemeindereform von 1972, durch die Winsens Einwohnerschaft mit einem Schlag auf 27 000 Einwohner verdoppelt wurde.

Touristeninformation, DER-Reisebüro, Rathausstraße 2, 2090 Winsen/Luhe, Tel. 0 41 71/29 10.
Ein Einzelzimmer mit Frühstück kostet im Hotel DM 35-70.
Radläden:
Fahrradladen, Fuhlentwiete 4, Tel. 0 41 71/6 23 97
Böttcher, Haselhorsthof 6, Tel. 0 41 71/26 33
Timm, Luhdorfer Straße 21-23, Tel. 0 41 71/7 12 47

Umgekehrt: Von Winsen Richtung Süden und Pattensen, auf Höhe des erwähnten Gasthofes dann links in die Radbrucher Straße.

Von Winsen aus folgen Sie der Ausschilderung zur Kanalfähre nach
Hoopte Sie passieren das *Ilmenau-Sperrwerk* und sind sogleich an der *El-*

▲ *Vielleicht das Schönste an einer Radtour — die Rast*
▼ *Überraschende Lichtspiele in einer wunderschönen Landschaft*

Die Heide — ein idealer Urlaubsort für Kinder

be. Während rechts Schiffe unterschiedlicher Größe und verschiedener Nationen den Ausblick verschönern, reihen sich linkerhand Gaststätten und Restaurants wie Perlen auf einer Schnur auf. Sie können so gut 15 Kilometer der Elbe folgen. Dann knickt die Straße, der Fünfhausener Deichweg, nach links ab. Sie folgen ihm bis zu einer großen Kreuzung, über die eine Brücke führt. Sie biegen links in die *Hannoversche Straße* ein und folgen der Ausschilderung ins Zentrum von

Harburg Wer auf die Landkarte blickt und sich dabei Autobahnen und den Großteil der Besiedelung wegdenkt, erahnt die strategische Bedeutung, die diesem Platz einmal zukam. Die „Horeburg", die Siedlern in diesem fruchtbaren Gebiet Schutz gab, wird erstmals 1140 erwähnt. Innerhalb des folgenden Jahrhunderts wird sie viermal zerstört und fünfmal wiederaufgebaut. 1297 erhielt Harburg die Stadtrechte, doch es dauerte bis 1527, bis Harburgs wahre Blüte begann. Die bis dahin zu Lüneburg gehörende Stadt wurde unabhängig, neue Siedlungen entstanden, Wege wurden angelegt, weiteres Land erschlossen. Mit Herzog Otto I. begann diese goldene Zeit, mit dem Tod Herzog Wilhelms 1642 endete sie, Harburg fiel an Celle. Später herrschten die Hannoveraner über die Stadt, nur kurzfristig (1811-1814) von den Franzosen abgelöst.

Wichtig war dann das Aufkommen der Eisenbahn. Bereits 1847 bestand eine Schienenverbindung mit Hannover, 1872 kam jene nach Hamburg hinzu. Zu dieser Zeit entwickelte sich außerdem der Seehandel, Harburgs Hafen gewann an Bedeutung. Die beachtliche Einwohnerzahl von 13 000 Menschen spricht für sich, bis zum Ende des Jahrhunderts stieg sie auf 40 000. Bereits 1866 war Harburg an Preußen gekommen, nach der Jahrhundertwende langte nun Hamburg nach dem südlichen Nachbarn. Doch die Harburger widerstanden, zumindest bis 1937. Dann wurden mehrere Städte des Herzogtums Hannover Hamburg zugesprochen.

Natürlich hat Harburg von der Expansion Hamburgs profitieren können, das wird auch überall spürbar. Und dennoch besitzt die Stadt einen sehr eigenständigen Charakter. Modern, aber nicht ungemütlich ist die *Fußgängerzone* in der Lüneburger Straße. Nördlich von ihr erstreckt sich der *Sand* genannte Marktplatz mit zahllosen Geschäften und dem Wochenmarkt. Von hier ist auch die *Dreifaltigkeitskirche* erkennbar, die zwar bereits 1652 gebaut wurde, im Zweiten Weltkrieg jedoch erheblich beschädigt wurde und erst in den 1960ern restauriert werden konnte.

Von ihr sind es nur wenige Schritte bis zur *Lämmertwiete*, der wohl gemütlichsten Straße Harburgs, in der Sie reichlich Kneipen und Cafès finden. Noch etwas weiter nördlich, jenseits der B 73, liegt mit der *Schloßstraße* die älteste

Straße der Stadt. An ihrem Ende steht seit 1982 die *Technische Universität*. Westlich der Lüneburger Straße finden Sie das Anfang der 1890er gebaute *Rathaus*. Von ihm ist es nur ein kurzes Stück bis zum *Helms-Museum* (Museumsplatz). Es zeigt Gegenstände und Dokumente zur norddeutschen Frühgeschichte (geöffnet dienstags bis sonntags 10-17 Uhr).

Tourismus-Zentrale Hamburg, Burchardstraße 14, 2000 Hamburg 1, Tel. 040/ 3 00 51-0
Wer in der Jugendherberge übernachten möchte, muß nach Hamburg-St. Pauli fahren (Alfred-Wegener-Weg 5, 2000 Hamburg 11, Tel. 040/6 51 16 71). In Hamburg-Stellingen finden Sie Campingplätze.
Radläden:
Brinkmann, Wilstorfer Straße 58, Tel. 040/77 06 82
Fahrrad-Center, Karnapp 2-3, Tel. 765 57 08

Umgekehrt: Die Stadt auf der Bundesstraße 4 Richtung Hamburg verlassen, noch vor der Süderelbe geht es dann rechts Richtung Over.

Tour 29 54 km

BUCHHOLZ — LÜNEBURG

ADFC-Haupka 1:100 000 Blatt 6
NLV Radwanderkarte 1:75 000 Blatt RC 2722, RC 2726

Eine recht wellige, von einigen Steigungen durchzogene Strecke. Spektakuläres hat sie nicht zu bieten, dafür aber viel Wald und überwiegend auch viel Ruhe.

Buchholz Eine eher unscheinbare, nicht gerade für Besonderheiten bekannte Stadt in der Nordheide.
Wenngleich entsprechende Funde bis in die Jungsteinzeit belegen, daß Buchholz schon sehr früh besiedelt gewesen sein muß, so wird dieser Platz doch erstmals erst 1260 erwähnt. Aus der Historie gibt es nicht wesentliches zu berichten. So sei hier nur erwähnt, daß in Buchholz vor gut 150 Jahren nur 178 Menschen wohnen, heute sind es leicht über 30 000. Das liegt in erster Linie in der Nähe zu Hamburg begründet, das schnell über die Autobahn

erreicht werden kann. Ca. 60 % der Buchholzer Arbeitnehmer sind denn auch in der Großstadt an der Elbe tätig.
Zwar blieb Buchholz im Zweiten Weltkrieg von großen Zerstörungen verschont, eine historische Altstadt sucht man aber heute trotzdem vergeblich. Auffällig ist allein die *Paulus-Kirche* mitten im Stadtzentrum. Zu ihren Füßen findet sich das überdachte Einkaufszentrum City-Center, in dem man in der unteren Etage in ,,Thomas Keller'' speisen kann. Eine Alternative hierzu ist das ,,China-Restaurant Lee'' (Bremer Straße 2b).
Die *Fußgängerzone* (Breite Straße) ist recht kurz, aber sehr breiträumig. Sie ist modern, gestalterisch aber nicht so gelungen wie etwa jene in Verden oder Rotenburg.
So bleibt Bucholz' Kapital aus touristischer Sicht denn auch die zentrale Lage am Rande der Heide. Der touristische Leben pulsiert hier nicht so wie etwa in Fallingbostel oder Celle, es geht etwas beschaulicher zu. Und dennoch erreicht man von Buchholz aus schnell alle sehenswerten Plätze der Lüneburger Heide.
Die wenigen Sehenswürdigkeiten hat Buchholz erst 1972 durch Eingemeindungen erlangen können, als Seppensen und Holm-Seppensen der Stadt zugeschlagen wurden. In diesen beiden, südlich von Buchholz gelegenen Ortschaften sind drei sehenswerte Gebäude zu finden. In erster Linie ist da das *Heimatmuseum* zu nennen. Es ist in der ,,Alten Schule'' (1862) untergebracht und vermittelt anhand von Dokumenten und Funden einen Einblick in die Historie der Region. Zweitens verdient die *Seppenser Mühle* (1758) einen Besuch, sie wird heute für kulturelle Veranstaltungen wie Konzerte und

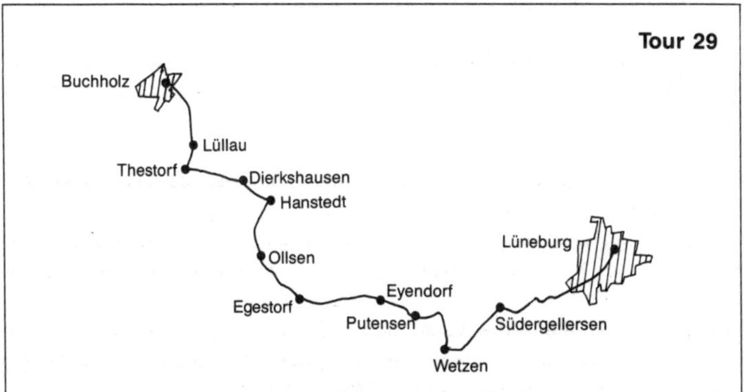

Ausstellungen genutzt. Im *Sniers Hus* schließlich erhalten Sie einen Eindruck vom bäuerlichen Leben in der Nordheide während der letzten Jahrhunderte (Zum Mühlenteich 3, 2110 Buchholz-Seppensen, Tel. 0 41 81/ 3 17 34, geöffnet sonntags 14-16 Uhr).

Eine neuere Attraktion ist der benachbarte *Schmetterlings Park*, der mit lebenden Schmetterlingen aus aller Welt aufwarten kann. Ein recht farbenprächtiges Vergnügen (Zum Mühlenteich 2, Tel. 0 41 81/36 481, geöffnet vom 1. April bis zum 31. Oktober täglich 9.30-17.30 Uhr, Eintritt DM 5 für Erwachsene, DM 3 für Kinder).

Gefeiert wird in Buchholz z.B. alljährlich am dritten Samstag im Mai das *Blumenfest* und am zweiten Wochenende im September das *Stadtfest*. Wochenmarkt ist mittwochs und samstags von 7-13 Uhr am Rathaus. Und wer sich abkühlen will, kann dies im Hallen- und Freibad im Holzweg tun.

Informationen: Stadtverwaltung, Hamburger Straße 1, 2110 Buchholz, Tel. 0 41 81/21 40.

Zimmervermittlung: Verkehrsverein, Bahnhofstraße 7, 2110 Buchholz, Tel. 0 41 81/3 84 97, geöffnet 10-12.30 und 14.30-16 Uhr.

Ein Einzelzimmer mit Frühstück kostet im Durchschnitt ab DM 25 und bis zu DM 50.

Radladen:

Lewa's Fahrradhaus, Bendestorfer Straße 5, Tel. 0 41 81/3 56 36

Radverleih:

Dienemann, Hamburger Straße 57, Tel. 0 41 81/85 19

Campingplatz: Weg zum Badeteich, Holm-Seppensen, Tel. 0 41 87/10 26

Sie verlassen die Stadt von der Kirche aus auf der Straße Richtung *Jesteburg* (Lüneburger Straße). So kommen Sie zunächst nach

Lüllau Dort dann rechts Richtung

Schierhorn

Umgekehrt: In Lüllau an der Kreuzung in die Straße Pinnerberg Richtung Buchholz einbiegen.

In Schierhorn kommen Sie an eine T-Kreuzung, in die Sie links einbiegen, an der Kreuzung befindet sich das Radgeschäft Harm. Der Weg nach

Dierkshausen ist dann sehr schön, Sie haben einen herrlichen Ausblick. Außerdem ist im ,,Landhaus Dierkshausen'' eine Rast möglich. Nächster größerer Ort ist

Hanstedt Hier nimmt dann der Trubel allmählich zu, Sie werden spüren, daß Sie sich dem touristischen Zentrum der Lüneburger Heide nähern. An der T-Kreuzung geht es rechts an der Kirche vorbei nach

Ollsen
Umgekehrt: In Hanstedt an der Kirche vorbei und hinter dem Möbelgeschäft Dittmer links Richtung Buchholz.
Auf dem Weg nach Ollsen findet sich bald auf einer Anhöhe ein sehr schöner Rastplatz, von dem aus Sie einen weiten Blick über das Land haben. Hinter Ollsen erreichen Sie
Schätzendorf Hier zunächst nach rechts Richtung *Sahrendorf*. Falls Sie nun doch lieber Richtung Undeloh in das „Naturschutzgebiet Lüneburger Heide" möchten, lesen Sie bitte in der Tourenbeschreibung 32 (Lüneburg — Rotenburg) weiter. Ansonsten fahren Sie zur Fortführung dieser Route an Sahrendorf vorbei nach
Egestorf siehe Tour 32. Dort folgen Sie links dem Abzweiger nach Lüneburg und zur Autobahn Richtung Hamburg. Unter der Autobahn hindurch und weiter nach *Lübberstedt* sowie
Eyendorf Unmittelbar am Ortseingang steht links eine sehr schöne Holländermühle von 1897, die auch besucht werden kann (Tel. 0 41 72/7183). Und wer mag, kann auch die Goldschmiede von Holger Siebke-Raschorn besuchen, der sehr schöne Einzelstücke herstellt (In de Mees 5, Tel. 2125 Eyendorf, Tel. 0 41 72/63 99, geöffnet dienstags, mittwochs und freitags 11-18 Uhr). Am Ortseingang befindet sich zudem ein Radgeschäft, das damit wirbt, 150 Räder am Lager zu haben. Für die Weiterfahrt müssen Sie sich gleich am Ortseingang rechts Richtung
Putensen orientieren. Nur wenige Meter hinter dem Abzweiger steht ein sehr gutes Restaurant für eine Rast bereit.
Umgekehrt: Von Putensen aus immer Richtung Egestorf halten.
In Putensen zunächst links Richtung Amelinghausen. An der dann bald folgenden, großen Kreuzung rechts und gleich wieder links nach *Westergellersen*. Immer geradeaus, Sie kommen nun in vom Militär als Übungsgelände genutztes Gebiet. Nach einiger Zeit erreichen Sie eine Kreuzung, an der es rechts nach
Weetzen geht.
Umgekehrt: Fast am Ortsausgang von Weetzen rechts in die Straße Am Butterberg, an der nächsten Kreuzung links.
Sie kommen dann in Weetzen auf die Durchgangsstraße, an der es links weitergeht, allerdings nur einen Kilometer. Dann geht es bereits wieder links nach
Südergellersen Dort an der Kreuzung zunächst nach rechts und gleich wieder nach links, so daß Sie
Heiligenthal erreichen. Dort halten Sie sich zunächst Richtung Lüneburg, nach zwei Kilometern folgen Sie links dem Wegweiser in den Ortsteil

Oedeme So geht es geradewegs hinein nach
Lüneburg siehe Tour 1.
Umgekehrt: Sie verlassen Lüneburgs Ortskern auf der Soltauer Straße (Bundesstraße 209), folgen auf Höhe eines auffälligen Hochhauses dann aber rechterhand der Ausschilderung nach Oedeme. Immer geradeaus, am Ende dieser Straße dann rechts nach Heiligenthal. Dort geht es in einer extrem scharfen Linkskurve nach Südergellersen.

Tour 30 23 km

HARBURG — BUCHHOLZ

ADFC-Haupka 1:100 000 Blatt 6
NLV Radwanderkarte 1:75 000 Blatt RC 2722

Harburg siehe Tour 28. Sie verlassen die Stadt auf der Bundesstraße 4 Richtung Lüneburg. Diese ist natürlich sehr belebt, weshalb die Fahrt zunächst recht laut und ungemütlich ist. Nach einigen Kilometern folgen Sie rechts der Ausschilderung nach *Ehestorf und Stade*. Sie erreichen dann die Autobahn 7 und folgen gleich hinter der Unterführung der Ausschilderung nach

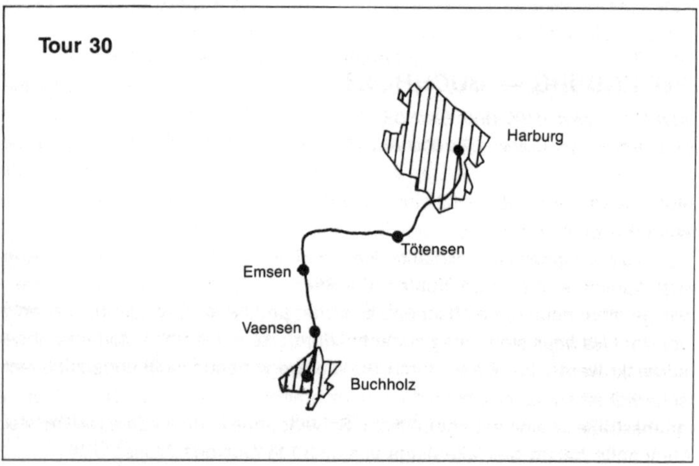

Tötensen Auf dem Weg dorthin durchfahren Sie mehrere direkt aufeinander folgende Dörfer wie *Beckedorf, Woxdorf und Metzendorf.* Die Strecke ist nun ruhiger, steigt allerdings an und gewährt Ihnen bald einen eigentümlichen Ausblick auf Grünflächen im Vordergrund und Autobahn und Industrieschlote im Hintergrund. An z. T. pompösen Villen vorbei erreichen Sie in Tötensen die Bundesstraße 75. An ihr geht es nach links und gleich darauf, am Gasthaus ,,Königshof'', wieder rechts Richtung Leversen.
Umgekehrt: Aus Sieversen kommend, an der Bundesstraße links (nicht geradeaus Richtung Hittfeld !) und nach wenigen Metern rechts der Ausschilderung zum Krankenhaus folgen.
Sie kommen dann in
Sieversen an eine Kreuzung, an der Sie links nach
Emsen fahren. Steigungen und Wald charakterisieren diese Strecke. In *Langenrehm* gibt es mehrere Gasthäuser an der Durchgangsstraße. Sie halten sich von Emsen aus immer geradeaus und kommen bald wieder an die Bundesstraße 75. Ab jetzt wird der Verkehr zwar lebhafter, Sie sind jedoch auf dem begleitenden Radweg sicher aufgehoben. So geht es dann durch
Vaensen (Gasthof ,,Königshof'') hindurch hinein nach
Buchholz siehe Tour 29.

Tour 31 52 km

ROTENBURG — BUCHHOLZ

ADFC-Haupka 1:100 000 Blatt 36, 37
NLV Radwanderkarte 1:75:000 RC 2722, RC 3122

Rotenburg Die Stadt besitzt eine besondere Anziehungskraft, die wohl in erster Linie durch die Namensgleichheit mit der berühmten Stadt ,,ob der Tauber'' zu begründen ist. Doch auch wer ,,nur'' in das Rotenburg ,,an der Wümme'' kommt, wird sich wohlfühlen. Die Stadt bietet nämlich eine recht eigenwillige, aber gelungene Mischung aus alter und neuer Bebauung. Wer etwa vor dem *Rathaus* steht, mag zunächst durch die seelenlose Moderne abgeschreckt werde. Ein Gang durch die hier beginnende Fußgängerzone entschädigt einen dann optisch doch ganz erheblich. Aus der einstigen Durchgangsstraße ist eine sehr gemütliche Schlendermeile geworden. Die meisten Geschäfte haben hier allerdings von 12.30-14 Uhr geschlossen.

Die Geschichte Rotenburgs war alles andere als ruhig. Ende des 12. Jahrhunderts wurde hier eine staufische Festung errichtet, je nach Schreibweise auch Rodenborg oder Rotheborg genannt. Man nimmt an, daß der Name von Rott, also Sumpf, kommt und die Burg folglich Sumpfburg hieß. Um diese entwickelte sich eine Siedlung, die Anfang des 16. Jahrhunderts mit Gräben und Mauern weiter befestigt wurde. Dennoch wurde die Burg 1590 vernichtet. An ihrer Stelle entstand ein Schloß. Die fortwährenden Streitigkeiten zwischen Schweden, Welfen und Franzosen ließen auch Rotenburg nicht zur Ruhe kommen. Besonders schlimm waren die Auswirkungem im Dreißigjährigen Krieg, als nicht nur das Schloß abbrannte, sondern auch die Bevölkerung völlig verarmte. Schwere Brände 1626 und 1658 taten ein übriges.
Haupterwerbszweig all dieser Zeit war natürlich die Landwirtschaft. 1867 wurden Rotenburg und Zeven zum Kreis Rotenburg zusammengefaßt, 1929 erhielt Rotenburg die Stadtrechte. Heute ist Rotenburg eine moderne, wachsende Stadt, die zweifelsohne von ihrer Lage zwischen Bremen und Hamburg und mitten im Autobahndreieck Hamburg-Bremen-Hannover profitiert. Zudem führen auch die Bahnstrecke Bremen-Hamburg sowie vier große Bundesstraßen durch den Ort.

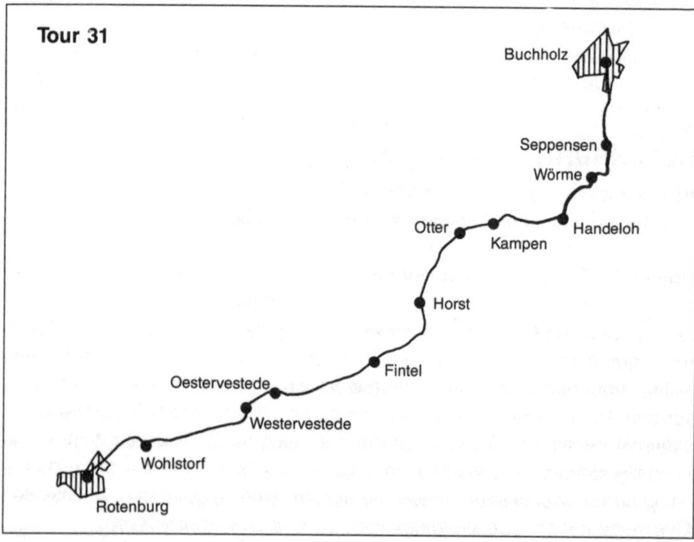

Das Aussehen der einstigen Burg ist heute nicht mehr bekannt. Und Spuren von ihr findet man leider auch nicht mehr. Gleiches gilt für das erwähnte Schloß. So bleibt als Blick in die Historie einzig das *Heimatmuseum*, das auf der Bischofshöhe (westlich der Burgstraße) plaziert ist (Tel. 0 42 61/45 20, geöffnet wochentags 15-18 Uhr, an Sonn- und Feiertagen 10-12 und 15-18 Uhr, montags und donnerstags geschlossen). Zentrales Gebäude dieses Freilichtmuseums ist ein Bauernhaus von 1778.

Desweiteren sei der *Stadtpark* empfohlen, der nördlich der Wümme im englischen Stil am Amtshof angelegt wurde. Erhalten sind noch das Herrenhaus (1747) und eine Kornscheune.

Schließlich finden Sie in der Fußgängerzone noch das *Rudolf-Schäfer-Haus* von 1675, das nach einem Kirchenmaler benannt wurde und in dem heute ein Holzschnitzer seiner Tätigkeit nachgeht. Ihm kann man bei seiner Arbeit zusehen (Tel. 0 42 61/15 47).

Um den Fremdenverkehr anzukurbeln, hat man sich vier, sorgsam über das Jahr verteilte Feste einfallen lassen. So findet Mitte Mai das *Geranienfest* statt, auf dem Fachbetriebe aus der Umgebung drei Tage lang ca. 100 000 Pflanzen zum Kauf anbieten. Am ersten Samstag im Juni wird dann zum *Matjesfest* eingeladen, ein großer Markt voller Veranstaltungen, bei denen natürlich der Matjes im Mittelpunkt steht. Ungefähr 10 000 fangfrische Exemplare dieses Fisches werden dann verkauft.

Das größte der vier Feste ist das *Weichselseefest*, immer am dritten Juniwochenende. Ein riesiges Stadtfest mit Frühschoppen am Morgen und Disco am Abend sowie unzähligen Aktivitäten über Tag. Und das drei Tage lang.

Den Festreigen beschließt dann am ersten Sonnabend im Oktober der *Kartoffelmarkt*. Von der Struktur her so wie das Matjesfest angelegt, nur dreht sich hier eben alles um die Kartoffel.

Den Hunger kann man gut in der Fußgängerzone stillen, so etwa schnell und einfach bei „La Piazza", einer Stehpizzeria. Oder in der „Oase" und dem „Becks Speicher" am Stadtgraben.

Verkehrsamt, Rathaus, 2720 Rotenburg (Wümme), Tel. 0 42 61/71-0

Radläden:

Beyer, Brauerstraße 24, Tel. 0 42 61/8 31 94

Schütz, Große Straße 77, Tel. 0 42 61/29 65

Klemme, Kirchstraße 9, Tel. 0 42 61/40 47, verleiht auch Räder.

Jugendherberge, Verdener Str. 104, Tel. 0 42 61/8 33 22

Camping am Weichelsee, Bremerstraße 51, 2720 Rotenburg, Tel. 0 42 61/40 40 (westlich der Bundesstraße 215 und südlich der Bundesstraßen 71/75).

Ein EZ mit Frühstück kostet ab DM 18, im Durchschnitt allerdings DM 35. Ein Unterkunftsverzeichnis gibt es beim Fremdenverkehrsamt.
Freibad, Nödenstraße 9, Tel. 0 42 61/44 17.

Sie verlassen die Stadt auf der Bundesstraße 75 Richtung Hamburg. Während diese aber bald nach links abknickt, bleiben Sie geradeaus, die Straße macht dann bald einen Rechtsknick und bringt Sie nach
Wohlsdorf sowie
Bartelsdorf Von dort aus orientieren Sie sich nach
Westervesede und
Ostervesede Wer dann, nach gut 20 Kilometern, nicht mehr mag, kann in
Fintel die Jugendherberge ansteuern (Schneverdinger Straße 40, Tel. 0 42 65/13 72).
Verkehrsverein, 2721 Fintel, Tel. 0 42 65/343.
Alle anderen aber fahren an der Kreuzung (Gastsstätte ,,Am Markt'') geradeaus Richtung Wesseloh. Dann folgt nach einiger Zeit links der Abzweiger nach
Horst Von hier geht es nach vier Kilometern rechts nach
Otter Dort bietet sich der Gasthof Gerlach für eine eventuelle Rast an. Sie fahren rechts ab nach
Kampen wo eine schöne, reetgedeckte Windmühle durchaus einen Besuch wert ist. Weiter geradeaus bis zu einer größeren Straße, an dieser rechts zur Bundesstraße 3 in
Welle
Umgekehrt: Aus Welle kommend Richtung Tosted halten und nach 1,5 Kilometern links nach Otter.
Sie meiden allerdings die Bundesstraße und fahren stattdessen der Ausschilderung nach
Handeloh nach. Am Ortseingang geht es links zunächst nach
Wörme Wollen Sie länger in der Lüneburger Heide bleiben, bietet es sich an, in Handeloh geradeaus ins nur drei Kilometer entfernte Inzmühlen zu fahren. Dort finden Sie in der im Wehlener Weg eine *Jugendherberge* (Tel. 0 41 88/3 42). Oder Sie fahren diese Straße noch weiter bis Undeloh (weitere neun Kilometer), wo sich ebenfalls eine Jugendherberge befindet (Heimbucher Straße 2, Tel. 0 41 89/2 79). Dort haben Sie dann Anschluß an die Tour 32 (Lüneburg — Rotenburg).
Von Wörme geht es bald links nach
Seppensen und schließlich nach
Buchholz siehe Tour 29.

Tour 32 97 km

LÜNEBURG — ROTENBURG

ADFC-Haupka 1:100 000 Blatt 6, 8, 9
NLV Radwanderkarte 1:75 000 Blatt RC 2726, RC 3126, RC 3122

Lüneburg siehe Tour 1. Sie verlassen die Stadt auf der recht vielbefahrenen Bundesstraße 209 Richtung Soltau (das gilt auch, falls Sie von der Jugendherberge aus starten). Dann folgen Sie bald dem Abzweiger nach
Oedeme Und plötzlich lassen Sie den Lärm der Bundesstraße hinter sich, Ruhe kehrt ein. Sie halten sich bei der nächsten Abzweigung links und später rechts, um nach
Heiligenthal zu kommen. Hier geht es in einer Linkskurve nochmals scharf links nach
Südergellersen Auf der nun folgenden Fahrt nach
Weetzen (in Südergellersen geradeaus halten) wird die Strecke nun etwas hügeliger. So erhebt sich rechterhand der *Jägerberg* auf 67 Meter, der *Lerchenberg* gar auf 71 Meter. In Weetzen biegen Sie in die Straße *Am Butterberg* rechts ein, an einer später folgenden Kreuzung geht es dann links nach
Putensen Dort geht es an der Kreuzung nach rechts (Richtung Westergellersen), dann aber gleich wieder links in Richtung
Eyendorf In der Ferne wird rechterhand Salzhausen erkennbar. In Eyendorf steht eine schöne, 1897 errichtete Holländermühle, die auch besichtigt wer-

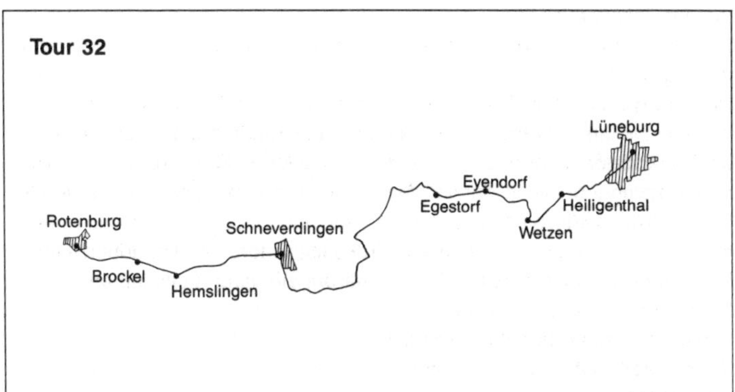

den kann (Tel. 0 41 72/71 83). Sie biegen zunächst rechts in die Hauptstraße ein, an der folgenden Kreuzung dann links nach

Egestorf Dabei haben Sie in Eyendorf sehr steile, kurze Anstiege zu bewältigen. Auf dem Weg nach Egestorf ist an der Autobahn Vorsicht angebracht, da sich hier eine Autobahnabfahrt befindet, die Geschwindigkeiten entsprechend hoch sind. Im auf halber Strecke gelegenen Lübberstedt befindet sich ,,Gellersens Gasthof'' für eine mögliche Rast. In Egestorf geht es rechts weiter nach Undeloh. (*Umgekehrt: In Egestorf der Ausschilderung zur Autobahn 7 folgen.)* In

Sahrendorf geht es dann scharf links weiter nach Undeloh. Nun sind Sie auch im Kerngebiet der Lüneburger Heide, dem ,,Naturschutzgebiet Lüneburger Heide''. Und einer der zentralen Orte dieses Gebietes ist

Undeloh Restaurants, Cafès, Teestuben, Souvenirhandel, Heidehonig und Kutschenfahrten prägen diesen Ort. Seine größte Sehenswürdigkeit ist allerdings die *Magdalenenkapelle*. Am Fuße sind mit den Feldsteinen noch ihre Ursprünge aus dem 12. Jahrhundert erkennbar. Darüber erhebt sich dann das erst im 17. Jahrhundert errichtete Fachwerkgemäuer. Neben ihr steht der hölzerne Glockenstuhl.

Jugendherberge, Heimbucher Straße 2, 2111 Undeloh, Tel. 0 41 89/2 79.

Sie folgen hier dem Abzweiger nach

Wilsede Die Wege, so auch dieser, sind hier für Radler nicht besonders gut. Viel Kopfsteinpflaster macht die Weiterfahrt ohnehin schwierig. Erschwerend kommt dann hinzu, daß auch Militär sowie Roß und Reiter diese Wege nutzen, was sie sicherlich nicht verbessert. Dieser Weg nach Wilsede ist nur für Wagen mit Sondergenehmigung zugelassen, wir waren jedoch erstaunt, wieviele Sondergenehmigungen es geben muß. Wir sind deshalb noch weitere Wege in diesem Abschnitt abgefahren, sie waren jedoch noch schlimmer. Westlich von Wilsede erhebt sich der *Wilseder Berg* auf 169 Meter, höher ist in Norddeutschland niemand. Entsprechend schön und weitläufig ist der Ausblick. Sehenswert ist im Ort selbst das Heidemuseum ,,Dat ole Huus'', ein Bauernhof von 1907, das noch einen Einblick in die bäuerlichen Lebensbedingungen um die Jahrhundertwende gewährt (geöffnet Mai bis Oktober täglich 10-13 und 14-17 Uhr).

Sie setzen die Fahrt in südwestliche Richtung fort und kommen in *Ober-Haverbeck* auf eine größere Straße, auf der Sie nach links fahren.

Umgekehrt, also aus Richtung Schneverdingen kommend, folgen Sie in Ober-Haverbeck rechts der Ausschilderung ,,Cafè Bockelmann 500 Meter''.

Diese Straße führt Richtung Bispingen. Sie biegen allerdings nach knapp drei Kilometern bereits rechts nach

Scharrl ab, kurz vor Scharll kommt noch ein zweiter Rechtsabbieger. Die Fahrt hierhin bietet einen der typischen Kontraste der Lüneburger Heide. War man eben noch von Kutschen und gemütlichen Gasthäusern umgeben, begegnet man jetzt plötzlich auf freien Feldern Panzern.
Umgekehrt fahren Sie von Scharrl aus Richtung Behringen, folgen aber nach zwei Kilometern dem Abbieger links.
Von Scharrl aus geht es geradeaus zur Bundesstraße 3, an der Sie geradewegs nach
Heber weiterfahren. Etwa zwei Kilometer südlich dieser Kreuzung befindet sich übrigens ein Campingplatz. In Heber knickt die Straße nach Schneverdingen bald rechts ab, Sie halten sich aber geradeaus Richtung Neuenkirchen. Erst drei Kilometer weiter, nach der Überquerung der Bahnschienen, folgen Sie rechts der Beschilderung nach
Schneverdingen hinein.
Umgekehrt verlassen Sie die Stadt zunächst auf der Straße nach Verden/Neuenkirchen, später halten Sie sich zunächst Richtung Soltau Gewerbegebiet Süd, bis dann links an den Schienen der Hinweis Richtung Heber folgt.

Seit 1972 ist Schneverdingen (ca. 11 000 Einwohner) „Staatlich anerkannter Luftkurort", 1976 gab es die Stadtrechte dazu. Und ähnlich wie bei Soltau oder Dorfmark, resultiert die enorme Anziehungskraft Schneverdingens weniger aus einem etwaigen imposanten Stadtbild, als vielmehr aus der zweifelsohne reizvollen Umgebung.
So ist Schneverdingen schon sehr früh besiedelt worden, vermutlich von den Kelten. Ihnen folgten die Sachsen. Erstmals urkundlich erwähnt wird der Ort Schneverdingen 1231. Viel einschneidender aber war, daß auch dieser Ort von den europäischen Kriegen zwischen dem 17. und dem 19. Jahrhundert schwer getroffen wurde, die Bevölkerung verarmte. 1664 sollen hier nur noch 163 Menschen gewohnt haben, besonders verheerend war dann die Franzosenzeit 1803-13.
Immerhin fanden die Schneverdinger aber Wege, um ihr Einkommen zu erhöhen. Denn die damals übliche Schafzucht reichte allein nicht zum Überleben. So begann man, zu stricken und die Produkte im Hausierhandel zu veräußern. 1805 sollen so im Kirchspiel Schneverdingen 26 217 Paar Socken und 518 Unterhosen gestrickt worden sein. Später begann man auch mit der Lederverarbeitung, besonders populär wurde die Schuhherstellung.
Heute ist aber für Schneverdingen die Land- und Forstwirtschaft kaum mehr wichtig. Vielmehr prägt eine Mischung aus verschiedenen Fabriken, Handwerks- und Dienstleistungsbetrieben die Wirtschaft. Von unschätzba-

rem Wert sind aber auch die Touristen. Und diese, da schließt sich der Kreis, sollen möglichst Felle, Strickwaren und Schuhe erwerben. Und was man sonst noch so in Schneverdingen herstellt. Auszug aus dem Angebot einer Firma: ,,Autolammfelle, Navajo-Indianer-Schmuck, Heidschnuckenfelle, Wurst, Weine''.
Weit über die Lüneburger Heide hinaus bekannt ist Schneverdingen aber für seine ,,Heidekönigin''. Diese wird alljährlich im Rahmen des *Heideblütenfestes* am letzten Augustwochenende gekürt. Es ist vermutlich das größte Heimatfest in der Lüneburger Heide, hieß allerdings zunächst ,,Fest der weißen Rose'', seit 1936 dann aber ,,Heideblütenfest''.
Die Umgebung reizt besonders zu Wanderungen, worüber man sich auch beim Fremdenverkehrsamt informieren kann. Zudem bietet die Stadt Schneverdingen sehr viele Veranstaltungen an. So etwa Wanderungen zu bestimmten Themen, Mondscheinwanderungen (mit Einkehr!), Vorträge oder einen Abend mit dem Schäfer (inklusive Grillen von Heidschnuckenfleisch). Informationen hierüber gibt es ebenfalls beim Fremdenverkehrsamt.
Von Privatpersonen werden weitere Attraktionen angeboten. So kann man z.B. eine Imkerei beobachten (Wilhelm Inselmann, Langelohsberg 14, Tel. 18 81) oder selber Puppen anfertigen (Inge Bergmann, Am Brink 1a, Tel. 60 23).
Natürlich besitzt Schneverdingen auch ein *Heimatmuseum*, es ist ,,De Theeshof'', geöffnet dienstags bis samstags 15-18 Uhr, sonntags 10-12 und 15-18 Uhr, im Nordteil der Stadt gelegen. Gehen Sie auf der Schulstraße, in der auch das Fremdenverkehrsamt liegt, Richtung Norden, dann links in den Langelohsberg.
Konjunktur haben in Schneverdingen im übrigen auch Galerien, ein offizielles Verzeichnis zählt immerhin neun Stück auf.
Wochenmarkt ist donnerstags von 8-12 Uhr neben dem Rathaus.

Verkehrsamt, Schulstraße 6a, 3043 Schneverdingen, Tel. 0 51 93/70 66.
Die nächste Jugendherberge ist jene im elf Kilometer nordwestlich gelegenen Fintel, Schneverdinger Str. 40, 2721 Fintel, Tel. 0 42 65/13 72. Ein Campingplatz liegt südlich von Heber, dem letzten Ort vor Schneverdingen (s.o).
Beim Verkehrsamt gibt es ein sehr aufwendiges, detailliertes Unterkunftsverzeichnis, das genau Lage, Ausstattung und Betätigungsmöglichkeiten der einzelnen Unterkünfte auflistet. Einzig peinlich nur das hierin enthaltene Foto eines Paares, das vor ,,deftigen'' Wurstplatten sitzt, er mit einem Bier, sie mit einem Orangensaft. Voll aus dem Klischeetopf gefischt.
Radverleih:
Brigitte Denkena, Flurstraße 2a, Tel. 73 39.

Reinhold Carius, Mühlenweg 15, Telefon 33 89.
Willi Runge, Förengrund 7, Tel. 22 55
Eberhard Nadzeika, Heberer Straße 9, Tel. 23 13
Bahnhof Schneverdingen, Tel. 23 94

Sie verlassen die Stadt in Richtung
Lünzen Nächster größerer Ort ist allerdings dann
Hemslingen Dort gelangen Sie auch auf die Bundesstraße 71, der Sie über
Brockel hinein nach
Rotenburg (siehe Tour 31) folgen.

Tour 33 43 km

ROTENBURG — SOLTAU

ADFC-Haupka 1:100 000 Blatt 8
NLV Radwanderkarte 1:75 000 Blatt RC 3122

Eine ruhige Strecke, da der Verkehr zwischen den beiden Städten über die Bundesstraße 71 führt.

Rotenburg siehe Tour 31. Sie verlassen die Stadt auf der Bundesstraße 71 Richtung Soltau. Nach einiger Zeit nehmen Sie dann aber rechts den Abzweiger nach *Hastedt*. Die Strecke wird nun, nach Verlassen der B 71, spürbar ruhiger. Bereits in
Worth wird es dann noch geruhsamer. In der scharfen Rechtskurve (auf Höhe des Restaurants ,,Zu den Wasserdörfern") halten Sie sich geradeaus. Die letzten Meter bis zur nächsten großen Straße bestehen aus sandiger Piste. *Umgekehrt: Aus Bothel kommend, in einer Rechtskurve auf Höhe der Strommasten links abbiegen, leider stehen hier keine weiteren Schilder.*
So kommen Sie zunächst nach
Bothel Dort zunächst nach rechts (Richtung Visselhövede), dann aber in der Rechtskurve links in den Holderweg und diesen immer geradeaus. Sie kommen dann nach einiger Zeit durch den Wald an eine Asphaltstraße, an dieser nach rechts und wenig später, in
Rosebruch links Richtung Söhlingen. Nach zwei Kilometern geht es rechts Richtung Brochdorf, nach knapp drei weiteren Richtung

Rutenmühle
Umgekehrt: Aus Rutenmühle kommend links Richtung Moordorf. An der nächsten Kreuzung links Richtung Rosebruch, am Ende dieser Straße rechts Richtung Bellen. Nach einem guten Kilometer zeigt links unten ein Schild in die entgegengesetzte Richtung gen Buchholz. Und genau hier fahren Sie links hinein. Es ist der Holderweg. Vom Holderweg am Ende zunächst rechts Richtung Brockel, dann aber gleich links Richtung Hemsbünde und weiter wie oben beschrieben.
Rutenmühle ist eine wahre Pracht, unglaublich idyllisch gelegen und nur mit wenigen Häusern bestückt. Setzen Sie sich einfach an den Hahnenbach und genießen Sie die Ruhe!
Weiter geht dann die Fahrt Richtung
Neuenkirchen Hier geht es an der Hauptstraße zunächst links nach Richtung Soltau, an der eindrucksvollen Kirche vorbei und noch vor der Bundesstraße 71 rechts dann rechts Richtung Fallingbostel.
Der Ort ist für zweierlei bekannt. Zum einen für die 1880 errichtete Kirche mit ihrem schönen Bronzetaufbecken. Zum anderen für den Kunstverein Springhornhof von Ruth Falazik, der sich moderner Kunst verschrieben hat. In der Landschaft rund um die Stadt finden Sie viele Freilichtobjekte aufgestellt. Eine Art Wegweiser zu ihnen erhalten Sie auf dem Springhornhof

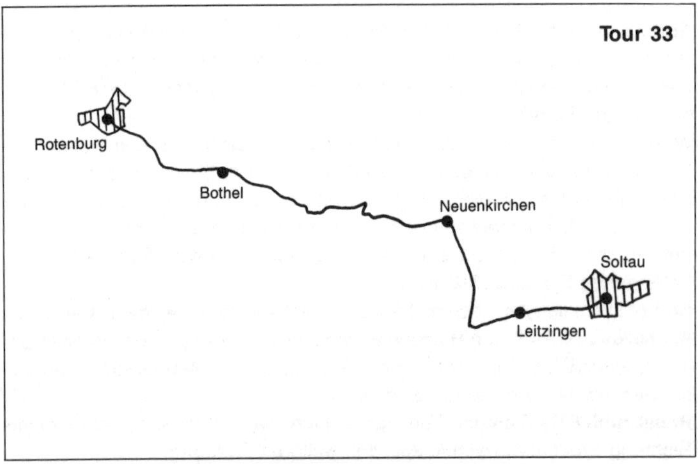

(Tel. 0 51 95/366, geöffnet dienstags bis freitags 14-18 Uhr, sonnabends und sonntags 10-18 Uhr).
Umgekehrt: Aus Frielingen kommend, in Neuenkirchen links Richtung Kirche, an ihr vorbei und rechts nach Rutenmühlen.
Von Neuenkirchen geht es auf gerader Strecke südlich nach
Frielingen Bald hinter den Bahnschienen weist links ein Abzweiger den Weg nach *Leitzingen* und
Soltau (siehe Tour 18) hinein.
Umgekehrt: In Soltau auf die Bundesstraße 71 Richtung Nienburg fahren. Kurz hinter den Schienen geht es rechts Richtung Leitzingen und Woltem.

Tour 34 31 km

VERDEN — ROTENBURG

ADFC-Haupka 1:100 000 Blatt 8
NLV Radwanderkarte 1:75 000 Blatt RC 3118, RC 3122

Eine sehr ruhige Tour mit einer guten Rastmöglichkeit am Bullensee.

Verden siehe Tour 26. Sie verlassen die Stadt zunächst in Richtung Visselhövede. Nach der Unterführung unter den Schienen zweigt in der folgenden Kurve links die *Brunnenstraße* ab, in die Sie einbiegen. Auf ihr halten Sie sich immer geradeaus.
Umgekehrt: Nachdem Sie die Autobahn passiert haben, biegen Sie links in die Straße Uhlemühlen ab. Die Strecke ist leicht hügelig. Dann geht es durch
Scharnhorst hindurch. Auf dem Weg nach
Holtum passieren Sie zunächst einen Flugplatz, dann das Wasserwerk.
Umgekehrt: Aus Holtum kommend, von dort zunächst Richtung Kirchlinteln halten, dann rechts Richtung Wasserwerk.
In Holtum biegen Sie rechts nach Süderwalsede ab. Am Ortsausgang von Holtum erkennen Sie linkerhand eine schöne Mühle. Achtung! Der folgende Bahnübergang ist sehr schlecht, fahren sie langsam! Auf einer von viel Wald umgebenen Straße kommen Sie dann also zunächst nach
Süderwalsede Sie kommen an eine Kreuzung, an der Sie links abbiegen, ein Gasthof ist an dieser Kreuzung quasi geradeaus erkennbar. *Umgekehrt biegen Sie an besagter Kreuzung rechts Richtung Walle/Holtum-Geest ab.*

Ein Stückchen hinter Süderwalsede geht es links nach Westerwalsede und Rotenburg, Sie bleiben aber auf der Hauptstraße Richtung
Kirchwalsede Dort kommen Sie an eine Kreuzung mit zwei guten Gasthöfen sowie der sehenswerten, romanischen *Bartholomäus-Kirche* aus dem 12. und 13. Jahrhundert. Sie halten sich geradeaus. Immer auf der Hauptstraße radeln, bis links ein Abzweiger Richtung *Bullensee* erkennbar wird.
Der Große und der Kleine Bullensee umfassen ein beliebtes Naherholungsgebiet mit Waldwegen, Cafès sowie den Seen selbst, auf welchen man u.a. mit dem Tretboot fahren kann. Ein ausgezeichneter, an Sommerwochenenden aber auch schnell überfüllter Platz für eine Rast.
Der Name soll angeblich dadurch entstanden sein, daß ein Bauer mit seinem Ochsenkarren durch die Gegend gefahren sei. Dabei sei er eingeschlafen, seine Ochsen aber unbeirrt geradeaus gefahren — in den Großen Bullensee. Kutsche, Bauer und Ochsen wurden nie wiedergesehen.
Auf den oben angebenen Radkarten ist für die Weiterfahrt ein Radweg durch den Wald zur Bundesstraße 440 angegeben. Unsere Erfahrung mit diesem Weg ist nicht sonderlich gut, da man sich ihn im Sommer mit sehr vielen Spaziergängern teilen muß. Wir empfehlen deshalb, zum oben erwähnten

Tour 34

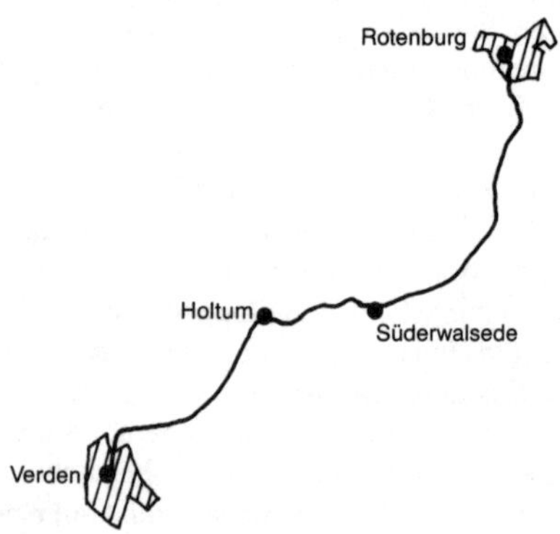

Abzweiger gen Bullensee zurückzukehren und links bis zur Bundesstraße weiterzufahren. Auf ihr (Radweg) kommen Sie dann hinein nach **Rotenburg** siehe Tour 31.

Tour 35 60 km

BREMEN — VERDEN

ADFC-Haupka 1:100 000 Blatt 37
NLV Radwanderkarte 1:75 000 Blatt RC 3118

Eine bis Lilienthal sehr laute, hektische Route. Ab dort aber sehr ruhig.

Bremen RRRRRoland derrrr RRRRRiese am RRRRRRRathaus zu Brrrremen — wer mußte diesen Satz in der Schule nicht aufsagen. Er ist 1404 vor dem Rathaus aufgestellt worden, und es heißt, daß Bremen solange frei bleibe, solange dem Roland nichts geschehe. Zuvor hatte hier ein hölzerner Roland gestanden, der 1366 von erbischöflichen Soldaten verbrannt wurde.
Nicht weniger bekannt als der Roland sind die *Bremer Stadtmusikanten*. Sie kamen nur nie bis Bremen. Da war zunächst ein Esel, der für die Arbeit zu alt war und getötet werden sollte. Da machte er sich auf den Weg, um in Bremen Stadtmusikant zu werden. Unterwegs traf er auf einen Hund, der fürs

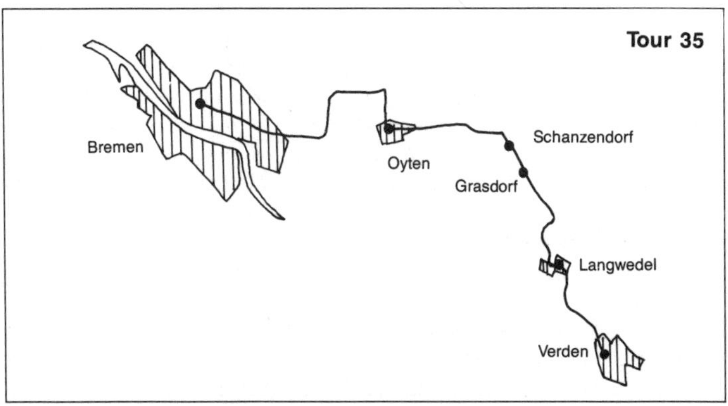

Jagen zu alt war und ebenfalls getötet werden sollte. Nun aber zog er mit dem Esel Richtung Bremen. Bald darauf begegnete ihnen eine Katze, die keine Mäuse mehr fangen konnte und deshalb ertränkt werden sollte. Sie schloß sich Esel und Hund an. Zum Schluß trafen sie einen Hahn, der in den Suppentopf gesteckt werden sollte. Er machte sich nun aber mit den Dreien auf den Weg nach Bremen.
In der Nacht erblickten sie im Wald eine beleuchtete Hütte, an die sie sich heranschlichen. Drinnen saßen einige Räuber rund um einen prächtig gedeckten Tisch. Da beschlossen die vier Tiere, die Räuber zu überfallen und begannen zu singen. Der Hund sprang auf den Esel, die Katze auf den Hund, der Hahn auf die Katze. Dann ging es los. Der Hahn krähte, die Katze miaute, der Hund bellte und der Esel schrie. Der Räuber flohen ob dieses Lärms in den dunklen Wald hinein. Die Tiere aber setzten sich an den Tisch und füllten ihre Leiber.
Im weiteren Verlauf der Nacht wurde einer der Räuber zurück zum Haus geschickt, um die Lage zu erkunden. Der Mann schlich sich ins Haus, sah zwei leuchtende Kugeln, die Augen der Katze, hielt sie aber für Kohlen und wollte eine Kerze anzünden. Da sprang ihm die Katze ins Gesicht. Der Mann lief zur Tür, wo ihn der Hund ins Bein biß, bevor ihm der Esel auf dem Hof einen Tritt verpaßte, alles vom Krähen des Hahnes begleitet. Er eilte schließlich in den Wald hinein, erzählte seinen Kameraden von seinem schrecklichen Erlebnis, und allesamt wagten sie es nie wieder, sich der Hütte zu nähern.
Die vier Tiere aber richteten es sich in der Hütte gemütlich ein und kamen nie nach Bremen. Denn wenn sie nicht gestorben sind, leben sie dort noch heute.....

So sahen sie denn nie die Stadt, die aus einer strategisch günstig gelegenen Siedlung erwuchs. Immerhin lag dieser Platz an der Kreuzung von Binnenland und Küste, von Handelswegen aus Südwest und Nordost. „Bremun" war bald so bedeutend, daß Karl der Große es 780 zum Bischofssitz machte und den Priester Willehead auf Missionsreise hierhin schickte. Dieser ließ eine Holzkirche dort errichteten, wo heute der Dom steht. 888 erhielt Bremen das Marktprivileg, der Handel mit Nordeuropa gedieh prächtig, zudem war Bremen auch geistiger Mittelpunkt in Norddeutschland. Das gilt besonders für das 11. Jahrhundert. 1358 trat Bremen der Hanse bei, 1522 wurde die Reformation eingeführt.
Die Freude über die unaufhörliche wirtschaftliche Expansion wurde allerdings durch die zunehmende Versandung des Hafens getrübt. So entstand zu Beginn des 17. Jahrhunderts in Vegesack Deutschlands erster künstlicher Ha-

fen. Die Gründung Bremerhavens 1827 hatte übrigens den gleichen Grund. In der Zwischenzeit gewannen der Walfang und der Amerikahandel an Gewicht. Ende des 19. Jahrhunderts ankerten die großen Amerikapötte allesamt in Bremen. Erst mit dem Zweiten Weltkrieg fand Bremens Blüte ein Ende, die Stadt glich einem Ruinenfeld.
Für die Jahre des Wiederaufbaus steht unbestritten ein Mann — Wilhelm Kaisen, Sozialdemokrat und Bremens erster Bürgermeister nach dem Krieg. Noch heute gilt er als Motor der Bremer Wiedergeburt und ist wohl der populärste Politiker, den Bremen je besaß. Heute bildet Bremen (550 000 Einwohner), zusammen mit Bremerhaven, das kleinste Bundesland der Bundesrepublik. Zu den typischen Wirtschaftszweigen der Stadt gehören Hafenwirtschaft, Schiffbau, Tabakverarbeitung, Brauerei, Kaffeerösterei, Autofabriken und Fischerei. Mit allen damit verbundenen Schwierigkeiten.
Wer sich noch weiter in die Bremer Stadtgeschichte vertiefen möchte, kann dies im *Bremer Landesmuseum* tun, das außerdem noch Sammlungen zu den Themen „Spielzeug" und „Kulturgeschichte des Rauchens" besitzt (Schwachhauser Heerstraße 240, Tel. 04 21/496-35 75, geöffnet dienstags bis sonntags 10-18 Uhr, Eintritt DM 2).
Einen Ausschnitt aus der Stadtgeschichte behandelt auch die *Mühle Oberneuland*, hier ist nämlich die Ausstellung „Korn und Brot im alten Bremen" untergebracht (Mühlenweg 34, Tel. 04 21/25 92 14, geöffnet dienstags bis freitags 9-12 Uhr, sonntags 10-13 Uhr, Eintritt DM 1).
Nach Afrika, Asien, Amerika und Australien hingegen führt das *Übersee-Museum*, das diese Kontinente aus völkerkundlicher Sicht, aber auch unter Handelsaspekten darstellt (Bahnhofsplatz 13, Tel. 04 21/397-83 57, geöffnet dienstags bis sonntags 10-18 Uhr, Eintritt DM 2).
Ein wirklich ungewöhnliches Museum ist das *Bremer Rundfunkmuseum*, das die Geschichte von Rundfunk und Fernsehen nachvollzieht (Findorffstraße 85, Tel. 04 21/35 74 06, Eintritt DM 2).

Ein Besuch der Stadt beginnt natürlich am Roland. In unmittelbarer Nähe stehen die schon erwähnten Bremer Stadtmusikanten (1952 von Gerhard Marcks geschaffen). Sie residieren vor dem *Rathaus*, das 1405-1410 gebaut wurde, seine Renaissancefassade aber erst 1610 erhielt. Die untere Halle kann besichtigt werden, Führungen finden montags bis freitags um 10, 11 und 12 Uhr statt, samstags und sonntags nur um 11 und 12 Uhr, Dauer 30 Minuten, die Teilnahme ist kostenlos. Als weiteres sehenswertes Haus hier am Markt sei der *Schütting* genannt, 1537-1594 als Gildehaus der Kaufleute entstanden. Das moderne *Haus der Bürgerschaft* (1966) kann montags bis freitags

um 10 und 14.15 Uhr mittels einer Führung besucht werden (Dauer 20 Minuten, freier Eintritt, Tel. 04 21/3 61 49 91).
Dominiert wird die Marktfassade aber vom *Dom St. Petri*, an dessen Platz ja zunächst eine Holzkirche stand (Tel. 04 21/36 50 40, geöffnet montags bis freitags 9-17 Uhr, samstags 9-12 Uhr, sonntags 14-17 Uhr). Der Dom erhielt sein Gepräge im wesentlichen im 13. Jahrhundert. Seine Baugeschichte dokumentiert das *Dom-Museum*, das mittelalterliche Malereien, Plastiken und archäologische Funde zeigt (geöffnet montags bis freitags 10-17, samstags 10-12, sonntags 14-17 Uhr, Eintritt DM 2). Etwas gespenstisch wirkt der *Blei-Keller*, eine Art Leichenmuseum, in dem Tote nicht verwesen. Worauf dieses Phänomen zurückzuführen ist, weiß man bis heute nicht (geöffnet montags bis freitags 10-17 Uhr, samstags 14-17 Uhr, Eintritt DM 2, Kombikarte mit dem Dom-Museum DM 3). Sie können im übrigen auch den *Domturm* besteigen, um einen Überblick über das Bremer Stadtbild zu erhalten (geöffnet montags bis freitags 10-17 Uhr, samstags 10-12 Uhr, sonntags 14-17 Uhr, Eintritt DM 1).
Die Bremer Innenstadt, von Weser und Stadtgraben begrenzt, besitzt einige sehr schöne Straßenzüge, die heute als Fußgängerzone ausgewiesen sind, so die Sögestraße, die Obernstraße und natürlich die *Böttcherstraße*. Sie ist wohl die gemütlichste Bremer Innenstadtstraße, besitzt sehenswerte Geschäfte und schöne Lokale, außerdem erklingt täglich um 12, 15 und 18 Uhr ein Glockenspiel (nicht bei Frost!). Unbedingt achten sollten Sie auf die Böttcherstraße 6, das *Roselius-Haus*, das bereits 1588 errichtet wurde und heute eine Sammlungen von u.a. niederdeutscher Kunst und Waffen besitzt (Tel. 04 21/32 19 11, geöffnet montags bis donnerstags 10-16 Uhr, samstags und sonntags 11-16 Uhr, Eintritt DM 2,50). Im benachbarten *Paula-Becker-Modersohn-Haus* werden Gemälde der bekannten Malerin gezeigt (Böttcherstraße 8-10, Telefon und Öffnungszeiten wie das Roselius-Haus).
Wer noch mehr Kunst genießen möchte, sollte seine Schritte zur hervorragenden *Kunsthalle* lenken. Neben wechselnden Ausstellungen wird ständig Malerei aus dem 15. bis 20 Jahrhundert gezeigt (Am Wall 207, Tel. 04 21/32 90 80, geöffnet dienstags 10-21 Uhr, mittwochs bis sonntags 10-17 Uhr, das Kupferstichkabinett dienstags 10-18 Uhr, Eintritt DM 6). Von hier sind es nur wenige Schritte bis zum *Gerhard Marcks-Haus*, in dem jenem Bildhauer gedacht wird, der u.a. die Bremer Stadtmusikanten vor dem Rathaus schuf und sicherlich zu den bedeutendsten Vertretern seiner Zunft in diesem Jahrhundert gehört (Am Wall 208, Tel. 04 21/32 72 00, geöffnet dienstags bis sonntags 10-18 Uhr, Eintritt DM 2). Abgerundet wird das Bremer Kunstangebot durch die *Gesellschaft für Aktuelle Kunst e.V.*, die ständig wechselnde Ausstellun-

gen bietet (Teerhof 20d, Tel. 04 21/50 08 97, geöffnet dienstags bis donnerstags 11-13 und 14-18 Uhr, freitags 14-21 Uhr, samstags und sonntags 11-16 Uhr, Eintritt DM 2).
Von den Bremer Kirchen seien schließlich noch die ebenfalls am Markt errichtete *Unser Lieben Frauen Kirche* (13. Jahrhundert, geöffnet montags bis freitags 10-12.30 und 14-16.30 Uhr, samstags 10-12.30 Uhr, sonntags 11.30-13 Uhr), die am nahen Weserufer plazierte *St.-Martini-Kirche* (1220, mehrfache Umbauten) und die katholische *St. Johann* (14. Jahrhundert, Im Schnoor, geöffnet 8-19 Uhr) genannt.
Wer die Stadt lieber in einer organisierten Gruppe kennenlernen möchte, kann z.B. an einer *Stadtwanderung* teilnehmen. Diese beginnen zwischen 1. Mai und 31. Oktober täglich um 14.30 am Touristenbüro bzw. 15 Uhr am Roland, Dauer zwei Stunden, Kostenbeitrag DM 5. Es gibt auch *Stadtrundfahrten*, die Busse fahren, ebenfalls vom 1. Mai bis zum 31. Oktober, montags bis samstags um 15 Uhr und sonntags um 10.30 Uhr am Hauptbahnhof ab. Dauer zwei Stunden, Kostenpunkt DM 12.
Empfehlenswert ist in jedem Fall eine *Hafenrundfahrt*, die 75 Minuten durch das Bremer Hafengebiet führt. Die Schiffe legen vom Martini-Anleger ab, den Sie durch einen Fußgängertunnel von der Böttcherstraße aus erreichen. Abfahrt täglich um 10, 11.30, 13.30 und 15.15 Uhr, Kostenpunkt DM 10,50. Etwas teurer, sicherlich aber nicht minder eindrucksvoll ist ein *Rundflug*, er dauert 15 Minuten, kostet DM 40 und ist unter Tel. 04 21/55 40 08 (Roland Air) buchbar.
Wer sich nach all diesen Eindrücken erholen möchte, kann dies an den Wallanlagen oder im *Bürgerpark* tun, letzterer beginnt unmittelbar hinter dem Hauptbahnhof. Oder Sie fahren über die Schwachhauser Heerstraße zum *Rhododendronpark*, der täglich ab 7.30 geöffnet ist und die größte Rhododendrensammlung Europas besitzt.
Wer stattdessen lieber Geld loswerden möchte, begebe sich in die *Spielbank* in der Böttcherstraße (Tel. 04 21/32 13 29, geöffnet 15-3 Uhr) oder zur Galopprennbahn, auf der zweimal monatlich Rennen veranstaltet werden (Vahrer Straße 219, Tel. 04 21/46 33 07).
Natürlich wird in Bremen auch gefeiert, am bekanntesten ist der *Freimarkt*, der alljährlich im Oktober stattfindet. Lohnend ist aber auch die *Eiswette* am 6. Januar, bei der geprüft wird, ob die Weser vereist ist oder nicht.
Für eine Stadt wie Bremen kulinarische Tips zu geben, ist gefährlich, da es zu jedem Hinweis genügend Alternativen gibt. Eine gute Auswahl verschiedener Restaurants hat sich „Auf den Höfen" in der Straße „Auf den Häfen" zusammengefunden. Hier sollte eigentlich jeder etwas passendes finden. Diese Straße liegt im übrigen im Stadtteil Ostertor, der vor wenigen Jahren noch

recht runtergekommen war, nach einer gründlichen Sanierung heute aber als modernes, extrem radfreundliches Vorzeigeviertel gelten kann. Es erstreckt sich nördlich der Kunsthalle und östlich der Altstadt.

Verkehrsverein, Hillmannplatz 6 (vor dem Hauptbahnhof), 2800 Bremen 1, Tel. 04 21/30 800-0 (geöffnet montags bis donnerstags 8-20 Uhr, freitags 8-22 Uhr, samstags 8-18 Uhr, sonntags 9.30-15.30 Uhr).
Jugendherberge, Kalkstraße 6, 2800 Bremen 1, Tel. 04 21/17 13 69
Campingplatz, Am Stadtwaldsee 1, 2800 Bremen 1, Tel. 04 21/21 20 02
Beim Verkehrsverein gibt es auch ein sehr umfangreiches Unterkunftsverzeichnis. Ein Einzelzimmer mit Frühstück kostet ab DM 30, das teuerste DM 280. Die Mehrzahl bewegt sich allerdings um DM 60.
Radverleih: Fahrrad Station, Bahnhofsplatz Ostseite, Tel. 04 21/30 21 14, täglich 9-18 Uhr, dienstags geschlossen.
Radläden:
Zweiradhaus, Langemarckstraße 195-203, Tel. 04 21/50 28 24
Sander, Georg-Gröning-Straße 112, Tel. 04 21/34 38 42
Jakst, Davoser Straße 67, Tel. 04 21/40 45 55
Speiche, Weberstraße 18, Tel. 04 21/70 03 31
Velo-Sport, Martinistraße 30-32, Tel. 04 21/1 82 60
Bartels, Oberneulander Landstraße 37 a, Tel. 04 21/25 91 36

Am einfachsten verlassen Sie die Stadt, indem Sie der Ausschilderung nach Worpswede und Lilienthal folgen. Keine sonderlich schöne Fahrt, aber nicht zu verfehlen. So kommen Sie nach gut zehn Kilometern nach
Lilienthal siehe Tour 39. Sie bleiben immer auf der Hauptstraße, später heißt sie Falkenberger Straße. In Falkenberg kommen Sie dann zum Gasthof ,,Kutscher Behrens''. Unmittelbar hinter diesem führt rechts eine kleine Brücke über die *Wörpe*, der Sie folgen. Nun haben Sie endlich die ersehnte Ruhe gefunden. *Umgekehrt müssen Sie darauf achten, unmittelbar vor der Wörpe links in den nur für Radler und Fußgänger ausgewiesenen Weg einzubiegen.* Am Ende dieses Weges rechts, dann bald links nach
Dannenberg Die Straße geradeaus bis zu ihrem Ende an einer T-Kreuzung fahren. Unterwegs sehen Sie links weite Felder, rechts ist alles voller neuer Einfamilienhäuser. An der T-Kreuzung rechts und in die nächste Straße links (Neu-Rautendorfer Straße). Am Ende dieser Straße kommen Sie auf eine Kreuzung, an der sich auch die Gaststätte ,,Zum Moorhof'' befindet, hier geradeaus. Am Ende dieser Straße wiederum rechts in die Huxfelder Straße, an der Sie rechts Richtung

Wilhelmshausen fahren.
Umgekehrt fahren Sie von Wilhelmshausen Richtung Huxfeld, nach einigen Kilometern beginnt auf der linken Seite ein Radweg, nach nur wenigen Metern biegen Sie dann nach links ab (Neu-Rautendorfer Straße).
Von hier geht es über *Quellkorn* nach
Ottersberg Sie verlassen den Ort über die Bundesstraße 75 Richtung Bremen. Nach ungefähr fünf Kilometern zweigt links die Straße *Egypten* ab. Auf dieser Straße immer geradeaus, über die Autobahn hinweg, der Weg ist kurze Zeit nicht gut, sondern mit sehr huppeligem Kopfsteinpflaster bestückt. Aber eben nur kurz. Außerdem ist die Straße hier sehr kurvig und wellig. Dann geht es rechts in die *Tüchtener Straße.*
Umgekehrt: Von der Tüchtener Straße auf Höhe des Hauses 7-9 links abzweigen.
Am Ende der Tüchtener Straße links nach
Grasdorf In der Folgezeit geht es unbeirrt geradeaus weiter in Richtung Langwedel. So kommen Sie schließlich nach
Daverden
Umgekehrt: In Daverden passieren Sie zunächst eine Tankstelle (Dea), dann einen Videoladen, schließlich erreichen Sie eine Kreuzung, an der es rechts nach Tüchten geht.
Hinter Daverden folgt zunächst
Langwedel Am Ortsende geht es rechts nach
Groß Eissel Sie durchqueren das Dorf, wenig später weist Sie links ein Schild Richtung Verden. Wenn Sie die Hochhäuser dieser Stadt bereits erkennen, zweigt rechts die *Weserstraße* ab, der Sie bis zur *Allerstraße* folgen, wo es dann links zur Bundesstraße 215 und somit in die Innenstadt von
Verden (siehe Tour 26) geht.

Tour 36 49 km

ROTENBURG — BREMEN

ADFC-Haupka 1:100 000 Blatt 37
NLV Radwanderkarte 1:75 000 Blatt RC 3122, RC 3118

Rotenburg siehe Tour 31. Sie verlassen die Stadt auf der Bundesstraße 215 Richtung Verden. Nach ca. fünf Kilometern erreichen Sie

Unterstedt wo Sie rechts dem Abzweiger nach
Ahausen folgen. Hier geht es an der Kirche rechts nach
Hellwege Eine ruhige, flache und sehr baumreiche Tour. In Hellwege müssen Sie in einer Rechtskurve an ,,Prüsers Gasthaus'' quasi geradeaus nach *Posthausen* weiterfahren. Sie halten sich immer geradeaus und kommen an eine Kreuzung, an der es links nach Verden und rechts nach Ottersberg geht. Sie orientieren sich aber weiterhin geradeaus, die Straße wird deutlich enger, steigt an und Sie müssen sich einen Kilometer lang mit einer Schotter — bzw. Kopfsteindecke auseinandersetzen. Dann kommen Sie in die Siedlung
Tüchten Sie passieren die wenigen Gehöfte, kommen am Ende an eine größere Straße, in die Sie rechts einschwenken, um kurz darauf erneut rechts in die *Dohmstraße* nach
Bassen zu radeln. Sie durchqueren diesen Ortsteil Oytens bis zur Bundesstraße 75, auf der es links (Richtung Bremen) weitergeht.
Umgekehrt: Aus Oyten kommend, in Bassen rechts der Ausschilderung Dohmstraße/Sportanlage Bassen folgen, am Ende der Straße nach links und kurz darauf erneut links nach Tüchten.
Unmitelbar vor Oyten kommen Sie an eine große Kreuzung, an der es geradeaus für den Fernverkehr weitergeht, schräg rechts aber in den Ort. Diesem Wegweiser folgend, weist Sie ein Schild nach nur wenigen Metern auf Höhe der ,,Flora Apotheke'' rechts Richtung *Fischerhude*. Auf dieser Straße kommen Sie zunächst nach
Sagehorn Auf einer Brücke geht es über die Schienen, die Brücke macht eine Rechtskurve, an deren Ende scharf rechts eine Straße quasi zu den Schie-

Tour 36

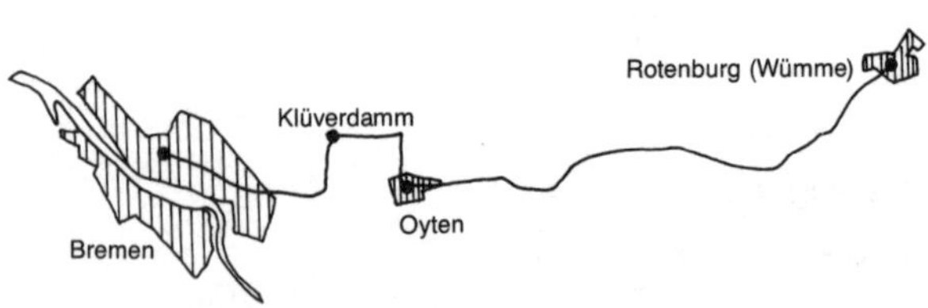

nen führt (noch vor dem Bahnhof !). Parallel zu den Schienen geht es westwärts. Sie kommen zunächst zu einer Tennishalle, dann „Sellingers Gasthof". Hinter Haus Nr. 37 biegen Sie links ab und fahren geradeaus weiter. Der Weg wird nun leider etwas schlechter, aber nur für eine kurze Zeit. Auf dem *Klüverdamm* erreichen Sie so den Stadtrand von Bremen. Überqueren Sie aber nicht die Schienen, sondern fahren Sie rechts weiter bis zur Straße *Auf der Heide*, in die Sie links einbiegen. Sie kommen so unmittelbar auf der *Rockwinkler Landstraße*, die später *Osterholzer Landstraße* heißt. Sie erreichen so wieder die Bundesstraße 75, auf der es nach
Bremen (siehe Tour 35) hineingeht.

Tour 37 52 km

ZEVEN — BREMEN

ADFC-Haupka 1:100 000 Blatt 37
NLV Radwanderkarte 1:75 000 Blatt RC 2718, RC 3118

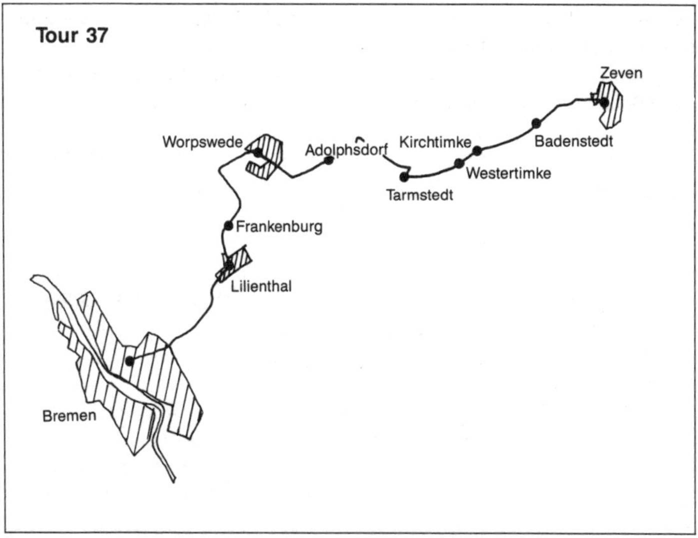

Zeven ,,Dieses Zeven ist ein elendes Dorf, das nichts Lobenswertes besitzt als eine Abtei mit mittelmäßig versorgten Jungfrauen....'' Diese Worte aus einer Reisebeschreibung aus dem 17. Jahrhundert stimmen heute zwar nicht mehr. Aber in Jubelgesänge über Zeven kann man auch nicht verfallen.
Nachdem wir einige Zeit durch die Stadt geirrt waren, gaben wir die Suche auf und fragten einen Einheimischen: ,,Wo, bitte, ist hier der Stadtkern?'' Antwort: ,,Das kann ich Ihnen auch nicht sagen. So genau läßt sich das nicht festlegen.'' Nächste Frage: ,,Und wo ist die Fußgängerzone?'' Der Finger des Mannes deutete in die Richtung, aus der wir gerade gekommen waren. Eine kleine Straße, ein Schild ,,Fußgängerzone'' davor, ungefähr acht Geschäfte umfassend und in ca. 17 Sekunden zu durchschreiten. Wohl die kleinste Fußgängerzone der Welt.
,,Das ist die ganze Fußgängerzone?''
,,Ja, alle anderen Geschäfte befinden sich an der Durchgangsstraße.'' Was also kann den Radler nach Zeven führen? Nun, auch der städtische Verkehrsverein tut sich das etwas schwer und lockt mit der zentralen Lage zwischen Lüneburger Heide und Worpswede, Hamburg und Bremen. Das jedoch ist für den durchradelnden Besucher nicht wichtig, da er ja nicht von Zeven aus schnell mit dem Wagen zum Shopping nach Bremen fahren will.
,,Stadt am Wald'' nennt sich die 12 000 Einwohner zählende Stadt. Und das ist vielleicht das, was den Reiz des Ortes ausmacht. Er liegt schön eingebettet in einer abwechslungsreichen Landschaft aus Wiesen und Wäldern, Feldern und Mooren. Wer hier ein paar Tage verweilt, hat Gelegenheit zu ausgiebigen Spaziergängen.
Für den Kurzurlauber, der vielleicht nur einen Tag in Zeven haltmacht, bieten sich die drei Museen der Stadt sowie die Kirche zu einem Besuch an.
Das *Christinenhaus* ist der älteste Profanbau Zevens. Mitte des 17. Jahrhunderts errichtet, diente das Haus dem Kloster (s.u.) als Gästehaus und Verwaltungssitz. Seit die schwedische Königin Christine (1626-1689) 1654 hier übernachtete, heißt es Christinehaus. Heute wird der Bau als Galerie und Veranstaltungsraum genutzt, Vorträge, Ausstellungen und Konzerte werden hier veranstaltet. Während der vordere Teil dem 19. Jahrhundert nachempfunden ist, ist der hintere im Stile des 17. Jahrhunderts gehalten.
Größte Sehenswürdigkeit der Stadt ist aber das *Kloster*, besser gesagt, sein Rest. Der im 12. Jahrhundert errrichtete, wohl sehr umfangreiche Komplex wurde reduziert, nachdem das Koster im 17. Jahrhundert aufgelöst wurde. In dem noch erhaltenen Abschnitt ist heute das Museum Kloster Zeven untergebracht. Es gewährt Einblicke in die Kloster- und Ortsgeschichte. Ein besonderer Raum ist dem Heimatforscher Hans Müller-Brauel gewidmet, Teile

seiner Bibliothek und weitere Arbeitsmaterialien sind ausgestellt (Öffnungszeiten für beide Gebäude: donnerstags 14-17.30 Uhr, sonntags 15-17 Uhr, Eintritt frei, Führungen nach Absprache Tel. 0 42 81/716-59).
Erstmals erwähnt wurde Zeven übrigens 986 als *kivinan a*. 1141 wurde das Kloster des nahen Heeslingen nach Zeven verlegt. Um 1650 wurden dann wesentliche Teile des Gebäudes abgerissen. Neben dem oben erwähnten Abschnitt mit dem Klostermuseum ist noch die *St. Viti-Kirche* bewahrt, mit ihrem runden Turm ohne Frage eine baugeschichtliche Besonderheit.
Im 17. Jahrhundert stand Zeven im übrigen mehrmals im Mittelpunkt der Geschichte. So etwa im Siebenjährigen Krieg, als hier der Waffenstillstand zwischen französischen und englisch-hannoverschen Truppen beschlossen wurde („Convention von Closter Seven"). Ein Vorgang, der sogar bei Balzac erwähnt wird.
Sehenswert ist schließlich auch das *Feuerwehrmuseum*, das Modelle, Uniformen und vieles mehr zum Thema Feuerwehr zeigt (Meyerhöfen 7, Tel. 0 42 84/2 92, geöffnet: jedes zweite Wochenende eines Monats samstags 14-17 Uhr, sonntags 10-12 und 14-17 Uhr).
Am ersten Septemberwochenende findet ein großer *Festmarkt* statt.
Ebenso karg wie die Öffnungszeiten des Feuerwehr-Museums sind die der *Touristeninformation*. Diese befindet sich am Informationsschalter des Rathauses, geöffnet montags bis freitags 8-12.30 Uhr, donnerstags zusätzlich 14-17.30 Uhr. Wer an Werktagen am Nachmittag hierherkommt, kann an der Pforte klingeln, mit etwas Glück wird dann geöffnet, so daß man zumindest einen Stadtplan bekommen kann. Desweiteren gibt es dort ein Unterkunftsverzeichnis und, gegen eine Schutzgebühr, eine Stadtchronik.

Samtgemeinde Zeven, Am Markt 4, 2730 Zeven, Tel. 0 42 81/716-0.
Hotel-Informationen unter Tel. 0 42 81/34 52.
Einzelzimmer mit Frühstück beginnen bei DM 25, liegen in der Mehrzahl aber um DM 35-40.
Ein Campingplatz liegt am nördöstlichen Stadtrand nahe der Straße nach Stade und Buxtehude (Sonnenkamp, geht von der Bäckerstraße ab, Tel. 0 42 81/28 76).
Die Jugendherberge ist einige Kilometer westlich Zevens, Richtung Ostereistedt, plaziert:
Jugendherberge Zeven-Bademühlen, Tel. 0 42 81/25 30.
Radläden:
Arndt, Heeslingen 77, Tel. 0 42 81/76 80
Dittmer, Bahnhofstraße 31, Tel. 0 42 81/24 09

Sie verlassen die Stadt von der Bundesstraße 71 aus Richtung Ostereistedt und Gnarrenburg. Nach gut drei Kilometern kommt links der Abzweiger nach

Badenstedt Auf dem Weg hierhin ist rechts der Weg zu einem schönen Abenteuerspielplatz und Lehrpfad ausgeschildert. Die Strecke ist hier etwas hügelig, die Steigungen erwiesen sich als doch recht langgezogen. Über

Ostertimke erreichen Sie

Kirchtimke Dort können Sie im Freibad oder einer der beiden an der Ortsdurchfahrt gelegenen Gaststätten pausieren. In

Tarmstedt erreichen Sie hinter der Kirche eine große Kreuzung, an der Sie rechts einbiegen (Richtung Rhade), um kurz hinter dem Ortsausgang links den Abzweiger nach Worpswede zu wählen. Sie folgen dieser anscheinend unendlich geraden Straße, bis Sie links ein Schild nach

Adolphsdorf weist. Bald kommt eine Gabelung, an der es nach rechts geht. Diese Straße erscheint ebenso unendlich, es ist hier allerdings etwas ruhiger.

Umgekehrt: Aus Worpswede Richtung Lilienthal und Grasbergen fahren, dann links nach Adolphsdorf (Adolphsdorfer Straße), an der später folgenden Gabelung links in den Hasenweg, an dessen Ende rechts nach Tarmstedt.

Sie folgen dann der Ausschilderung nach

Worpswede siehe Tour 39. Nach absolviertem Besuch geht es zunächst, an der Jugendherberge vorbei, auf der Straße nach Osterholz-Scharmbeck weiter. Nach ungefähr vier Kilometern geht es links in die Worpsheimer Straße (Hof Warnken). Diese Straße ist in ihrem ersten Abschnitt in der Mitte nicht sonderlich gut, es läßt sich aber an der Seite fahren. Am Ende dieser Straße rechts in Richtung

Frankenburg Dort an der Kreuzung rechts und wenig später links zur Freilichtbühne. Immer auf der Hauptstraße bleiben. Sie kommen dann in eine verkehrsberuhigte Straße (Klosterweide), an deren Ende es nach links geht, an der Kreuzung mit der Kneipe Dr. Pfiffikus rechts und an der nächsten Ampel wieder rechts. So sind Sie schließlich in

Lilienthal siehe Tour 39.

Umgekehrt: Lilienthal von Bremen aus auf der Hauptstraße durchqueren. Dann dem Abzweiger links nach Osterholz-Scharmbeck und Ritterhude folgen. Auf der Höhe der Kneipe Dr. Pfiffikus links in die Klosterweide, die bald nach rechts abknickt und zur verkehrsberuhigten Straße wird. Diese Straße geradeaus durchqueren. Dann kommen Sie in Frankenburg beim Edeka-Laden an eine Kreuzung, an der Sie sich rechts halten, um auf Höhe von Beckers Gasthaus links Richtung Worpswede zu fahren. Hinter dem Haus Lüninghausener Straße 49 kommt bald links eine Straße mit dem Hinweis auf die Häuser 45-47 so-

wie die Bezeichnung „Wasserversorgung Ost". Hier einbiegen, immer geradeaus und am Ende der Straße rechts nach Worpswede.

Fahren Sie weiterhin geradeaus, so daß Sie die Wümme überqueren (Borgfelder Heerstraße/Am Lehester Deich). Wer nun befürchtet, sich im „Großstadtgeflecht Bremens" zu verlieren, kann ganz auf Nummer Sicher gehen und fährt auf der Lilienthaler Heerstraße Richtung Ostertor und Altstadt. So kann nichts schiefgehen. Wer ortskundig, wagemutig oder im Besitze eines Stadtplanes ist, biege gleich hinter dem Fleet rechts in Am Kehester Deich ab, bald darauf geht es links auf den Jan-Reimers-Wanderweg, später Helmer Straße. An deren Ende rechts in die Achterstraße, an der Universität vorbei (Universitätsstraße), auf der Straße Am Stadtwald über die Schienen, dann gleich rechts in den Bürgerpark, Sie kommen dann an der Holler Allee heraus, dort links, dann rechts in die Gustav-Deetjen-Allee und hinein in die Innenstadt von

Bremen siehe Tour 35.

Der umgekehrte Weg ist in Tour 35 hinter dem Stadtkapitel Bremen beschrieben.

Tour 38 27 km

ROTENBURG — ZEVEN

ADFC-Haupka 1:100 000 Blatt 37

NLV Radwanderkarte 1:75 000 Blatt RC 2718, RC 2722, RC 3122

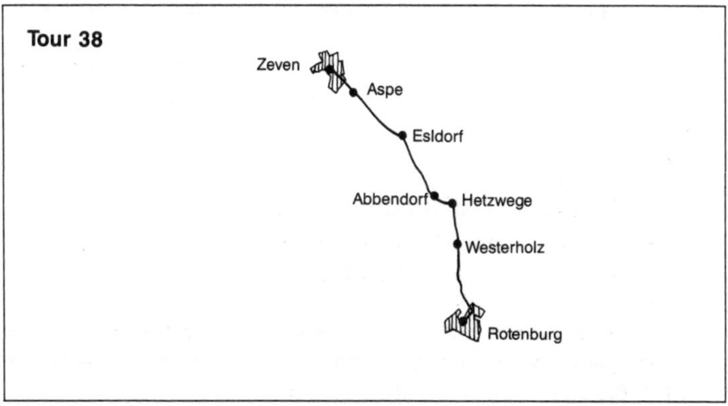

Eine ausgesprochen ruhige, leicht hügelige Strecke.

Rotenburg siehe Tour 31. Sie verlassen den Ort auf dem Mittelweg. Dazu folgen Sie vom unmittelbaren Zentrum aus der Ausschilderung zur Bundesstraße 75, kommen dann zu der kleinen Straße Am Sande, von der es rechts in die Harburger Straße und zur Bundesstraße 75 geht. Sie fahren aber nicht hier hinein, sondern erst in die nächste Straße, den Mittelweg. Hinter dem Bahnübergang geht es links in den Westerholzer Weg. Nach der Überquerung der Bundesstraße 75 erreichen Sie bald den Staatsforst Rotenburg. Am Ende dieser Straße geht es dann links nach Westerholz.
Umgekehrt kommen zwei Kilometer hinter Westerholz schräg rechts kurz hintereinander zwei Straßen, von denen Sie die zweite nehmen.
So erreichen Sie
Westerholz Es geht geradewegs durch das Dorf in Richtung
Hetzwege An der dortigen Kreuzung, an der sich Dittmers Gasthof präsentiert, biegen Sie links nach
Abbendorf ein. Auf gerader Strecke geht es dann, über die Autobahn hinweg, hinein nach
Elsdorf Dort folgen Sie rechts dem Hinweis nach Zeven, wenig später dann rechts nach
Frankenborstel *Umgekehrt: Aus Frankenborstel kommend an beiden Kreuzungen links Richtung Scheeßel halten.* Hier geht es dann schließlich links nach
Zeven siehe Tour 37.
Umgekehrt: Verlassen Sie Zeven auf der Straße nach Sittensen. Ungefähr zwei Kilometer vom Ortskern entfernt geht es rechts nach Frankenbostel.

Tour 39 70 km

BREMERVÖRDE — BREMEN

ADFC-Haupkakarte 1:100 000 Blatt 5 oder 37
NLV Radkarte 1:75 000 Blatt 2718, 3118

Eine recht abwechslungsreiche Strecke mit der Ruhe vieler zu passierender Dörfer, der Hektik der Großstadt Bremen und der Künstlerkolonie Worpswede als Höhepunkt.

▲ *Ein typischer Heide-Hof*
▼ *Gute Karten, unerläßlich auch in der Heide*

Originell, doch die Touren in diesem Buch sind auch ohne Motor zu schaffen

Bremervörde Wer erstmals in die Stadt kommt, mag zunächst etwas verwundert sein. Wo ist der Stadtkern ?

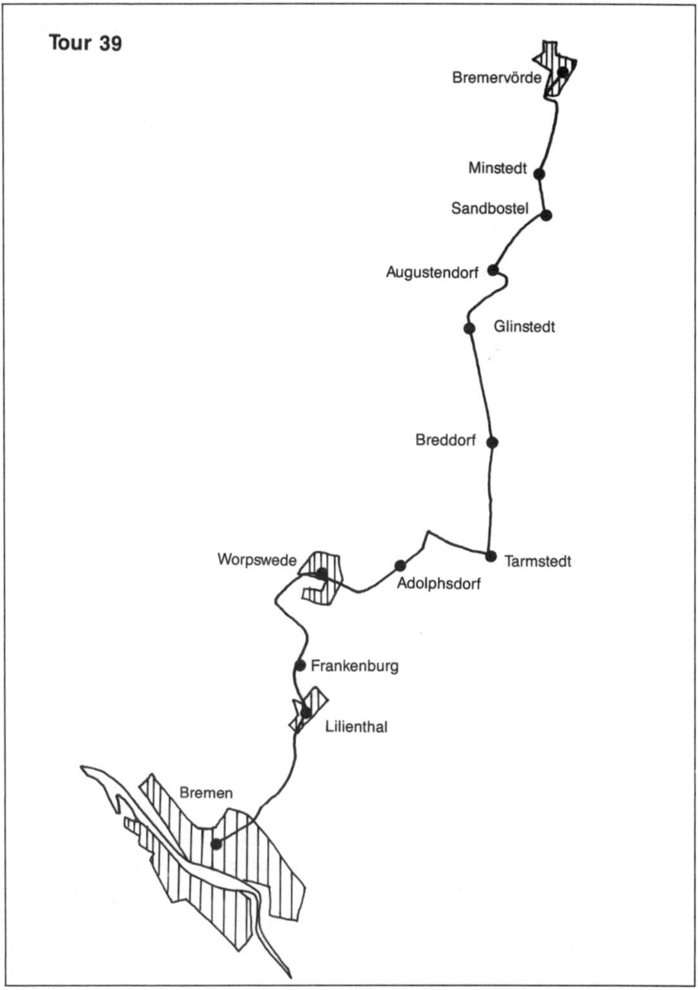

Im ersten Augenblick wirkt die Stadt nur laut, da die Bundesstraßen 71 und 74 mitten durchs Zentrum führen. Die Fußgängerzone ist relativ klein, der Marktplatz klein und unpersönlich. Ein Ort zum Durchfahren also ?
Nein, da würde man vor allem der Umgebung Bremervördes Unrecht tun. Und auch in der Innenstadt wird versucht, die Sünden der Vergangenheit wiedergutzumachen. So wurde die nord-südliche Durchgangsstraße Bremer Straße beruhigt, auf ihr entstand ein Marktplatz mit dem neuen Rathaus und der Touristeninformation. Ein Anfang. Und für 1991 ist die Ausstellung ,,Natur im Städtebau'' hierher vergeben worden. Hierfür soll mehr Grün in der Stadt Platz finden, Parks, Straßen und Fassaden werden umgestaltet werden. Bremervörde soll ein ,,grüneres Antlitz'' erhalten.
Bis dahin wird sich der Besucher in erster Linie an den Bereich um den *Vörder See* halten, ein Naherholungsgebiet am nördlichen Stadtrand (von den Bundesstraßen/Neue Straße über Marktstraße erreichbar). Ein Gebiet zum Wandern, Angeln und Kanufahren auf der Oste. Gespeist werden kann dort in sehr schöner Umgebung im ,,Haus am See''.
Eine recht originelle Idee Bremervördener Gastronomen ist das ,,Moorteufel-Diplom'', für das man an einem Wochenende so unterschiedliche Disziplinen wie Holzschuhweitwurf oder Kartoffelschälen (wer hat die längste und dünnste Schale?) absolvieren muß. Daneben gibt es viel Geselligkeit. Der Preis beträgt für ein Wochenende z. Z. DM 177,- , Unterbringung und Verpflegung eingeschlossen. Näheres erfahren Sie beim Fremdenverkehrsamt. Höhepunkt auf dem Festkalender ist das alljährliche Schützenfest am ersten Juni-Wochenende.

Entstanden ist Bremervörde (Vörde = Furt) übrigens als Übergang auf dem Handelsweg von Hamburg nach Bremen. Nur verständlich, daß sich an diesem wichtigen Übergang bald eine Ansiedelung gründete. Bereits um 1000 soll hier eine Burg gestanden haben. 1122 wurde dann die Burg Vörde (Castrum Vorde) errichtet, die in der Folgezeit häufig im Brennpunkt kriegerischer Auseinandersetzungen stand. So etwa im Dreißigjährigen Krieg, als sich kaiserliche, schwedische und dänische Truppen bekriegten. Nach 1645 wurde ein Teil der Burganlage geschleift, Bremervörde wurde drei Jahre später den Schweden zugesprochen. Diese ließen 1682 den Rest der Burganlage abtragen, hatte doch für sie nun Stade größere Bedeutung. Reste der Burg finden Sie noch in der Amtsallee, sie beherbergt heute das Kreismuseum. Im 18. Jahrhundert fiel Bremervörde an Hannover, erlebte aber durch die verstärkte Nachfrage nach Torf gleichzeitig eine wirtschaftliche Blüte. Alljährlich kamen mehr als 1 000 Schiffe hierher.

1878 kam Wilhelm Busch in den Ort und formulierte: ,,Schön ist's auf der ganzen Erde, am schönsten doch in Bremervörde!''
Im 20. Jahrhundert wurde Bremervörde noch dreimal über seine Stadtgrenzen hinaus bekannt. Im Juni 1945 wurde der SS-Führer Heinrich Himmler auf der Ostebrücke festgenommen. Bei den Olympischen Spielen 1960 in Rom gewann der Bremervördener Peter Kohnke die Goldmedaille im Kleinkaliberschießen. Und acht Jahre später gelang Bernd Klinger, ebenfalls aus Bremervörde, in Mexiko das gleiche Kunststück.
Einen Einblick in die Kreisgeschichte gewährt das schon erwähnte *Kreismuseum* (Bachmann-Museum, Amtsallee 8), wobei der Schwerpunkt auf geologischen Aspekten liegt. Genau auf der anderen Seite der Oste steht das *Heimatmuseum*, das eher volkskundlich und stadtgeschichtlich orientiert ist (Vorwerkstraße 17-21). Geöffnet montags bis freitags 8-12.30 Uhr, montags bis donnerstag 13.30-16 Uhr, sonntags 10-12 Uhr.
In Hamburg wurde 1892 der Maler *Tetjus Tügel* geboren, der Angfang unseres Jahrhunderts nach Worpswede zog und dort 30 Jahre lebte. Später zog er in das nahe Bremervörde gelegene Oese, wo er 1973 auch starb. Gemälde von ihm sind im Restaurant ,,Tügel-Stube'' in der Bahnhofstraße zu bewundern.
Ein kleiner Wehrmutstropfen ist die Touristeninformation. Zwar hat man hier eine äußerst kompetente Kraft angestellt, doch leider ist das Büro zu unmöglichen Zeiten geöffnet (s.u.). Sollten Sie zur rechten Zeit kommen, besorgen Sie sich dort das sehr informative Heft ,,Vörder Umschau''.

Touristik-Information, Rathaus, Postfach 14 13, 2740 Bremervörde, Tel. 0 47 61/36 38, geöffnet werktags 10-12 Uhr und 16-18 Uhr, samstags 10-12 Uhr.
Jugendherberge, Feldstraße, Tel. 0 47 61/12 75 (neben dem Friedhof!). Dort verleiht man auch Räder.
Radladen:
Zweirad- und Rasenmäher (!)-Center, Neue Straße 52.
Ein EZ mit Frühstück kostet im Hotel ca. DM 18. Eine Unterkunftsliste gibt es beim Fremdenverkehrsbüro.
Gut essen läßt sich im schon oben erwähnten ,,Haus am See'', weiterhin im Brunnen 98, Neue Straße 98, und der Oste-Kate, Neue Straße 2. Schnell wird im Schnellrestaurant Peters, Neue Straße 41, serviert.

Für die Fahrt nach Bremen verlassen Sie die Stadt über die Alte Straße rechts Richtung Gnarrenburg. Hinter dem Krankenhaus kommt bald links ein Abzweiger nach

Minstedt Dort halten Sie sich geradeaus in Richtung

Sandbostel Hier geht es rechts nach

Augustendorf und an der T-Kreuzung gute zwei Kilometer weiter links nach

Glinstedt Achtung! Hier an der Kreuzung nach links und dann gleich in die zweite Straße rechts, unmittelbar vor dem Gasthof, hinein. So kommen Sie direkt nach

Breddorf Dort zunächst rechts in den Ortskern und weiter nach

Hepstedt Unmittelbar vor dem Ortseingang von

Tarmstedt geht es rechts bereits nach Worpswede (ausgeschildert). Um größeren Verkehr zu vermeiden, biegen Sie nach gut fünf Kilometern scharf links nach

Adolphsdorf ab (Hasenweg). An der bald folgenden Gabelung nehmen Sie den rechten Abzweiger (Adolphsdorfer Straße). Folgen Sie immer der Ausschilderung nach

Worpswede An der T-Kreuzung unmittelbar am Ortseingang entscheiden Sie sich für den rechten Weg (*umgekehrt: Straße links nach Grasbergen).*
Mit einem Male ist es mit der Ruhe und Besinnlichkeit der vorher passierten Dörfer und Landschaften vorbei. Sie sind in eine Ortschaft geraten, deren Name wie ein Magnet wirkt und unzählige Urlauber anzieht.
Nördlich von Worpswede erstreckt sich das *Teufelsmoor*. Es ist das Verdienst des ,,Moorkommissars'' Jürgen Christian Findorff (1720-92), dieses Gebiet kolonialisiert zu haben. Viele Dörfer dieser Region verdanken allein ihm ihre Existenz. So auch eben Worpswede.
Berühmt wurde der Ort aber erst, als Ende des vorigen Jahrhunderts Maler wie Fritz Mackensen, Hans am Ende und Otto Modersohn Worpswede entdeckten und 1889 die später legendäre Künstlerkolonie gründeten. Ihnen folgten weitere Künstler wie Paula Modersohn-Becker, Heinrich Vogeler und Fritz Overbeck.
Heute zieht es viele Besucher hierher, die auf den Spuren jener Berühmtheiten wandeln wollen. Aber auch viele Künstler, Fotografen und Schriftsteller stellen sich, zu recht oder nicht, in die Tradition der ,,Worpsweder'', in deren Schatten sich vermutlich auch leichter verkaufen läßt. Ateliers, Galerien und Restaurants prägen das Ortsbild. Bereits seit 1919 gibt es die Worpsweder Kunsthalle (Bergstraße 17, Tel. 0 47 92/12 77, täglich 10-18 Uhr geöffnet). Hier finden Sie einen sehr guten Querschnitt durch das Schaffen Worpsweder Maler von den Anfängen bis heute. Gleiches gilt auch für die ,,Große Kunstschau'' (Lindenallee 3, Tel. 0 47 92/13 02, täglich 10-18 Uhr geöffnet, montags und freitags erst ab 11 Uhr).

Dem schon oben erwähnten Heinrich Vogeler begegnen Sie im „Haus am Schluh" (Im Schluh 37, Tel. 0 47 92/71 60, geöffnet täglich 14-18 Uhr). Ausschließlich die Werke der alten Worpsweder Meister finden Sie in der „Galerie Chors-Zirus" (Bergstraße 33, Tel. 0 47 92/17 48, geöffnet dienstags bis freitags 15-18 Uhr, am Wochenende 11-18 Uhr, von November bis April nur nach Anmeldung). Die Galerie ist in einer klassizistischen Villa von 1875 untergebracht. Zu den zweifelsohne beliebtesten Galerien gehört das „Kunstcentrum Alte Molkerei" in der Osterweder Straße 21, da hier verschiedene Kunstformen nebeneinander präsentiert werden: Glasbläserei, Keramik und Malerei. Außerdem gibt es hier ständig wechselnde Ausstellungen von Künstlern aus aller Welt.

Ein Museum ganz anderer Art als in Worpswede üblich ist das *Museum für Frühgeschichte* (Lindenallee 5, Tel. 0 47 92/8 15, täglich von 10-18 Uhr geöffnet, montags und freitags erst ab 11 Uhr). Es handelt sich hierbei nämlich um ein kulturhistorisches, ganz Europa umfassendes Museum mit Funden von der Steinzeit bis zu den Wikingern. Nach all der vielen Kunst vielleicht etwas Entspannung für die Augen.

Und falls das Wetter einmal schlecht ist und Sie der Galerien und Geschäfte gänzlich überdrüssig sind, bietet sich noch das Halllenbad an (In de Wischen 9).

Natürlich sind in einem Ort, der so die Touristen in den Bann zieht wie Worpswede, viele Cafès und Restaurants angesiedelt. Eine Empfehlung ist von daher gerade hier sehr subjektiv. Herausgepickt aus dem Angebot seien hier die „Witthus Teestube" (Ostendorfer Utdamm 9, geöffnet 14-19 Uhr, freitags Ruhetag) und der „Bahnhof Worpswede" (Kneipe und Restaurant, Bahnhofstraße 17).

Das Fremdenverkehrsamt hat eine Broschüre über Galerien, Einkaufs- und Unterkunftsmöglichkeiten in Worpswede zusammengestellt, die Sie für die Schutzgebühr von DM 2 erwerben können (bei Bestellungen bitte außerdem Rückporto beilegen). Die Unterkunftsliste umfaßt insgesamt 45 Hotels, Pensionen oder Privatunterkünfte.

Im übrigen ist über Worpswede eine Unzahl an Büchern erschienen, die Sie auch im örtlichen Buchhandel und in vielen anderen Geschäften erwerben können.

Fremdenverkehrsamt, Bergstraße 13, 2862 Worpswede, Tel. 0 47 92/14 77 und 30 11.

Ein Radgeschäft liegt in der Findorffstraße 28. Dort verleiht man auch Räder, ebenso wie die Esso-Tankstelle in der Ostendorfer Str. 1.

Jugendherberge, Hammeweg 2. Tel. 0 47 92/13 60.

Einen Campingplatz finden Sie nur im Tarmstedt, das während dieser Route bereis passiert wurde.
Einzelzimmer in Hotels kosten ab DM 25, in der Mehrzahl um DM 50.

Aus dem Ort hinaus folgen Sie der Straße Richtung Osterholz-Scharmbeck, an der Jugendherberge vorbei. Nach knapp vier Kilometern geht es links in die *Worpsheimer Straße* hinein. Immer geradeaus, bis Sie an die *Lüninghausener Straße* kommen, dort dann rechts weiter.
Umgekehrt: Links dem Abzweiger Lüninghausener Straße 45-47/ Wasserversorgungsverbund Ost folgen.
Am Ende der Lüninghausener Straße rechts Richtung *Frankenburg (umgekehrt Richtung Worpswede)* und gleich wieder links in die Straße *Auf der Erb*, am Ende links, so daß Sie bei der Kneipe ,,Dr.Pfiffikus-Bierpraxis'' auf die Hauptstraße kommen.
Umgekehrt: Bei besagter Kneipe links abbiegen und bald rechts in die Klosterweide.
Auf der Hauptstraße geradeaus nach
Lilienthal Bereits 1232 legten Zisterzienserinnen den Grundstock für diese Ortschaft, woran noch die *Klosterkirche* erinnert. Ende des 18. Jahrhunderts lebte hier ein Oberamtmann Schröter, der eine Sternwarte einrichtete, die leider 1813 von den Franzosen zerstört wurde.

Radladen: Stoll, Hauptstraße 53.

Fahren Sie weiterhin geradeaus, so daß Sie die Wümme überqueren (Borgfelder Heerstraße). Dann geht es über das Fleet (Kreuzung Lilienthaler Heerstraße/Am Lehester Deich). Wer nun befürchtet, sich im ,,Großstadtgeflecht Bremens'' zu verlieren, kann ganz auf Nummer sicher gehen und fährt auf der Lilienthaler Herrstraße bis zur Horner Heerstraße, dort rechts, dann über Horner und Schwachhauser Heerstraße Richtung Ostertor und Altstadt. So kann nichts schiefgehen. Wer ortskundig, wagemutig oder im Besitze eines Stadtplanes ist, biege gleich hinter dem Fleet rechts in Am Kehester Deich ab, bald darauf geht es links auf den Jan-Reimers-Wanderweg, später Helmer Straße. An deren Ende rechts in die Achterstraße, an der Universität vorbei (Universitätsstraße), auf der Straße Am Stadtwald über die Schienen, dann gleich rechts in den Bürgerpark, Sie kommen dann an der Holler Allee heraus, dort links, dann rechts in die Gustav-Deetjen-Allee und hinein in die Innenstadt von
Bremen siehe Tour 35.

Der umgekehrte Weg ist in Tour 35 hinter dem Stadtkapitel Bremen beschrieben.

Tour 40 35 km

BREMERVÖRDE — ZEVEN

ADFC-Haupka 1:100 000 Blatt 5 oder 37
NLV Radwanderkarte 1:75 00 Blatt RC 2718

Bremervörde siehe Tour 39. Wie schon in jener Tour, verlassen Sie die Stadt zunächst von der Alte Straße Richtung Gnarrenburg. Bald hinter dem Krankenhaus geht es links ab nach
Minstedt Von dort geht es weiter südlich, vorbei an den Resten einer alten Mühle, nach
Sandbostel dann aber nach
Ober-Ochtenhausen Von dort gelangen Sie hinein nach

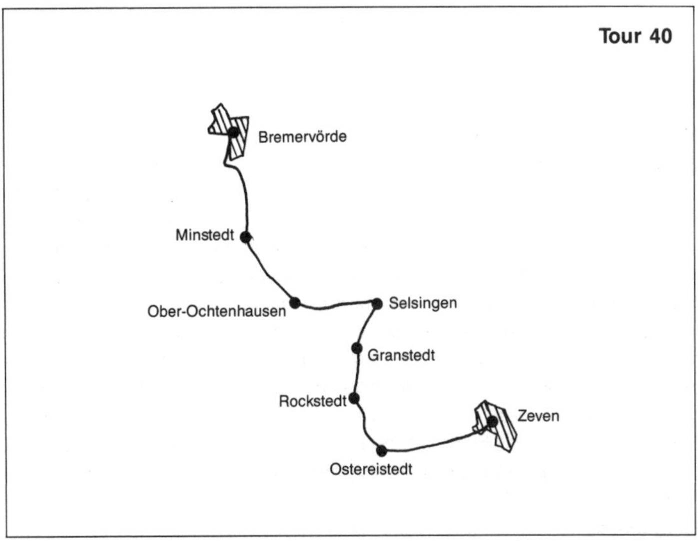

Selsingen Für eine Rast bietet sich an der Durchgangsstraße der Gasthof Heins an. Sehenswert ist die St.Lambert-Kirche von 1725, die ein Taufbecken von immerhin 1498 besitzt.
Sie biegen gleich wieder rechts in die Straße Richtung Rhade. In der Kurve, gegenüber dem Rathaus, steht eine Informationstafel mit Zimmernachweisen. Weitere Informationen erhalten Sie bei
Verkehrsverein, Rathaus, Zimmer 24, 2743 Selsingen. Über
Granstedt kommen Sie dann nach
Rockstedt Dort wählen Sie erst die *zweite* Abfahrt links Richtung Zeven, um zunächst in den, vom Namen her vielversprechenden, Ort
Ostereistedt zu fahren. Unterwegs passieren Sie das ,,Landhaus Poppe''. Eine sehr gerade Strecke, die nur teilweise einen Radweg besitzt, so daß vorsichtiges Fahren angeraten erscheint. Wer zur Jugendherberge will, muß schon einige Kilometer vor Zeven der Ausschilderung rechterhand folgen.
Jugendherberge Zeven-Bademühlen, Haus Nr. 1, 2730 Zeven, Tel. 0 42 81/ 25 50.
Ansonsten geht es hinein nach
Zeven siehe Tour 37.

Tour 41 58 km

HARBURG — BUXTEHUDE — STADE

ADFC-Haupka 1:100 000 Blatt, 5,6
NLV Radwanderkarte 1:75 000 Blatt RC 2722

Schwer zu sagen, welche der angebotenen Touren, 41 oder 42, schöner ist. Tour 41 bringt Sie durch das Alte Land nach Buxtehude, einer sehr schönen, gekonnt sanierten Stadt. Und von dort weiter nach Stade, der alten Hansestadt und Schwedenfestung. Tour 42 hingegen führt zwar auch von Harburg nach Stade, jedoch immer an der Elbe entlang. Hier fahren Sie am Deich und werden sich an Wochenenden den Weg mit unzähligen Spaziergängern teilen müssen. Tour 41 bietet einerseits durch Buxtehude mehr Abwechslung fürs Auge, andererseits auch in den Mittelteilen absolute Ruhe und Einsamkeit. Eine Lösung des Problems wäre es insofern, die eine Tour für den Hin- und die andere für den Rückweg zu nehmen.
Harburg siehe Tour 28. Sie verlassen die Stadt auf der Bundesstraße 73 Richtung Stade. Kein schöner, sondern lauter Weg. So radeln Sie bis

Neugraben Südlich der Bundesstraße ist hier übrigens der *Wildpark Schwarze Berge* angelegt. Dort sind z. B. Kanadische Fischotter und Murmeltiere, Schottische Hochlandrinder und Wapiti-Hirsche versammelt. Außerdem gibt es ein Restaurant. Der Park ist täglich von 8 Uhr bis zum Sonnenuntergang geöffnet (Vahrendorf, 2107 Rosengarten, Tel. 0 40/7 96 42 33)
Der Weg zwischen Harburg und Neugraben ist, wie schon erwähnt, nicht sonderlich attraktiv. Wer sich ihn also ersparen will, kann auch mit der S-Bahn S3/S31 hierherfahren, sie startet in Pinneberg und führt über Hamburg-Hauptbahnhof und Harburg nach Neugraben. In Neugraben biegen Sie unmittelbar vor der S-Bahnüberquerung rechts in den *Süderelbbogen.* Bald kommt eine scharfe Rechtskurve, hinter der Sie die zweite Straße links (Francoper Straße) wählen. Auf dieser nun immer aufs ruhige Land hinaus, bis auf der linken Seite an einer Telefonzelle links der
Francoper Hinterdeich abbiegt. Ein sehr eigenartiger, schiefer, aber ruhiger Weg (für Autos nämlich gesperrt), unmittelbar an dem Wasserlauf Moorwettern. Am Ende dieser Straße rechts und gleich wieder links nach
Rübke Hier sollten Sie unbedingt auf dem Fußgängerweg weiterfahren, da die Autofahrer diesen Abschnitt (Buxtehuder Straße) quasi als Rennstrecke benutzen. Die Straße macht dann einen scharfen Linksknick und führt über den Wasserlauf Landwetter. Hinter der Brücke beginnt dann ein kurzes Stück auf sehr schlechtem Kopfsteinpflaster, auch der bald beginnende Asphaltabschnitt ist nicht gerade großartig. Aber befahrbar. An einer Baumallee entlang geht es dann hinein nach
Buxtehude

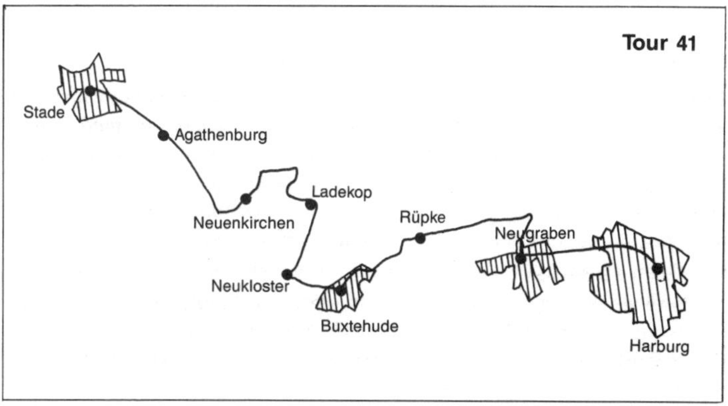

Umgekehrt verlassen Sie Buxtehude auf der Harburger Straße Richtung Hamburg, biegen dann am Abzweiger links nach Rübke ab. In Rübke kommen Sie auf eine größere Straße, an der Sie zuächst nach rechts radeln, dann aber gleich links in den Neuländer Hauptdeich. An dessen Ende rechts Richtung Harburg.

Buxtehude ist eine wunderschöne, gemütliche Stadt. Ein historisches und gekonnt saniertes Stadtbild sorgt dafür, daß sich der Besucher hier schnell wohlfühlt. Und da die Stadt auch noch praktisch am Schnittpunkt von Hamburg, Lüneburger Heide und Altem Land liegt, ist sie verständlicherweise unter Touristen äußerst beliebt.

Erstmals wird 959 von einer Siedlung an dieser Stelle berichtet, es handelt sich um eine bäuerliche Siedlung namens „Bouchstadon", die an dem Fluß Este plaziert ist. Bald wird hier eine Landestelle („Hude") angelegt. Folglich ist bereits 1135 von „Buchstadihude" die Rede. 1197 wird ein Nonnenkloster begründet, das über reichlichen Grundbesitz verfügt. Knapp einhundert Jahre später wird nördlich des bisherigen Buxtehudes eine neue Stadtfestung begründet, die zunächst „Neustadt", dann aber ebenfalls „Buxtehude" heißt. 1328 erhält dieser Ort das Stadtrecht, 1363 nimmt die Hanse Buxtehude auf. Die Stadt blüht wirtschaftlich auf.

Im 16. Jahrhundert verliert die Hanse an Bedeutung. Dafür führen jetzt die Viehtransporte von Jütland in die Niederlande über Buxtehude. Im 30jährigen Krieg wird Buxtehude von verschiedenen Truppen besetzt, als einschneidend erweist sich dann die 33jährige Besetzung durch die Schweden. Buxtehudes Wirtschaft stagniert und verliert an Bedeutung. Auch hier versuchen die Schweden, die Stadt zu einer Festung auszubauen. Nach ihrem Abzug werden die Wälle 1683 geschleift.

Erst Mitte des 19. Jahrhunderts geht es mit Buxtehude wieder aufwärts, da jetzt die Lange Straße als Durchgangsstraße für den Fernverkehr mitten durch den Ortskern führt. Erste Industriebetriebe siedeln sich an. Leider kommt es dann 1911 zu einem großen Stadtbrand, der weite Teile der Innenstadt vernichtet. Auch in der Folgezeit stagniert Buxtehudes Wirtschaft wieder. Nach dem Zweiten Weltkrieg gerät die Stadt in den Einflußbereich Hamburgs und kann vom Aufblühen der Großstadt profitieren. Durch die Gemeindereform 1972 werden Buxtehude sieben Nachbargemeinden zugesprochen, womit sich die Bedeutung der Stadt weiter erhöht. 1980 beschließt der Rat der Stadt ein umfassendes Programm zur Stadtsanierung. 1983 wird mit den Umbauarbeiten für die Fußgängerzone begonnen.

Doch nicht diese Geschichte, sondern zwei andere haben Buxtehude weit über die Stadtgrenzen hinaus berühmt gemacht. Die eine ist ,,Der Wettlauf zwischen dem Hasen und dem Igel auf der Buxtehuder Heide". Bekanntlich wurde dabei der Igel von dem Hasen wegen seiner krummen Beine verspottet. Der verärgerte Igel forderte den Hasen deshalb zu einem Wettlauf auf. Vorher ging der Igel aber nocheinmal nach Hause und instruierte seine Frau. Jene stellte sich nun ans Ziel, der Igel selbst aber ging zum Start, wo der Hase schon wartete. Sie liefen los, der Igel aber blieb nach ein paar Metern stehen, während der Hase wie der Blitz zum Ziel schoß. Dort stand die Igelfrau, die genauso aussah wie ihr Mann, und sprach: ,,Ich bin schon da !" Der völlig verwirrte Hase forderte Revanche, und es ging wieder vom Ziel zum Start. Die Igelfrau blieb unbemerkt sitzen, und als der Hase zum Endpunkt kam, stand dort der Igel und sprach:" Ich bin schon da !" Der Hase konnte sich damit nicht abfinden und forderte eine weitere Fortsetzung. So ging das noch 73mal, bis der Hase mitten auf der Heide tot zusammenbrach. Die andere Geschichte ist vielleicht nicht so bekannt, aber nicht weniger wahr. Denn in Buxtehude bellen die Hunde mit dem Schwanz. Bis ins 13. Jahrhundert schlugen die Buxtehuder nämlich mit dem Hammer auf die Glocke, wenn diese erklingen sollte. Dann kamen die Holländer und befestigsten an der Glocke, von ihnen ,,Hunte" genannt, ein Seil (,,Schwanz"), mit dem ,,gebellt" (bell = Glocke) werden konnte. Gewisse Mißverständnisse sorgten dann dafür, daß nun in Buxtehude die Hunde mit dem Schwanze bellten. Dieser Art Hund ist in der Bahnhofstraße deshalb ein Denkmal gesetzt.

Was ist sonst noch in Buxtehude anzusehen ? Nun, zunächst ist da die *St.Petri-Kirche*, schon von weitem sichtbar. Sie ist im 13. Jahrhundert errichtet worden, allerdings fanden im vorigen Jahrhundert einschneidende Umbauten im Schiff und am Turm statt. In ihrer Nähe befinden sich wertvole Häuser, so in der Kirchenstraße die *Alte Markthalle* (1912/13) und das *Bürgerhaus* aus dem 17. Jahrhundert, das 1977 saniert wurde. Auf der anderen Seite der Kirche, in der Abteistraße, wurde das im 30jährigen Krieg entstandene *Abthaus* ebenfalls 1977 restauriert.
Etwas westlich der Kirche liegt die *Flethanlage,* ein Binnenhafen nach holländischem Vorbild. An deren Südende steht die *Flethmühle* aus dem 19. Jahrhundert, heute als Wohn- und Büroraum genutzt. Nördlich der Flethanlage, am Westfleth, steht mit dem *Marschtorzwinger* der letzte von fünf Rundtürmen, die einst die Stadtmauer begrenzten. Das Marschtor selbst wurde im 19. Jahrhundert abgebrochen. Zwischen Kirche und Fleth steht im übrigen noch das *Fuhrmannhaus* von 1553, 1979 restauriert. Sehr schön ist das öst-

lich der Kirche angelegte Viertel *Stavenort,* das erstmals 1575 erwähnt wird und mit sehr schmalen Fachwerkhäusern aufwarten kann.
Zwischen Stavenort und Kirche ist das *Heimatmuseum* untergebracht, das einen Einblick in die Geschichte Buxtehudes gewährt. Das Gebäude selbst entstand 1913 nach dem verheerenden Stadtbrand (St. Petri-Platz 9, Tel. 0 41 61/5 29 23, geöffnet täglich 11-16 Uhr, montags und donnerstags geschlossen). Auch das *Rathaus* mußte im übrigen nach dem Stadtbrand neu erbaut werden.
Als weiteres Museum sei noch das *Deutsche Stickmustermuseum* genannt, in seiner Art vermutlich einzigartig (Otto-Preuße-Weg 2, Tel. 0 41 61/8 35 29, geöffnet täglich 14-17 Uhr).
Wer nach Buxtehude kommt, sollte sich etwas Zeit mitbringen, um sich dieser ruhigen, nie aufdringlichen Stadt entsprechend widmen zu können. Schwierig ist nur, daß am Ende dieser Tour mit Stade ein weiterer städtebaulicher und atmosphärischer Höhepunkt wartet. Da kann die Zeit knapp werden...

Wer, aus Hamburg kommend, erst in Buxtehude in diese Tour einsteigen will (oder umgekehrt hier aussteigen möchte), kann das Schiff in Anspruch nehmen. Von Mai bis September fahren mittwochs und samstags Schiffe von St. Pauli über Blankenese und Cranz nach Buxtehude, Fahrtdauer drei Stunden. Da die Abfahrten sehr unregelmäßig sind, sollten Sie vorher bei der Reederei anfragen, ob an dem von Ihnen avisierten Tag auch wirklich ein Schiff ablegt (Este Reederei, Tel. 0 41 63/57 98, Fahrpreis DM 19,50 für Erwachsene, Kinder DM 10).
Zum Essen kann man sich in Buxtehude z.B. in historische Räume im „Ratskeller" (Breite Straße 2) begeben, bekannt gute Küche präsentiert das „Hotel zur Mühle" (Ritterstraße 16), historisch ist im übrigen auch die Umgebung im Restaurant „Bürgerhaus", das bereits 1548 errichtet wurde (Lange Straße 25).
Von den zahlreichen Festen der Stadt seien hier das Pfingstvolksfest in Neukloster (dann wird sogar die Bundesstraße 73 gesperrt), das Altstadtfest Anfang Juni, das Weinfest Mitte August und die Buxtehuder Woche in der zweiten Septemberhälfte genannt. Und Anfang Oktober finden hier alljährlich die Europameisterschaften im Rallye-Cross statt.

Stadtinformation, Lange Straße 4 (Fußgängerzone), 2150 Buxtehude, Tel. 0 41 61/50 12 97. Geöffnet montags bis freitags 8.30-12.30 und 13-17 Uhr, samstags 8.30-12.30 Uhr.

Das dort zu erhaltende Unterkunftsverzeichnis listet ungefähr 20 Unterkünfte auf, bei denen sich die Preisspanne von DM 25 bis DM 80 für ein Einzelzimmer mit Frühstück recht gleichmäßig verteilt.
Radläden:
Müller, Waldsiedlung 7
Stephanski, Königsdamm 70
Radverleih:
Hotel Am Stadtpark, Bahnhofstraße 1, Tel. 0 41 61/5 06 80
Hotel Seeburg, Neukloster, Cuxhavener Str. 143, Tel. 0 41 61/8 20 71

Sie verlassen Buxtehude Richtung Stade/Cuxhaven und kommen so zunächst nach
Dammhausen Immer geradeaus, bis es an einer T-Kreuzung rechts Richtung *Jork* geht. So kommen Sie nach
Ladekop Dort kommt bald links der Abzweiger nach
Wester-Ladekop dem Sie folgen. Auf einem etwas verschlungenen Weg geht es zu einer belebteren Straße, die aus Jork kommt. An ihr radeln Sie links weiter bis zum Abzweiger *Horneburg*. Ihm folgen Sie gute zwei Kilometer bis zur Altländer Sparkasse. Dort biegen Sie rechts in das
Guderhandviertel ein. Dies geschieht über eine kleine Brücke, hinter der es aber nicht rechts in das besagte Örtchen geht, sondern links in die Straße *Neuhof*. Lassen Sie sich nicht von dem Sackgassen-Schild abschrecken. Immer geradeaus, bis rechts ein nur für den landwirtschaftlichen Verkehr zugelassener Weg auftaucht. Ihm folgen Sie, nach wenigen hundert Metern teilt er sich, Sie nehmen den linken Abzweiger. Weiter bis zu einer T-Kreuzung, an ihr rechts. Allmählich nähern Sie sich den Schienen, die nun fast bis Stade Ihr Begleiter bleiben. Nach einiger Zeit stoßen Sie auf eine größere Asphaltstraße, die Sie überqueren, um gegenüber (rechts von der Bahnhofskneipe) weiterzufahren, der Weg ist zunächst leicht abschüssig. Immer geradeaus. Erst bei Bahnkilometer 208 geht es links über die Schienen, dann hin zur Hauptstraße (B 73) und auf dieser hinein nach Stade.

Umgekehrt: Stade auf der Bundesstraße 73 Richtung Buxtehude verlassen. Auf Höhe der Ortschaft Ottenbeck liegt rechterhand etwas von der Straße ab das minimal-Geschäft, Sie fahren links in die Straße Kaisereichen hinein, überqueren die Schienen und fahren genau an ihnen weiter. Sie kommen dann an Agatheburg vorbei und erreichen östlich von Dollern eine größere Straße. Genau gegenüber geht der Weg an den Schienen weiter. Nach gut zwei Kilometern entfernt sich dieser Weg etwas von den Schienen, die Be-

siedelung schiebt sich an den Weg, von dem dann links ein nur für den landwirtschaftlichen Verkehr zugelassener Weg abgeht. Diesem folgen Sie. Sie nähern sich da bereits Neuenkirchen, der Weg teilt sich, sie nehmen den rechten Abzweiger in den Ort hinein, nicht geradeaus weiterfahren. Am Ende dieses Weges links bis zur Brücke über die Aue (nicht in das Guderhandviertel fahren!), und dort wieder links, dann rechts Richtung Jork und kurz darauf rechts Richtung Wester-Ladekop.

Stade Welch eine Stadt ! Großartige Häuser, eine gemütliche Atmosphäre, voller Leben und dennoch nicht unerträglich.
Wie etwa Lübeck, ist Stade rundherum von Wasser umgeben. Bereits im 8. Jahrhundert soll es hier eine größere Siedlung gegeben haben, die bis 1200 erheblich erweitert und von Wall und Graben umgeben wurde. 1279 gab sich Stade eine eigene Verfassung, besaß bereits zwei Kirchen sowie das Münz- und Stapelrecht und erblühte als Hansestadt durch den Handel mit Nord und West. Erst im 15. Jahrhundert wurde das nahe Hamburg schier übermächtig, Stade verlor an Bedeutung und wurde 1601 aus der Hanse ausgeschlossen.
Anfang des 17. Jahrhunderts gerät Stade während des Dreißigjährigen Krieges in den dänisch-schwedischen Konflikt. Truppen beider Länder okkupieren abwechselnd die Stadt. Erst 1645 können sich die Schweden hier festsetzen. Sie legen die Verwaltung der Stifte Rotenburg und Bremervörde nach Stade und wollen den Ort zur Festung ausbauen. Das gelingt auch im wesentlichen, zumal sich Schweden, und damit auch Stade, in den großen europäischen Kriegen neutral verhält. Viele Menschen fliehen deshalb in die ,,Ruhezone'' Stade, deren Kaufleute so zu viel Geld kommen. Ein Brand zerstört allerdings 1659 zwei Drittel der Stadtbebauung.
Erst 1812 ist die schwedische Herrschaft zu Ende, die Dänen halten Einzug, drei Jahre später erwirbt das Kurfürstentum Hannover die Stadt. Nun wird erst deutlich, wieviel Geld der Stadtausbau verschlungen hat. Stade ist finanziell ausgelaugt. Die Bevölkerungszahl stagniert, die hier stationierten Garnisonen prägen die Stadt. 1779 werden erste Teile der Festung abgerissen.
Im 19. Jahrhundert siedeln sich die Menschen verstärkt in den Vorstädten an, Mitte des Jahrhunderts kommen die ersten Industriebetriebe, 1881 auch die Bahnlinie nach Harburg und Cuxhaven. Die Bevölkerungszahl steigt innerhalb dieses Jahrhunderts um 250 % auf 10 000.
In den 1920ern werden die umliegenden Ortschaften eingemeindet. Im Zweiten Weltkrieg bleibt Stade relativ unbeschadet. Seit den 1950ern beginnt eine verstärkte Industrialisierung des Elbufers, in Folge des zeittypischen Fort-

schrittsglaubens wird an einen Abriß der historischen Bebauung gedacht. Erfreulicherweise fehlt aber hierfür das Geld. Erst in den 1970ern begreifen die Behörden, daß eine Altstadtsanierung notwendig ist. Diese soll bis zum Jahre 2000 abgeschlossen sein.
Heute ist Stade eine Stadt voller Sehenswürdigkeiten, im Sommer entsprechend von Besuchern in Beschlag genommen. Doch bei all dem Genuß der Atmosphäre und Bauwerke sollte man nicht die Basis dieses Wohlstandes vergessen. Die zu hansischer und schwedischer Zeit errichteten Gebäude werden heute mit öffentlichen Mitteln saniert. Und diese wiederum setzen sich auch aus Steuergeldern von Betrieben zusammen, die anderswo keiner haben möchte, genannt seien das Atomkraftwerk und die Chemiefirma Dow-Chemical.
Neu gestaltet ist der große Marktplatz, der *Pferdemarkt*, er entstand so erst vor zehn Jahren. An ihm sehen Sie das zu schwedischer Zeit errichtete Zeughaus (1697/98). Von den historischen Häusern der Innenstadt seien das Fachwerkhaus *Salzstraße 19*, die Straßenzüge *Wasser West* und *Bäckerstraße*, in der *Hökerstraße* (Fußgängerzone) die Häuser 17 (Apotheke, 18. Jhd.), 29 (im Kern 14. Jhd.) und 37 (Apotheke, 18. Jhd) genannt. Nicht zu vergessen das *Rathaus*, bereits 1667 errichtet.

An Wasser West steht auch der *Schwedenspeicher*, um 1700 errichtet und im letzten Jahrzehnt restauriert. Eine letzte noch verbliebene Erinnerung an die Schweden. In dem einstigen Proviantspeicher ist heute das Regionalmuseum (Historie der Umgebung) untergebracht.
An Museen gibt es hier zudem das *Privatmuseum Baumhaus* (Am Wasser Ost 28, geöffnet März bis Oktober sonnabends 15-18 Uhr, sonntags 10-12 und 15-18 Uhr, November bis Februar sonntags 15-17 Uhr, Tel. 0 41 41/4 54 34). Dies ist eine Privatsammlung mit Gegenständen aus dem alten Stade (Bücher, Schilder, Ausgrabungsfunde etc.).
Das *Heimatmuseum* in der Inselstraße 12 ist täglich 10-13 und 14-16 Uhr geöffnet, montags und am zweiten und vierten Sonntag eines Monats allerdings geschlossen (Tel. 0 41 41/40 15 41). Hier sehen Sie, im Gegensatz zum räumlich weitergreifenden Regionalmuseum, ausschließlich Gegenstände und Dokumente zur Stader Stadtgeschichte.
Auf der Bleicherinsel schließlich, westlich des Stadtkerns gelegen, steht das *Freilichtmuseum*, in dem viele historische Gebäude aufgestellt sind. Das Insel-Restaurant ist für seine gute Küche bekannt.

Von den Sakralbauten ist zunächst die unübersehbare *St.-Cosmae-Kirche* zu nennen, die im wesentlichen im 13. Jahrhundert entstand, der barocke

Turmhelm kam erst 1684 hinzu. Desweiteren die im 13./14. Jahrhundert gebaute *Wilhaldi-Kirche*, deren Glanzstück die Orgel (1734) ist. In unmittelbarer Nähe der Cosmae-Kirche finden Sie das *St-Johannis-Kloster*, um 1230 entstanden. Der Chronist Albert verfaßte hier zwischen 1240 und 1256 seine „Stader Annalen''. Heute sind hier Büros und Ausstellungen untergebracht.

Fremdenverkehrsamt, Bahnhofstraße (in einem Pavillon), Tel. 04141/40 15 50, geöffnet werktags 8-12 und 13-18 Uhr, samstags 9-13 Uhr.
Jugendherberge, Kehdinger Mühren, Tel. 0 41 41/40 14 68 (unmittelbar nördlich der Altstadt).
In Hotels zahlen Sie für ein EZ mit Frühstück zwischen DM 30-65, bei Privatvermietern DM 18-35, eine umfangreiche Unterkunftsliste gibt es beim Fremdenverkehrsamt.
Radgeschäfte:
Hinck, Hökerstraße 42 (Fußgängerzone), Tel. 0 41 41/31 93
Brunkhorst, Große Schmiede 28, Tel. 0 41 41/24 61
Radverleih im Reisebüro Niederelbe, Bahnhofstraße 3, Tel. 0 41 41/34 73.

Gaststätten und Restaurants gibt es in einer ausgewiesenen Touristenstadt wie dieser natürlich reichlich, einen Querschnitt durch alle Preisklassen finden Sie in der Salzstraße. Nicht versäumen sollten Sie das Eis vom Eiscafè Köpke (Bremervörder Straße 152). Überaus gemütlich ist die „Teestube Merlin'', eher eine Kneipe (Neue Straße 10). Und das Gasthaus „Knechthausen'' behauptet von sich, das älteste Gasthaus Norddeutschlands zu sein (Bungenstraße 20).
Kostenlose *Stadtführungen* samstags und sonntags um 11 Uhr ab Schwedenspeicher-Museum.
Von den alljährlichen Stadtfesten seien das Frühlingsfest Ende April, das Sommerfest in der zweiten Junihälfte und das Anfang September stattfindende Weinfest genannt.

Tour 42 51 km

HARBURG — ELBUFER — STADE

ADFC-Haupka 1:100 000 Blatt 5, 6
NLV Radwanderkarte 1:75 000 Blatt RC 2722

Siehe auch Vorbemerkung zu Tour 41.

Harburg siehe Tour 41. Vom Harburger Hauptbahnhof verlassen Sie die Stadt zunächst auf der Bundesstraße 73 in Richtung

Neugraben Keine schöne, eher eine laute Strecke. Kurz vor dem S-Bahnhof in Neugraben geht es rechts in den *Süderelbbogen.* Hinter einer scharfen Rechtskurve biegen Sie dann links in die *Francoper Straße.* Und mit einem Male haben Sie sämtliche Unruhe und Hektik hinter sich gelassen, Ruhe erstreckt sich über den Feldern vor Ihnen. Insofern ist es bestimmt keine schlechte Idee, die acht Kilometer zwischen Harburg und Neugraben per S-Bahn zurückzulegen und erst in Neugraben in diese Tour einzusteigen.

Sie fahren auf dieser Straße, bis an einer Telefonzelle links der *Francoper Hinterdeich* abzweigt. An seinem Ende geht es rechts Richtung

Nincop Die Straße heißt folgerichtig auch *Nincoper Deich.* An deren Ende geht es ein kleines Stück nach rechts, an der Gaststätte „Zum Alten Land" dann nach links Richtung

Cranz Dabei ist wichtig, daß Sie sich immer an dieser Ausschilderung orientieren und so zum Schöpfwerk an der Unterelbe kommen. Auf der ADFC-Karte erscheint zwar die Strecke an der Werft vorbei und über das Estesperrwerk verheißungsvoller, leider ist diese Strecke aber in einem erbarmungswürdigen Zustand und nicht zu empfehlen. Sie fahren also über die Schleuse, wo sich einige Restaurants befinden, und können rechterhand den Blick auf Hamburg und Wedel auf dem anderen Elbufer genießen. Im übrigen fahren Schiffe von Cranz aus hinüber nach Blankenese.

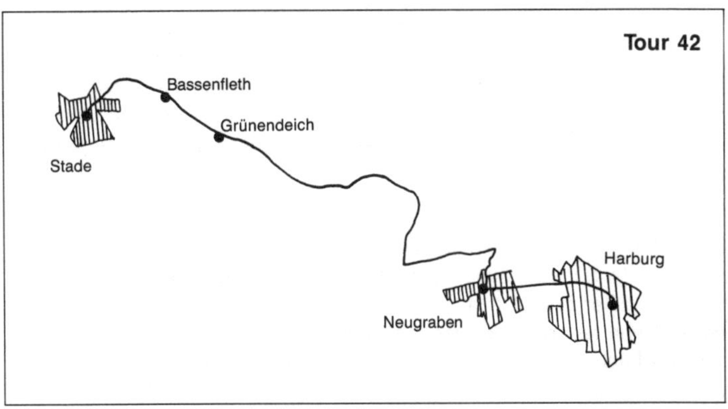

Sie können in der Folgezeit immer am Deich entlangfahren, so haben Sie Ruhe vor den Autos, zumal die Strecke recht kurvig ist. Und was sehen Sie? Nun, zum einen natürlich ständig die Elbe. Ansonsten aber Äpfel, Äpfel und nochmals Äpfel. Hier, im Alten Land, befindet sich eines der großen Obstanbaugebiete der Bundesrepublik. An der Straße bieten viele Bauern ihre Ware an, so daß Sie vom Deich schnell dorthin gehen können, um ein paar Äpfel zu erwerben.
Wieso ist das ,,Alte Land'' eigentlich alt? Nun, im Laufe der Zeit mußte dem Wasser nach und nach neues Land abgerungen werden. Hier taten sich besonders die Holländer hervor, die Mitte des 12. Jahrhunderts hierhergebeten wurden, hatten sie doch mit dieser Materie bereits Erfahrung. Zu dieser Zeit wurde das Gebiet in drei sogenannte ,,Meilen'' eingeteilt. Die erste Meile befand sich zwischen den Flüssen Schwinge und Lühe, die zweite zwischen Lühe und Este. Beide Meilen waren bereits kultiviert. Die dritte Meile, zwischen Este und Süderelbe plaziert, lag noch brach, war folglich das neue Land, während die erste und zweite Meile das ,,Alte Land'' umfaßten.

Von den vielen Spezialitäten des Alten Landes sei hier die **Altländer Hochzeitssuppe** *genannt. Für vier Personen setzen Sie zwei Kilo schieres Rindfleisch, ein Kilo Knochen, zwei Stückchen Ingwer und drei Liter gesalzenes Wasser auf. Nach einer Stunde geben Sie eine Stange Porree, einen Sellerie und zwei Petersilienwurzeln hinein. Wenn alles gar ist, nehmen Sie Sellerie und Fleisch heraus und schneiden beides in Stücke. Die Brühe sieben Sie durch und füllen die Flüssigkeit mit Wasser auf drei Liter auf. In diese rühren Sie dann eine Mehlschwitze (je 60 g Butter und Mehl). In vier verquirlte Eigelb geben Sie nach und nach einige Löffel der Brühe, würzen mit Muskat und geben das Eigelb dann in die Brühe. Nicht mehr aufkochen lassen! Fleisch und Sellerie können Sie nun wieder hineingeben, dann mit Salz und Muskat abschmecken. Dazu aufgekochte Rosinen sowie eventuell Reis und Rosinenbrot reichen. Und getrunken wird dazu ein ,,Altländer Obstler'' oder ein Korn.*

Es geht von Lühe ein kleines Stück ins Binnenland, da sich auf der Halbinsel *Hahnöfer Sand* ein Jugendgefängnis befindet, dieser Deichabschnitt folglich für Radler gesperrt ist. Sie passieren so
Borstel Von hier geht es wieder an den Deich. Bei
Grünendeich sammelt sich nochmals besonders starker Urlaubsverkehr, zumal Sie im benachbarten

Lühe mit dem Schiff ins hamburgische Schulau fahren können (ca. im 2-Stunden-Rhythmus, Fahrtdauer 30 Minuten, näheres unter Tel. 0 41 41/78 41 oder 0 41 42/89 90). Dann erkennen Sie die Elbinsel *Lühesand*, zu der Schiffe fahren und die einen Campingplatz besitzt. Weiter geht es am Deich nach **Twielen** Allmählich wird das Atomkraftwerk Stade erkennbar. Für den Fall der Fälle finden Sie kurz vor Bassenfleth (auf der anderen Deichseite) einen Radladen.

Ungefähr einen Kilometer vor dem Atomkraftwerk weist dann ein Schild des Radfernwanderweges Hamburg-Cuxhaven auch darauf hin, daß Sie auf die andere Seite des Deiches wechseln müssen. Vom dortigen Parkplatz aus geht es rechts weiter Richtung AKW. Sie kommen an eine Kreuzung, an der es rechts direkt zum AKW und links nach Stade geht (Bassenflether Chaussee). Sie aber fahren geradeaus weiter, bald darauf gabelt sich die Straße, Sie halten sich links, am Haus Nr. 30 macht die Straße eine scharfe Linkskurve, der Sie folgen. Dann geht es rechts unter den Bahnschienen hindurch, links bietet das Lokal ,,Zur Symphonie'' seine Dienste an, dann geht es über den *Kommandantendeich* hinein nach

Stade siehe Tour 41.

Umgekehrt verlassen Sie die Stadt vom Hafen aus über die Altländer Straße Richtung Altes Land, bald darauf links in den Schnurrweg und auf den Kommandantendeich.

Tour 43 47 km

STADE — BREMERVÖRDE

ADFC-Haupka 1:100 000 Blatt 5
NLV Radwanderkarte 1:75 000 RC 2722, RC 2718

Stade siehe Tour 41. Von der Innenstadt fahren Sie am Hafen (Hansestraße) aus der Stadt heraus. An der folgenden Ampelkreuzung geht es scharf links zunächst Richtung Cuxhaven. Bald darauf folgt rechts der Abzweiger nach **Schöllsch** Sie durchqueren den Ort, bald kommt links der Abzweiger nach **Hohenwedel** Als Hilfe zur Orientierung können Sie hier die kleinen Radlerschilder nach Cuxhaven nehmen. Von hier geht es weiter nach

Haddorf (nicht Richtung B 74 !). Rast ist im Gasthof ,,Uhlenhof'' möglich. In Haddorf kommen Sie an eine T-Kreuzung, an der Sie sich links halten (s. auch Radlerschilder Richtung Cuxhaven), bis Sie schließlich

Mittelsdorf erreichen. Achtung ! Hier müssen Sie links in den etwas verdeckt liegenden *Mühlenweg* einbiegen. So kommen Sie direkt auf die Bundesstraße 73 zu. Diese überqueren Sie und setzen ihre Fahrt geradewegs nach Düdenbüttel und Weißenmoor fort. An der folgenden T-Kreuzung dann links Richtung B 74. Auch diese wird überquert und die Fahrt Richtung
Schwinge aufgenommen. Gasthaus „Jägers Rast". Sie folgen der Ausschilderung nach
Fredenbeck Der Ort ist spätestens seit 1988 allen Sportfreunden ein Begriff, spielt doch seitdem der ortansässige Handballverein in der ersten Männerbundesliga. Nicht weniger bakannt ist die *Alte Wassermühle*, die erstmalig im 16. Jahundert erwähnt wird.
Radgeschäft: Mahler, Am Dreiknick 14.
An der Kreuzung halten Sie sich geradeaus (Richtung Bargstedt). Kurz hinter
Wedel gabelt sich die Straße, sie fahren nicht nach Bargstedt, sondern nach
Groß Aspe Dort geht es rechts nach
Kutenholz Der „Gasthof Lütjen" hat montags geschlossen. Sie folgen der Ausschilderung rechterhand nach
Essel Auf gerader Strecke geht es weiter nach
Hesedorf Um das letzte Stück nicht auf so belebter Straße fahren zu müssen, folgen Sie in Hesedorf rechts der Ausschilderung BW-Depot (Horner Straße), später heißt die Straße Am Pulvermühlenbach und Mulsumer Weg. Hal-

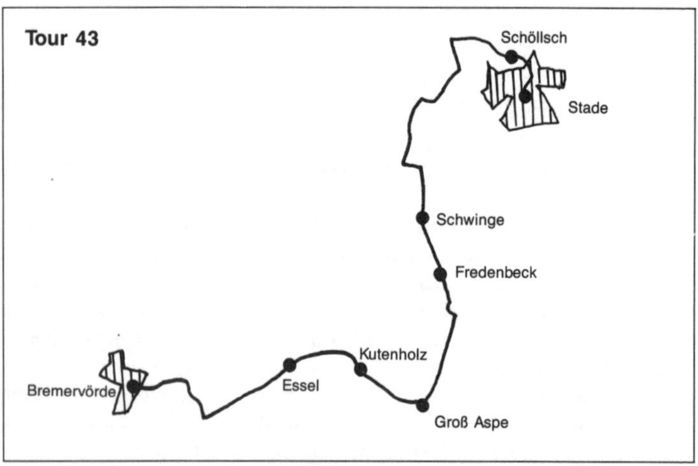

ten Sie sich immer geradeaus, bis die Teerstraße nach rechts abknickt. Sie folgen ihr bis zur T-Kreuzung. Dort geht es nach links und hinein nach **Bremervörde** siehe Tour 39.

Umgekehrt, also Richtung Hesedorf, fahren Sie auf der Neue Straße östlich aus dem Ort heraus. Hinter der Überquerung der Oste knickt die B 71 nach rechts ab, Sie nehmen aber erst die nächste Straße rechts (hinter der Tankstelle !) rechts, die Walkmühlenstraße. Dieser folgen Sie, bis links ein Haus mit der Aufschrift „Dielen Sauna" kommt. Genau gegenüber fahren Sie rechts hinein.

Tour 44 35 km

ZEVEN — BUXTEHUDE

ADFC-Haupka 1:100 000 Blatt 5
NLV Radwanderkarte 1:75 000 Blatt RC 2718, RC 2722

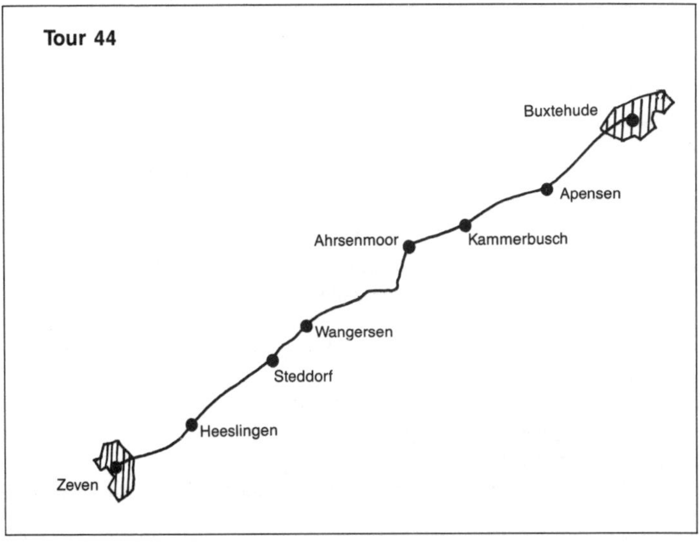

Zeven siehe Tour 37. Sie folgen von der B 71 aus östlich der Ausschilderung nach Stade/Buxtehude (unmittelbar an der Aue). Nach gut fünf Kilometern erreichen Sie

Heeslingen Halten Sie sich immer geradeaus. Nach weiteren drei Kilometern gabelt sich die Straße, Sie bleiben rechts und erreichen

Boitzen Für eine eventuelle Rast steht der „Schützenhof" bereit. Hinter

Steddorf ist dann

Wangersen die nächste Station („Gasthof zur Post"). Hinter dieser Ortschaft müssen Sie aufpassen, um nicht nach Ahlerstedt, sondern ins östlicher gelegene

Ahrenswolde zu fahren. An der folgenden Kreuzung geht es zwar weiter geradeaus (Richtung Buxtehude), nach einem Kilometer jedoch rechts in Richtung Wohnste. Diese Straße gabelt sich nach knapp drei Kilometern, Sie halten sich links Richtung

Ahrensmoor-Nord Die ADFC-Karte läßt zwar auch eine Fahrt durch das Gehölz *Bruchheide* als möglich erscheinen, leider handelt es sich hierbei aber um völlig unpassierbare Waldwege mit vielen Steinen und Furchen, die höchstens für Spaziergänge taugen. In Ahrensmoor-Nord kommen Sie an eine T-Kreuzung, an der Sie sich rechts (Richtung Buxtehude) orientieren. Von nun an geht es nur noch geradeaus, zunächst nach

Kammerbusch Hier und im benachbarten Revenahe wurden noch um die Jahrhundertwende Buchweizen und Flachs angebaut. Beides ist heute verschwunden. Der Buchweizen, weil er die „moderne", von Dünger geprägte Landwirtschaft schlecht vertrug, der Flachs wohl eher aus ökonomischen Gründen. In Revenahe liegt im übrigen „Viets Gasthof" (freitags Ruhetag, EZ mit Frühstück ca. DM 35,-), der dank seines Spielplatzes und der Ponies gerade unter Familien sehr beliebt ist. Ab

Apensen wird es dann vom Autoverkehr her etwas lebhafter. In dieser Stadt ist vor über 30 Jahren die Speisekartoffel „Grata" erstmals ans Tageslicht getreten. Übernachten können Sie im „Delmer Hof" (Buxtehuder Str., samstags Ruhetag, EZ mit Frühstück ca. DM 30,-). Weitere Informationen erhalten Sie bei der

Samtgemeinde Apensen, Buxtehuder Straße 1, 2154 Apensen, Tel. 0 41 67/ 60 01 (montags bis donnerstags 8.30-12 Uhr, freitags 8-12 Uhr, donnerstags zusätzlich 14-18 Uhr).

Ansonsten fahren Sie auf einer etwas stärker befahrenen Straße hinein nach

Buxtehude siehe Tour 41.

Tour 45 48 km

BUXTEHUDE — BREMERVÖRDE

ADFC-Haupka 1:100 000 Blatt 5
NLV Radwanderkarte 1:75 000 Blatt RC 2718, RC 2722

Buxtehude siehe Tour 41. Sie verlassen die Stadt Richtung Apensen auf der Apenser Straße. Später lautet die Orientierung Richtung Zeven. In
Apensen (siehe Tour 44) halten Sie sich an der Kreuzung geradeaus Richtung
Kammerbusch Nächste größere Stadt ist dann
Ahlerstedt Gasthaus Schützenhof. Dort rechts auf die größere Straße, noch vor der Kirche aber links nach
Kakerbeck "Ahrens Gasthof". Nach gut fünf Kilometern geht es links nach Wohlerst, Reith und
Bredenbeck "Gasthof Tietjen". Dort am Ende der Straße links nach
Farven Hier am Ortsausgang rechts nach
Byhusen Zunächst nach rechts, dann nach links Richtung
Hesedorf (siehe Tour 43).
Umgekehrt: Aus Hesedorf kommend, in Byhusen zunächst rechts und dann ein Stück weiter links in den Landwehrdamm. In Hesedorf dann rechts der Ausschilderung ,,BW-Depot'' folgen (Horner Straße). Immer geradeaus, diese Straße heißt später Am Pulvermühlenbach und Mulsumer Weg. Bald knickt die Teerstraße nach rechts ab, Sie folgen ihr bis zu einer T-Kreuzung, dort dann nach links und hinein nach

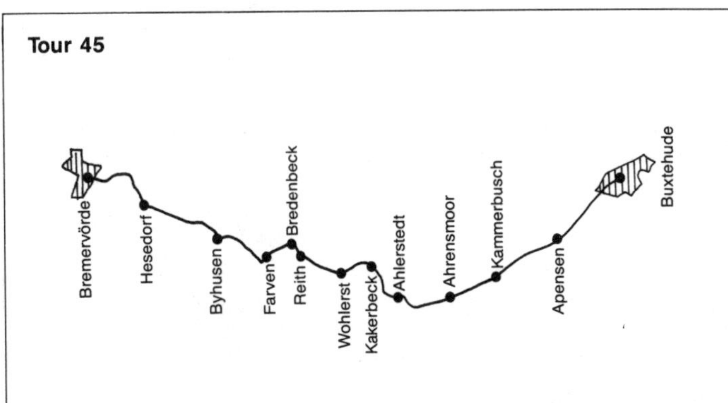

Bremervörde siehe Tour 39.
Umgekehrt, also Richtung Hesedorf, fahren Sie auf der Neue Straße (Bundesstraße 21) aus der Stadt heraus. Unmittelbar hinter der Überquerung der Oste knickt die B 71 nach rechts ab, Sie aber fahren geradeaus weiter und biegen erst hinter *der Tankstelle rechts in die Walkmühlenstraße ein. Dort geradeaus, bis links ein Haus mit der Aufschrift „Dielen Sauna" auftaucht. Schräg gegenüber geht es dann rechts nach Hesedorf.*

Tour 46 45 km

WITTINGEN — WOLFSBURG

ADFC-Haupka 1:100 000 Blatt 9
NLV Radkarte 1:75 000 Blatt RC 3526

Eine leicht hügelige Tour, allerdings ohne wirklich schwierige Anstiege.

Wittingen siehe Tour 7. Von der B 244 führt unmittelbar hinter der Kirche rechts eine Straße in Richtung *Hagener Bach* und

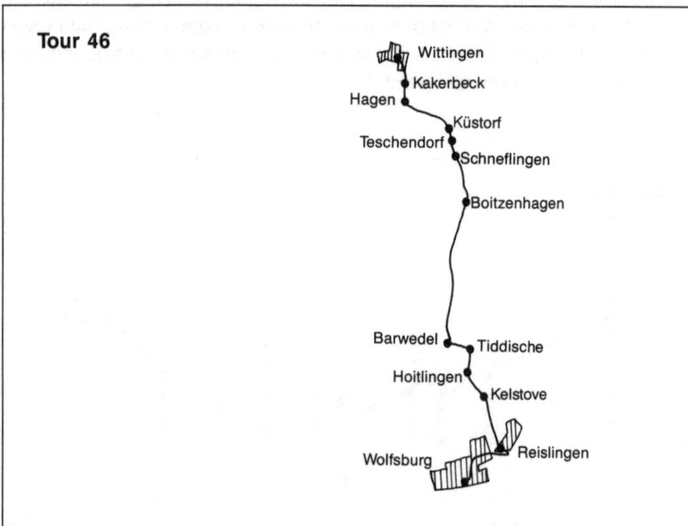

Mahnburg Auf einer waldreichen Strecke geht es dann nach
Schneflingen Dabei halten Sie sich unterwegs an der Kreuzung vor Küstorf rechts.
Umgekehrt biegen Sie an dieser Kreuzung links Richtung Mahnburg ab, nicht geradeaus nach Wittingen fahren.
In Schneflingen bietet sich das ,,Gasthaus Heuer'' für eine eventuelle Rast an. Nächste Station ist
Boitzenhagen Vorbei an der sehr neuen Kirche und einer Wochenendhaussiedlung zur Linken sowie dem VW-Versuchsgelände zur Rechten erreichen Sie schließlich durch die *Bickelsteiner Heide* hindurch
Ehra Auf dem nun folgenden Weg nach
Barwedel sehen Sie schon von weitem einen hohen, modernistischen Turm. Eine Kirche ? Ein Wasserturm ? Nein, es ist das Militär, das hier versucht, den ,,Überblick'' zu behalten. An der folgenden Kreuzung auf Höhe Barwedels folgen Sie links der Ausschilderung nach
Tiddische und später
Hoitlingen Hinter
Velstove nehmen Verkehr und Betriebsamkeit allmählich zu, die Schornsteine von VW und all der anderen Wolfsburger Industrien sind bereits erkennbar. Die Fahrt durch
Vorsfelde bietet dann noch einmal den Anblick recht schöner Fachwerkhäuser. Sie halten sich in Vorsfelde immer rechts, um so zur Bundesstraße 188 zu gelangen. An ihr geht es nach rechts, Camper können dann gleich links hinunter zum Campingplatz am Allersee fahren, alle anderen nehmen bald links die Brücke über die *Aller* (Richtung VW-Werk), am anderen Ufer geht dann rechts in die Innenstadt.
Umgekehrt finden Sie bei der Fahrt aus Wolfsburg gleich hinter der Brücke rechts den Wegweiser nach Vorsfelde.

ANHANG

Adressen

Für jede Stadt haben wir die jeweilige Adresse des Fremdenverkehrsamtes angegeben. Wollen Sie über eine bestimmte Stadt noch mehr Informationen haben, entnehmen Sie die entsprechende Adresse im Streckenteil des Buches. Für bestimmte Regionen gibt es noch zusätzliche Informationsbüros. Ihre Adressen seien hier angegeben:
Fremdenverkehrsverband Lüneburger Heide, Am Sande 5, 2120 Lüneburg, Tel. 0 41 31/4 20 06
Urlaubsland Romantische Heide, Postfach 1204, 2116 Hanstedt, Tel. 0 41 84/8 03 27 (für die Region Buchholz, Wilsede und Winsen/Luhe)
Fremdenverkehrsverein Altes Land, Twielenflether Chaussee 10, 2161 Hollern-Twielenfleth

Anreise

Wer's luxuriös mag, kann natürlich mit dem *Flugzeug* nach Hamburg oder Hannover-Langenhagen fliegen. Alle anderen aber, die nicht bereits mit dem Rad selbst anreisen, können sich zwischen Bahn und Autobahn entscheiden. Der hier vorgestellte Raum zwischen Stade und Wolfsburg wird im wesentlichen von vier *Autobahnen* durchzogen. Die Autobahn 1 kommt aus Osnabrück und führt über Bremen nach Hamburg. Von hier aus sind Sie nahe der Städte Bremervörde, Stade, Rotenburg, Buchholz und Zeven. Die Autobahn 7 führt aus Kassel über Hannover nach Hamburg. Von ihr aus sind z.B. Celle, Fallingbostel, Soltau, Schneverdingen und Lüneburg schnell erreicht. Die A1 und die A7 verbindet die Autobahn 27, über die man nach Walsrode und Verden kommt. Die Autobahn 2 schließlich führt von Dortmund nach Hannover, von dort nach Braunschweig und schließlich nach Braunschweig. Von ihr führt im übrigen auch ein Abzweiger nach Wolfsburg.
Umweltfreundlicher und streßfreier ist sicherlich die Anfahrt per *Zug*. Da gibt es einmal die Verbindung von Hannover über Unterlüß, Uelzen und Lüneburg nach Hamburg, wobei es noch eine Strecke von Lüneburg nach Dan-

nenberg gibt. Von Bremen fährt der Zug über Rotenburg und Buchholz nach Hamburg. Der Zug zwischen Bremen und Hannover hält in Verden und Nienburg. Und schließlich gibt es noch eine weitere Verbindung von Hannover nach Hamburg, diese führt u.a. über Soltau, Fallingbostel und Schneverdingen.

Bücher

Was liegt näher, als für eine Tour durch die Lüneburger Heide einen Schmöker zu wählen, der von einem einheimischen Autoren verfaßt wurde oder in der Lüneburger Heide spielt.
Der Heide-Autor vor allen anderen ist natürlich Hermann Löns. Bücher von ihm finden Sie vor Ort in wirklich jeder Buchhandlung. Vergessen ist hingegen sein Zeitgenosse Gerrit Engelke, ein Expressionist aus Hannover. Expressionistisch versuchte sich auch der spätere Dadaist Kurt Schwitters aus Hannover („Anna Blume“). Ebenfalls aus Hannover kam der politische Schriftsteller Theodor Lessing, der 1933 von den Nazis umgebracht wurde.
Weitere bekannte, nordniedersächsische Schriftsteller aus der ersten Hälfte unseres Jahrhunderts sind die Braunschweigerin Ricarda Huch, der Bremer Manfred Hausmann sowie die Hannoveraner Brüder Friedrich Georg und Ernst Jünger. Das Erbe des Nationalsozialismus machte Bernward Vesper (Triangel/Gifhorn), Sohn des NS-Schriftstellers Will Vesper, derart zu schaffen, daß er 1971 den Freitod suchte. Sein berühmtes, auch verfilmtes Buch „Die Reise“ ist sicherlich ebensowenig als leichte Kost zu werten wie das Werk Arno Schmidts (Bargfeld/Celle).
In Winsen/Luhe lebte im übrigen Ernst von Salomon, bekannt durch sein Buch „Der Fragebogen“, während Nicolas Born („Die Fälschung“) sich im Wendland in der Nähe von Gorleben niederließ. Spannende Reiseabenteuer verfaßten der Braunschweiger Friedrich Gerstäcker und A.E. Johann aus Oerrel/Gifhorn.
Die Heide als literarisches Motiv finden Sie außer bei Löns z.B. noch bei Karl Philipp Moritz, Jeremias Gotthelf, Joseph von Eichendorff und Heinrich Heine (Lüneburg, Bremen, Hannover). Celle finden Sie in Hans Falladas „Damals bei uns daheim“ wieder, Gorleben und das Wendland in Günter Grass' „Kopfgeburten“.
Und in den lokalen Buchhandlungen werden Sie sicherlich noch weitere Titel sehen, die die Heide zum Gegenstand haben. Gleiches gilt für Sachbücher zur Stadt- oder Regionalgeschichte.

Fahrradverleih

Nicht jeder mag sein Fahrrad mitbringen, mancher möchte vielleicht auch nur spontan einige Tage unterwegs sein. Für solche Fälle stehen zahlreiche Radverleiher zur Verfügung. Wir haben in den Tourenbeschreibungen jeweils Adressen von Radverleihern angegeben.
Es empfiehlt sich aber in jedem Fall, sich dort vorher telefonisch zu erkundigen, ob noch Räder frei sind. In einem unter Touristen so begehrten Ziel wie der Lüneburger Heide muß das nicht immer der Fall sein.
Neben den privaten Radverleihern besitzt auch die Deutsche Bundesbahn einen großen Bestand an Leihrädern. Nachfolgend haben wir all jene Verleihbahnhöfe aufgelistet, die innerhalb des in diesem Buch behandelten Gebietes liegen. Wer mit der Bahn anreist, zahlt pro Leihtag und Rad DM 5, ansonsten DM 10. Sie müssen den Personalausweis und gegebenenfalls die Bahnkarte vorweisen. Sie können das Rad an einem anderen Verleihbahnhof wieder abgeben. Nur in Schneverdingen, Lauenburg, Handeloh und Dannenberg geliehene Räder müssen auch dorthin wieder zurückgebracht werden.
Ausgeliehen wird vom 1. April bis zum 31. Oktober, es empfiehlt sich in jedem Fall, sich telefonisch nach freien Rädern zu erkundigen.

Bennemühlen, Tel. 0 51 30/33 02
Bissendorf, Tel. 0 51 30/87 01
Bodenteich, Tel. 0 58 24/12 04
Dannenberg Ost, Tel. 0 58 61/84 39
Fallingbostel, Tel. 0 51 62/21 77
Gifhorn, Tel. 0 53 71/43 30
Handeloh, Tel. 0 41 88/2 08
Hodenhagen, Tel. 0 51 64/7 40
Lauenburg, Tel. 0 41 53/41 33
Mellendorf, Tel. 0 51 30/33 00
Peine, Tel. 0 51 71/1 29 10
Schneverdingen, Tel. 0 51 93/23 94
Schwarmstedt, Tel. 0 50 71/7 87
Soltau, Tel. 0 51 91/50 61
Uelzen, Tel. 05 81/44 33
Unterlüß, Tel. 0 58 27/3 80
Walsrode, Tel. 0 51 61/55 26

Fahrradwahl

Wer die einzelnen Tourenbeschreibungen liest oder auf eine Topographische Karte blickt, wird schnell feststellen, daß das in diesem Buch dargestellte Gebiet durchgehend flach ist. Es gibt kaum einmal eine wirkliche Steigung, wir haben das gegebenenfalls erwähnt.
So reicht für eine Fahrt durch die Lüneburger Heide, das Alte Land oder das Braunschweiger Land sogar ein Rad mit nur einem Gang, wenngleich ein Drei-Gang-Rad die Fahrt bei Gegenwind erheblich erleichtert. Für die wenigen Steigungen können Sie auch guten Gewissens absteigen, das ist zumindest billiger als der Erwerb eines Mehrgangrades.

Karten

Wir haben jede Tour so genau beschrieben, daß Sie eigentlich keine Landkarte bräuchten.
Viele werden aber trotzdem Karten mitnehmen wollen, teils zur eigenen Sicherheit, teils, um vor Ort flexibler zu sein und noch andere Touren absolvieren zu können.
Wir haben deshalb zu Beginn einer jeden Tour die betreffenden Blätter zweier Kartenserien benannt.
Die Serie *ADFC-Haupka 1:100 000* wurde in Zusammenarbeit mit dem ADFC (Allgemeiner Deutscher Fahrradclub) erstellt. Auf ihr sind für Radler unwichtige Hinweise wie Autobahnen zurückgenommen worden, während für Radler geeignete Straßen in vier Klassen eingeteilt wurden. Auch Bundesstraßen mit begleitendem Radweg sind besonders markiert. Desweiteren sind Jugendherbergen, Campingplätze und touristische Sehenswürdigkeiten eingetragen. Die Karten sind relativ günstig geschnitten, Sie benötigen zumeist nicht mehr als zwei Blätter.
Was diese Serie problematisch macht, ist das Fehlen von Höhenlinien. Steigungen werden nur durch Pfeile (ein Pfeil von 3-7%, zwei Pfeile über 7 %) angegeben. Neben einigen Ungenauigkeiten ist aber auch die vierfache Kategorisierung von wenig Nutzen. Diese orientiert sich nämlich allein an der Autofrequenz auf dieser Strecke. Wir sind jedoch mitunter auf angeblich sehr gut geeigneten Straßen geradelt, die sich dann als überaus gerade herausstellten, so daß die Autofahrer hier wahre Geschwindigkeitsrekorde aufzustellen schienen. Nicht ungefährlich !

Verwundert waren wir auch über die Kategorie ,,Befestigte Forst- und Wirtschaftswege", die in diesen Karten lila hervorgehoben wird. Manchmal handelte es sich hierbei um wunderbare, einsame Teerstraßen, auf denen sich sehr gemächlich radeln ließ, manchmal waren es aber auch grasbewachsene, löchrige Waldwege, die höchstens für Pferde taugten.
Doch auch die zweite Serie, die *NLV Radwanderkarte 1:75 000,* ist nicht viel besser. Sie basiert auf der Topographischen Karte 1:100 000 und wird vom Niedersächsischen Landesvermessungsamt publiziert. Sie ist zwar billiger als die ADFC-Haupka, allerdings auch ungünstiger geschnitten. Campingplätze, Jugendherbergen und Sehenswürdigkeiten werden ausgewiesen. Auf der Rückseite finden Sie zudem noch allgemeine touristische Hinweise.
Was neben dem schlechteren Schnitt (und den damit verbundenen Mehrkosten) aber besonders negativ ins Gewicht fällt, ist das Alter der Karten. Zwar ist das Blatt ,,RC 3122 Soltau'' von 1988, Blätter wie ,,RC 3526 Celle/Wolfsburg'' oder ,,RC 3522 Hannover Nord'' sind aber bereits von 1984, andere noch älter.
So läßt sich dann keine der beiden Serien eindeutig favorisieren. Gehen Sie deshalb in Ihre Buchhandlung und vergleichen Sie beide Serien miteinander. Entscheiden Sie sich dann für jene, die für Sie besser lesbar ist.

Öffnungszeiten

Ein Abschnitt über Öffnungszeiten mag hier vielleicht etwas verwunderlich erscheinen. Warum sollte es in Stade andere Öffnungszeiten geben als in Konstanz, in der Lüneburger Heide andere als im Taunus.
Die gibt es hier auch nicht. Es soll aber daran erinnert werden, daß Sie auf einer Radwanderung durch die Lüneburger Heide durch viele kleinere Orte und Städtchen kommen, in denen oft zwischen 13 und 15 Uhr Mittagsruhe gehalten wird. Das sei in erster Linie denen in Erinnerung gerufen, die zwischenzeitlich irgendwo beim Kaufmann etwas Proviant erstehen wollen.

Unterkünfte

Wo wollen Sie während Ihrer Radwanderung übernachten ? Im Hotel, der Pension, in der Jugendherberge oder im Zelt ?

Eine Frage, die Sie frühzeitig entscheiden sollten, denn da die Lüneburger Heide und auch das Alte Land zu den begehrtesten Urlaubsgebieten der Bundesrepublik gehören, sind viele Quartiere schon zu Beginn eines Jahres ausgebucht.
Für *Camping* spricht die Flexibilität, Platz für ein Zelt finden Sie überall. Selbst wenn ein Campingplatz einmal ausgebucht sein sollte, werden Sie dem Besitzer oder Platzwart immer noch eine Stelle nachweisen können, auf der Ihr „kleines Zelt" bestimmt noch Platz findet. Und notfalls können Sie, mit Zustimmung des Besitzers, auch wild campen. Bedenken Sie aber in jedem Fall, daß es in der Lüneburger Heide viele Truppenübungsplätze gibt, welche Sie tunlichst meiden sollten. Ein Panzer als Überdecke ist nämlich etwas schwer...
Problematisch ist nur, daß bestimmte Gebiete nur karg mit Campingplätzen versorgt sind. So gibt es sie im Wendland nur direkt an der Elbe. Und auch im Dreieck Buchholz-Rotenburg-Soltau gibt es nur wenige.
Was das Campen schließlich zur Tortur machen kann, ist schlechtes Wetter, gepaart mit mangelhafter Ausrüstung. Haben Sie nur ein ganz einfaches, billiges Zelt, und ist die Wetterlage unsicher, verderben Sie sich nur den Urlaub, wenn Sie trotzdem campen.
Stattdessen sollten Sie sich dann für *Jugendherbergen* entscheiden. Diese bieten für wenig Geld ein warmes Bett und ein Dach über dem Kopf. Und so hausbacken, wie sie viele in Erinnerung haben, sind sie schon lange nicht mehr. Wir haben die Adressen der Herbergen in den jeweiligen Tourenbeschreibungen angegeben. Zur besseren Planung sind sie nachfolgend aber nochmals aufgeführt.
Sie sind recht gleichmäßig über die hier dargestellte Region verteilt, einzig zwischen Lüneburg und Wolfsburg sind sie etwas spärlicher vertreten.
Wer im *Hotel* oder der *Pension* übernachten will, muß frühzeitig seine Route kennen. Die meisten Unterkünfte dieser Art sind nämlich schnell ausgebucht. Vorausbuchung ist unbedingt vonnöten. Sobald Sie also ihre Tour ausgearbeitet haben, sollten Sie sich bei den entsprechenden Fremdenverkehrsämtern Unterkunftsverzeichnisse bestellen und buchen.

Jugendherberge **Bispingen** - 110 Betten
Töpinger Straße 42, 3045 Bispingen
Tel. (0 51 94) 23 75

Jugendherberge **Braunschweig** - 146 Betten
Großes Waisenhaus BMV
Salzdalumer Straße 170, 3300 Braunschweig
Tel. (05 31) 6 22 68

Jugendherberge **Bremen** - 177 Betten
Kalkstraße 6, 2800 Bremen
Tel. (04 21) 17 13 69

Jugendherberge **Bremen-Blumenthal** - 56 Betten
Bürgermeister-Dehnkamp-Straße 22, 2820 Bremen 71
Tel. (04 21) 60 10 05

Jugendherberge **Bremervörde** - 120 Betten
Feldstraße 9, 2740 Bremervörde
Tel. (0 47 61) 12 75

Jugendherberge **Celle** - 143 Betten
Weghausstraße 2, 3100 Celle
Tel. (0 51 41) 5 32 08

Jugendherberge **Fallingbostel** - 90 Betten
Liethweg 1, 3032 Fallingbostel
Tel. (0 51 62) 22 74

Jugendherberge **Fintel** - 41 Betten
Schneverdinger Straße 40, 2721 Fintel
Tel. (0 42 65) 13 72

Jugendherberge **Hankensbüttel** - 138 Betten
Helmrichsweg 24, 3122 Hankensbüttel
Tel. (0 58 32) 25 00

Jugendherberge **Hannover** - 235 Betten
Ferdinand-Wilhelm-Fricke-Weg 1, 3000 Hannover 1
Tel. (05 11) 32 29 41

Jugendherberge **Hitzacker** - 165 Betten
Wolfsschlucht 2, 3139 Hitzacker
Tel. (0 58 62) 2 44

Jugendherberge **Inzmühlen** - 176 Betten
Wehlener Weg, 2111 Handeloh
Tel. (0 41 88) 3 42

Jugendherberge **Lüneburg** - 96 Betten
Soltauer Straße 133, 2120 Lüneburg
Tel. (0 41 31) 4 18 64

Jugendherberge **Mardorf** - 171 Betten
Möwengrund 2, 3057 Neustadt 1
Tel. (0 50 36) 4 57

Jugendherberge **Müden/Oertze** - 127 Betten
Wiesenweg 32, 3105 Faßberg 2
Tel. (0 50 53) 2 25

Jugendherberge **Rotenburg (Wümme)** - 156 Betten
Verdener Straße 104, 2720 Rotenburg (Wümme)
Tel. (0 42 61) 8 33 22

Jugendherberge **Soltau** - 68 Betten
Oeninger Weg 5, 3040 Soltau
Tel. (0 51 91) 34 29

Jugendherberge **Stade** - 116 Betten
Kehdingermühren 11, 2160 Stade
Tel. (0 41 41) 40 14 68

Jugendherberge **Uelzen** - 169 Betten
Fischerhofstraße 1, 3110 Uelzen
Tel. (05 81) 53 12

Jugendherberge **Undeloh** - 154 Betten
Heimbucher Straße 2, 2111 Undeloh
Tel. (0 41 89) 2 79

Jugendherberge **Verden** - 124 Betten
Saumurplatz, 2810 Verden/Aller
Tel. (0 42 31) 6 11 63

Jugendgästehaus **Wolfsburg** - 60 Betten
Lessingstraße 60, 3180 Wolfsburg 1
Tel. (0 53 61) 1 33 37

Jugendherberge **Worpswede** - 178 Betten
Hammeweg 2, 2862 Worpswede
Tel. (0 47 92) 13 60

Jugendherberge **Zeven-Bademühlen** - 150 Betten
Haus Nr. 1, 2730 Zeven
Tel. (0 42 81) 25 50

Register